浙江省高职院校“十四五”重点教材

中德先进职业教育合作项目（SGAVE项目）建设成果

21世纪技能创新型人才培养系列教材

**汽车系列**



# 新能源汽车
# 高压安全防护

主　编◎黄　锋　陈叶叶

副主编◎解　晖　范天赐　郑方平

中国人民大学出版社

·北京·

图书在版编目（CIP）数据

新能源汽车高压安全防护 / 黄锋，陈叶叶主编．--
北京 ：中国人民大学出版社，2023.5
21 世纪技能创新型人才培养系列教材．汽车系列
ISBN 978-7-300-31611-6

Ⅰ．①新… Ⅱ．①黄… ②陈… Ⅲ．①新能源－汽车－高电压－安全技术－高等职业教育－教材 Ⅳ．①U469.7

中国国家版本馆 CIP 数据核字（2023）第 061511 号

浙江省高职院校“十四五”重点教材
中德先进职业教育合作项目（SGAVE 项目）建设成果
21 世纪技能创新型人才培养系列教材·汽车系列
新能源汽车高压安全防护
主　编　黄　锋　陈叶叶
副主编　解　晖　范天赐　郑方平
Xinnengyuan Qiche Gaoya Anquan Fanghu

| | | | |
|---|---|---|---|
| 出版发行 | 中国人民大学出版社 | | |
| 社　址 | 北京中关村大街 31 号 | 邮政编码 | 100080 |
| 电　话 | 010－62511242（总编室） | | 010－62511770（质管部） |
| | 010－82501766（邮购部） | | 010－62514148（门市部） |
| | 010－62515195（发行公司） | | 010－62515275（盗版举报） |
| 网　址 | http://www.crup.com.cn | | |
| 经　销 | 新华书店 | | |
| 印　刷 | 天津鑫丰华印务有限公司 | | |
| 开　本 | 787 mm × 1092 mm　1/16 | 版　次 | 2023 年 5 月第 1 版 |
| 印　张 | 13.75 插页 1 | 印　次 | 2023 年 5 月第 1 次印刷 |
| 字　数 | 282 000 | 定　价 | 39.80 元 |

# 前言

汽车业不仅承担着满足国防、经济建设、社会发展需要的职责，还承担着提供高水平轿车、满足人民日益增长的消费需求、提高人民幸福指数的任务。随着中国经济的快速发展，汽车技术也发生了新变化。而随着新能源汽车产业的快速发展，新能源汽车产业对技术技能型人才的需求也在不断增大，为了满足新形势下对专业人才培养的需求，我们编写了《新能源汽车高压安全防护》一书。在本书的编写过程中，我们以学生为中心，通过以工作任务为目标的培养方式，力求做到学生知识、能力、素质的协调发展。

本书力求体现如下特点：

（1）**内容丰富**：为了便于学生更好地进行新能源汽车高压安全防护相关知识的学习，在内容中穿插了很多图片，并配备了相应的习题。

（2）**项目引领**：结合新能源汽车企业岗位需求，以真实工作项目为引领，体现了行动导向的教学理念。

（3）**能力本位**：每个任务都配有相应的任务实施环节，给出了知识目标、技能目标、素养目标，增强了训练的目的性与针对性，进一步提高学生动手操作能力。

（4）**工匠精神培育**：技术工人队伍是推动高质量发展的重要力量。党的二十大报告指出，要加快建设国家战略人才力量，努力培养造就更多大国工匠、高技能人才。工匠精神是社会文明进步的重要尺度，是中国制造前行的精神源泉，是企业竞争发展的品牌资本，是员工个人成长的道德指引。本书在每个项目都配有“工匠精神”板块，给出了典型汽车类工匠的成长故事，起到培育学生工匠精神的作用。

本书既可作为职业院校新能源汽车技术专业的教学用书，也可作为汽车维修专业培训用书和相关技术人员的参考书。

本书由湖州职业技术学院黄锋、衢州职业技术学院陈叶叶担任主编，湖州职业技术学院解晖、范天赐、郑方平担任副主编。除此之外，湖州吉利制造基地相关企业专家参与了任务实施的编写与“工匠精神”板块榜样力量的拍摄。本书具体编写分工如下：郑方平编写项目 1、范天赐编写项目 2、黄锋编写项目 3、陈叶叶编写项目 4、解晖编写项目 5。

在本书编写的过程中，编者参阅了大量的文献资料、网站资料等，在此对相关作者表示感谢。由于编者水平有限，书中难免有不足之处，敬请同行、专家和广大读者指正。

编者

**2023 年 2 月**

# 目录

# 项目1 新能源汽车电路基本知识

## 项目导读

新能源汽车的驱动力主要来自车内高压驱动系统。新能源汽车相较于传统汽车来说，车内需要用到更多的电气设备、电子器件、线路等，因此对于新能源汽车维修人员或汽车类从业人员来说，掌握电路基本知识是解决问题的基础。

## 项目目标

### 知识目标

1. 熟悉电路及其基本物理量；
2. 掌握电路基础元件；
3. 掌握汽车电路图识读。

### 技能目标

1. 能够判断电路的基本状态并简述基本物理量含义；
2. 能够识别各种电路元器件并简述其基本功能特性；
3. 能够正确分析新能源汽车电路图。

### 素养目标

1. 提高用电安全意识；
2. 培养独立思考和分析能力。

## 学习导图

**新能源汽车电路基本知识**

**电路及其基本物理量**

1.能够掌握电路的基本物理量含义；
2.能够掌握电路的开路及短路的概念；
3.能够掌握串联、并联电路的概念和特点。

**电路基础元件**

1.能够掌握汽车电路中常用的电路基础元件的分类、符号；
2.能够掌握电路基础元件的基本功能；
3.能够了解汽车电路基础元件的规格和命名方式。

**新能源汽车电路图识读**

1.掌握汽车电路图的基本识读方法；
2.了解汽车电路图的分类；
3.掌握几种典型的汽车电路图。

## 项目实施

本项目由“电路及其基本物理量、电路基础元件、新能源汽车电路图识读”三个任务构成。学习电路的基础知识、元器件的识别、汽车电路图的分析之后，能够为后续学习高压系统维修、安全设计提供基础能力。

# 任务 1 电路及其基本物理量

## 任务描述

目前，市场上新能源汽车大部分以电池作为动力来源，车上电压为 200 ～ 800V 不等。车内一些主要部件需要通过高压电进行能源转换，如动力电池组、驱动电机、电机控制器、高压配电箱、电动空调、PTC 加热器、充电系统等。新能源汽车相关从业人员需要对高压电、电路知识有基本的认知，本任务将学习电路的基本含义、电路类型及分析方法。

## 相关知识

### 一、电路

电路在现代社会生活中应用广泛，日常家用电器、农业设备、智能电网、汽车产业等各行各业都离不开电路。实际的电路有时十分复杂，需要考虑整个系统或者设备的电能产生、传输、分配及消耗。当前集成电路的高速发展，使复杂的电路系统进入小型化、集成化，如汽车控制器、智能手机、电脑等。但有些电路非常简单，如电灯电路就是一个比较简单的电路。本任务对电路的介绍，以基础的入门知识为主，为后续的学习提供必要的基础。

一般而言，常用的电路都由电源、负载、控制设备和导线组成，电流流过整个回路形成电路。

（1）电源通常是指将其他形式的能量转变为电能，供给负载使用的装置。在新能源汽车中，主要的电源包括动力电池组、蓄电池、发电机。动力电池组主要用于给车内高压设备提供电源，如驱动电机、空调系统、辅助安全系统等。蓄电池通常为 12V 低压电源，为整车低压电器设备提供电源，如雨刮、升降器等。在混合动力汽车中，发动机还会带动发电机，作为电源，为整车电路供电，在动力电池组电量过低时为其充电。

（2）负载是指电路中的用电设备。汽车中的用电设备有很多，包括电控自动变速器、电控悬架、电控转向、牵引控制系统、安全气囊、中央防盗锁、空调、多功能座椅、电动车窗、风窗电动雨刮器、娱乐设备、照明灯等。

（3）控制设备是指电路中常用的开关及电子控制元件。在汽车上会使用一些手动开关、压力开关、温度开关等，在集成电路中，还会使用电子开关来控制电路的通断。电路中还包括熔断器、易熔线、断路器等保护装置。当电路出现异常情况时，保护装置可以在最短的时间内切断电路，把危险控制在最小范围内，保障其他电路不受影响。

（4）导线在电路中起到传输电能的作用。在电路中，导线要有良好的电气性能、机械应力、抗腐蚀能力。汽车上的导线可分为蓄电池线、高压导线、同轴电缆、低压导线。低压导线是车上使用数量最多的，承担着整车低压电器电路的电源、信号传输。

### 二、电路的基本物理量

电路中涉及的物理量主要有电流、电压、电动势、电功率和电功，通常用 $I$、$U$、$E$、$P$ 和 $W$ 来表示。

#### （一）电流

电流是电流强度的简称，指的是在单位时间内通过导体任一横截面的电量，电流的大小以单位时间内流经导体截面的电荷 $Q$ 来表示其强弱，称为电流强度。导体中的自由电荷在电场力的作用下做有规则的定向运动就形成了电流。电流的符号为 $I$，单位为安培（A），简称“安”。电流的计算公式为：

$$I=\frac{\mathrm{d}q}{\mathrm{d}t} \tag{1-1}$$

电流是标量但有方向，规定正电荷定向移动的方向为电流的方向（或与负电荷定向移动的方向相反）。电流按照方向和大小的变化，可分为直流电流和交变电流。方向和大小都不改变的电流叫直流电流，大小和方向都随时间作周期性变化而且在一周期内的平均值等于零的电流叫交变电流。

电流通过任何导体时，都会放出热量，产生热效应。例如：电炉中的电阻丝通电会发热；白炽灯泡通电，钨丝会发热，温度可达到 2 000℃以上，呈白炽状态而发光。电流的热效应能将电能转化为热能。

电流通过导体时，导体周围产生磁场，这种现象叫电流的磁感应。例如，电流通过螺线管时，周围出现与条形磁铁相似的磁场，这种现象就是电流的磁效应。电磁铁就是利用了电流的磁效应制成的。

电流通过酸、碱、盐的水溶液时，会发生化学变化，这种现象叫电流的化学效应。例如，工业生产中的电解铝、电解铜、电解水以及电镀等就是利用了电流的化学效应。

### （二）电压

电压，又称电势差或电位差，是衡量单位电荷在静电场中由于电势不同所产生的能量差的物理量。电压的大小等于单位正电荷受电场力作用从 a 点移动到 b 点所做的功。电压的计算公式为：

$$U_{\mathrm{ab}}=\frac{\mathrm{d}W}{\mathrm{d}q} \tag{1-2}$$

电压的方向规定为从高电位指向低电位的方向，电压的符号为 $U$，单位为伏特（V），常用的单位还有毫伏、微伏、千伏等，此概念与水位高低所造成的“水压”相类似。需要指出的是，“电压”一词一般只用于电路中，“电势差”和“电位差”则普遍应用于一切电现象中。

在电路中，经常能看到额定电压的参数。额定电压是电气设备（包括用电、供电设备）长期稳定工作的标准电压。在额定电压下工作，用电设备、发电机和变压器等在正常运行时具有最大的经济效益。此时设备中的各部件都在最佳状态工作，性能比较稳定，寿命相对较长。为适应汽车的使用环境，汽车电气设备的额定电压一般是 12V 或 24V。

### （三）电动势

电动势是反映电源将其他形式的能量转换成电能能力的物理量，电动势使电源两端产生电压。在电路中，电动势常用 $E$ 来表示，单位是伏特（V）。电动势是描述电源性质的重要物理量，电源的电动势是和非静电力做功密切联系的。在电源内部，非静电力将正电荷从负极板移到正极板时要对电荷做功，这个做功的物理过程是产生电源电动势的本质。电动势的计算公式为：

$$E=\frac{dW}{dq} \tag{1-3}$$

$$E=-U \tag{1-4}$$

电动势与电压（电势差）是容易混淆的两个概念。电动势是表示非静电力将单位正电荷从负极经电源内部移到正极所做的功，而电压则表示静电力将单位正电荷从电场中的某一点移到另一点所做的功。

### （四）电功率

电功率是指电流在单位时间内所做的功，是用来表示消耗电能的快慢的物理量。电功率的符号为 $P$，单位为瓦特（Watt），简称"瓦"，符号是 W。电功率的计算公式为：

$$P=\frac{W}{t}=UI \tag{1-5}$$

从上述公式可知，电功率等于电压与电流的乘积，所以当看到某变压器的额定容量为 ××kV·A，也是代表电功率。电功率的单位还有千瓦，符号为 kW，汽车发动机的功率也是用 kW 计量的。电流在 1 小时内所做的功，就是 1 千瓦时（1kW·h），俗称 1 度电。

每个用电器都有一个正常工作的电压值叫作额定电压，用电器在额定电压下正常工作的功率叫作额定功率，用电器在实际电压下工作的功率叫作实际功率。在新能源汽车用电设备的使用上一定要注意，只有在额定电压下，用电设备才能正常使用。

### （五）电功

电功是指电流将电能转换成其他形式能量的过程所做的功。电能是由其他形式的能量（如机械能、热能、化学能、核能）转换而来的一种能量，而电能又可以转换成为其他形式的能。

电能转换为其他形式能量的过程，是通过电流做功来实现的。电流做功多少，就是能量转换的度量。从电压的计算公式可知，电场力移动电荷所做的功为：

$$W=qU \tag{1-6}$$

再由电流的计算公式（单位时间内通过导体横截面的电荷）可得：

$$q=It \tag{1-7}$$

因此，电功的计算公式为：

$$W=UIt=Pt \tag{1-8}$$

新能源汽车所消耗的能量可用电功来衡量，电功通常用电能表（电量）来测定，把电能表接在电路中，就能判断车辆目前电量的状态，并通过仪表显示。

## 三、电路的状态

通常来说，电路存在以下几种状态：通路、开路、短路。通路是指电路中的电源、负载、开关、导线等形成一个完整的闭环，电流能够正常地循环流动，这是一种正常的电路状态。在开路和短路两种状态下，电路无法正常工作。

### （一）开路状态

开路，又称断路，是指电路中两点间无电流通过或阻抗值（或电阻值）非常大的导体连接时的电路状态。当电路没有闭合开关，或者导线没有连接好，或者用电器烧坏或没安装好时，整个电路在某处断开，而使电阻过大，电流无法正常通过，导致电路中的电流为零。中断点两端电压为电源电压，一般对电路无损害。

电路开路故障如图 1-1 所示，电路可能在 1 到 4 号的某一点开路，也有可能 A、B、C 器件内部开路。如只有 1 位置开路，使用万用表测量 1 位置两端，电压为蓄电池电压。只需要排除 1 位置故障点，电路即可恢复正常。

### （二）短路状态

短路就是不同电位的导电部分之间的低阻性短接，相当于电源未经过负载而直接由导线接通成闭合回路。短路电流是指不接负载时的电流，相当于直接用导线将电池的正、负极相连接时的电流。短路是一种严重的应尽可能避免的电路故障，会导致电路因电流过大而烧毁甚至发生火灾。

在一个简单的电路中，短路故障可能会使电路中产生大电流，发热，烧毁器件，造成不可逆的损坏。若负载 B 出现短路情况，而 A、B 均为开关，则蓄电池会因为短路而烧毁（见图 1-2）。

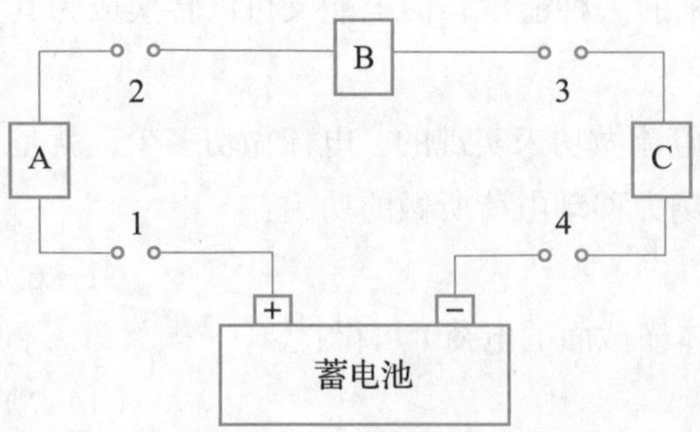


图 1-1　电路开路故障

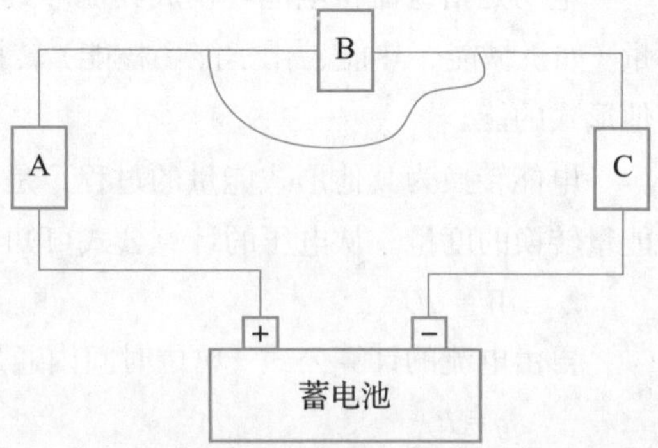


图 1-2　电路短路故障

若并联电路出现短路情况，而 A、B 均为负载，则 A、B 不能单独受开关控制，负载在使用过程中会出现一定风险（见图 1－3）。

若负载 C 出现短路情况，而负载 A、B 正常工作，这时电路中电流增大，负载 A 或 B 的功率会增大，可能会引起电路故障（见图 1－4）。

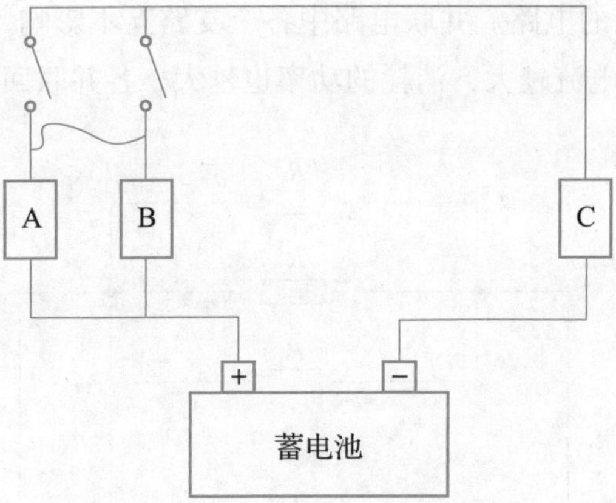


图 1－3　并联电路之间短路故障

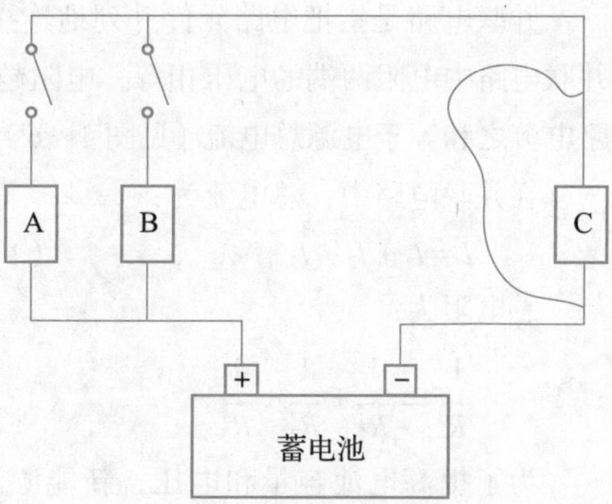


图 1－4　电路元件短路故障

## 四、电路的类型

电路可以分为两大类：一是串联电路，二是并联电路。新能源汽车上，各个系统之间会通过并联的方式连接到汽车电源上，相当于一个汽车电源同时并联很多负载。开关器件、保护器件等会串联在每一个负载电路中。

### （一）串联电路

串联，顾名思义就是一串接在一起（见图 1－5），有两个以上的电阻一个接着一个成串地连接在一起，组成一个没有分支的电路，这种连接方式的电路就是串联电路。当串联的是电阻时，就是串联电阻。这个电阻可以是纯粹的电阻，也可以是任何有阻值的元器件（如负载甚至导线本身）。

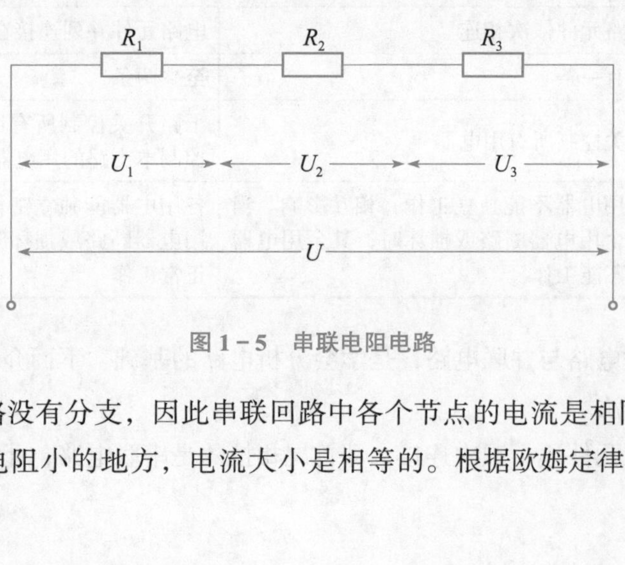


图 1－5　串联电阻电路

由于串联电路没有分支，因此串联回路中各个节点的电流是相同的，不论是电阻大的地方，还是电阻小的地方，电流大小是相等的。根据欧姆定律可知，在电阻大的那段电路上承受的电压变大，电阻小的那段电路上承受的电压变小，所以，$U_1:U_2:U_3=R_1:R_2:R_3$。串联电路的总电阻等于各段电阻之和，即 $R=R_1+R_2+R_3$。

### （二）并联电路

并联电路是指把电路元件并列地连接起来的电路。并联电路中各个支路互不影响。并联电路中电阻两端的电压相等，电阻越小，电流越大，消耗的功率也越大，各并联回路电流之和等于电源总电流（见图 1-6）。

在并联电路中，总电流为：

$$I=I_1+I_2+I_3+\cdots \quad (1-9)$$

总电阻为：

$$\frac{1}{R}=\frac{1}{R_1}+\frac{1}{R_2}+\frac{1}{R_3}+\cdots \quad (1-10)$$

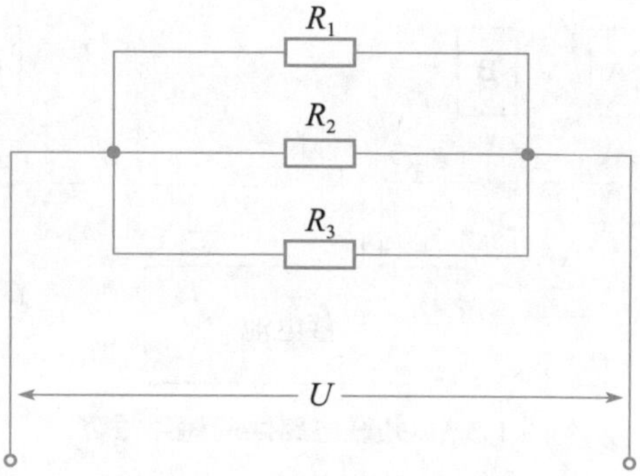

图 1-6　并联电阻电路

为了提高电池容量和电压，新能源汽车电池组会采用串联和并联混联的方式设计。当一个单体电池两端并联多个电池单体时，电池之间存在的电压差会使电池内部形成电流回路，造成电池组内部能量的消耗。因此，新能源汽车电池对单体电压要求高，需要每一个单体电池做到性能一致。

### （三）串联电路与并联电路的分析

在串联电路中，各个电阻上的电流相等，总电压等于各电阻电压之和。在并联电路中，各个电阻上的电压相等，总电流等于各电阻电流之和。串联电路与并联电路的区别如表 1-1 所示。

表 1-1　串联电路与并联电路的区别

| 项目 | 串联电路 | 并联电路 |
| --- | --- | --- |
| 连接特点 | 电路元件依次相连 | 电路元件并列连接在电路中 |
| 电流路径 | 只有一条 | 至少两条 |
| 开关作用 | 开关控制所有用电器 | 干路开关控制所有用电器，支路开关只控制本支路的用电器 |
| 用电器关系 | 各用电器不能独立工作，相互影响。当一个用电器断路或损坏时，其余用电器均不能工作 | 各用电器能独立工作，互不影响。一个用电器断路或损坏时，其他用电器仍能正常工作 |

能够识别串联电路与并联电路，是学会分析电路的基础。下面介绍几种区分串联电路与并联电路的方法。

（1）定义法。元件逐个顺次连接，即首尾相接的是串联电路；元件并列连接，即首首相连、尾尾相接的是并联电路。

（2）电流路径法。电流从电源的正极出发经过各个用电器回到电源的负极，途中不分支的是串联电路；如果电流在某处分为了几条支路，并且每条支路上都有用电器，电流在电路中有分有合，则是并联电路。

（3）其他方法。以图 1－7（1）所示电路为例判断。

1）元件拆除法：闭合开关 S 后，若拆除灯 $L_1$ 和 $L_2$，电灯 $L_3$ 仍发光，同样拆除任意两个灯，第三个灯仍发光，即三盏灯都互不影响，则三盏灯是并联的。

2）电压法：所有灯与电源正极直接相连的一端标“＋”，与电源负极直接相连的一端标“－”，发现三盏灯都是一端接电源正极，另一端接电源负极，即每盏灯两端的电压都等于电源电压，故三盏灯是并联的。

3）移点法：如图 1－7（2）所示，先将电路中各节点标出，可以看出 c 点可以沿导线顺着虚线箭头方向移动到 a 点与之重合，b 点可以沿导线顺着虚线箭头方向移动到 d 点与之重合，移动的结果是三盏灯都连接在 a（c）和 d（b）两点之间，所以三盏灯是并联的。

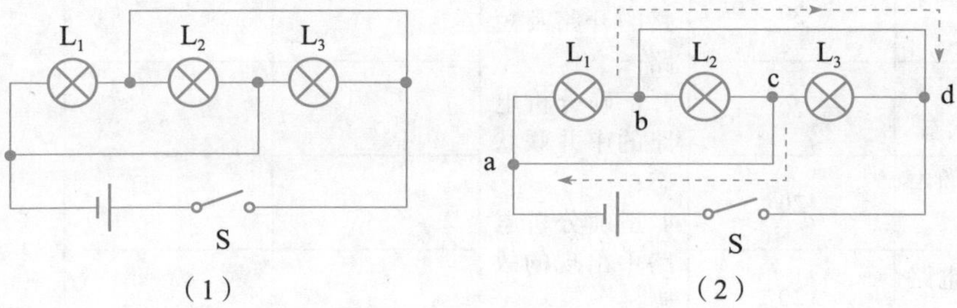


图 1－7　电灯电路

## 任务实施

### 一、任务准备

1. 操作防护装备：防护套装（包括防静电手套、绝缘胶鞋等）；
2. 实训场地（新能源汽车智能制造实训中心）：新能源汽车电工电子台架；
3. 操作工具：万用表、多媒体、纸、笔等；
4. 教师准备典型串并联电路图数张；
5. 辅助材料：无。

### 二、操作步骤

实训任务主要通过对串并联电路图的识读和分析，掌握电路基本物理量的含义，能够正确判断电路的开路及短路，能够独立分析电路图的串联、并联状态。

1. 教师准备串并联电路图数张，通过分析，引导学生判断电路的类型；

2. 学生进行分组讨论，对简单的电路图做分析，并计算电路图中各个器件的基本物理量；

3. 学生进行分工合作，完成对图纸中出现故障情况的分析；

4. 上交任务工单及分析结果；

5. 检测工具是否放回，整理教室。

## 任务评价

本任务权重分配表

| 项目 | 分数 | 评分标准 | 过程分析 | 实得分数 | 备注 |
|---|---|---|---|---|---|
| 判断电路类型 | 10 | 1. 正确识别电路中的基本物理量；<br>2. 正确判断电路的开路及短路；<br>3. 正确分析电路的串并联状态；<br>4. 正确分析电路中出现的故障。 | | | 无 |
| 识别电路中基本物理量 | 10 | | | | |
| 说明电路基本物理量含义 | 20 | | | | |
| 判断电路图开路或短路状态 | 20 | | | | |
| 分析电路的串并联状态 | 20 | | | | |
| 正确分析电路故障 | 20 | | | | |
| 总　分 | | | | | |

## 学习测试

### 一、填空题

1. 一般而言，常用的电路都由________、________和________组成。

2. 电路中涉及的物理量主要有________、________、________、________和________。

3. 通常来说，电路存在以下几种状态：________、________、短路。

### 二、判断题

1. 电压、电流是电路的基本物理量。（　　）

2. 电位是电路中某点到参考点的电压，参考点可以在电路中任意选取，两点间的电

压大小与参考点的选择有关。（　　）

3. 电路中的短路和空载是同一种状态。（　　）

## 三、选择题

1. 下列不属于串联电路的特点的是（　　）。

A. 逐个依次连接

B. 有两条或以上路径

C. 用电器之间彼此相互影响，不能独立工作

D. 控制开关影响整个线路

2. 汽车上用电设备与电源连接的方式是（　　）。

A. 串联　　B. 并联　　C. 串联、并联

3. 在电路图 1－8 中，蓄电池电压为 12V，若 1 处开路，则元件 A 与 C 的电位分别为多少伏？（　　）

A. 12V　0V　　B. 12V　12V　　C. 0V　0V　　D. 0V　12V

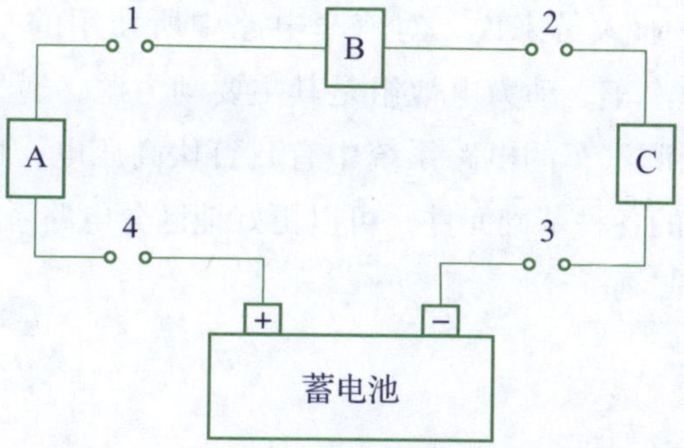


**图 1－8　串联故障电路**

### 工匠精神

## 不知“匠心”为何物的调试返修工

李浩是吉利工厂一名普通的调试工，在这个极度考验耐心和专业技巧的岗位上，李浩总是兢兢业业。同事们总用如今流行在汽车圈的一个词——“匠心”来形容他。

但是李浩说，“我甚至都不知道什么是匠心，我只是在努力做好自己的事情”。2017 年远景试制的时候，李浩发现了远景左前底盘下面有异响，但一直找不到具体的原因。

**榜样力量**

不知“匠心”为何物的调试返修工

李浩说：“这个事情一直不解决，晚上睡觉也睡不好。当时我们发现了这个问题之后，就到生产班组专门去看了一下这个车的生产工艺。经

过不停的排查，终于发现了其实就是一个螺丝的问题。稳定杆的平整度和连接装稳定杆的那个螺帽贴合度不够，导致在路试过程中螺帽可能存在松脱的现象。”

之所以这样殚精竭虑，是因为李浩深知，这个岗位是安全离场前的最后一道防守线，他必须守好，这不仅是为自己负责，更是为吉利负责、为用户负责。

# 任务 2 电路基础元件

## 任务描述

对于新能源汽车从业人员来说，对汽车电路中所使用的基础元件要有一定的识别能力。特别是纯电动汽车，动力电池组是其主要动力源，通过汽车中各个系统电路为车辆提供电能。新能源汽车的电路系统中有几百伏高压电，也有低压电路系统。因此，能够分辨出电路中的各种基础元件，可以更好地区分电路系统，提高自身及车辆的安全。

## 相关知识

### 一、电阻、电容及电感元件

电阻、电容及电感是电路中最基本的组成元件，它们被广泛应用在汽车传感器、电子控制器、执行器上。新能源汽车从业人员需要根据电路设计需要，选择不同型号、参数、大小的元件，完成电源及信号的传递。电阻元件常被用于调节和控制电路中的电压、电流大小，具有线性特征。电容元件具有隔直流、通交流的作用，常被用于滤波、耦合电路中。电感元件具有隔交流、通直流的作用，常被用于储能电路。

#### （一）电阻元件

##### 1. 电阻元件的分类

电阻是电路中常用的线性元件。按阻值特性来区分，电阻可分为固定电阻、可调电阻、特种电阻（敏感电阻）；按制造材料来区分，可分为碳膜电阻、金属膜电阻、绝缘金属电阻、线绕电阻、无感电阻、水泥电阻、薄膜电阻等；按安装方式来区分，可分为插件电阻、贴片电阻、接线电阻；按功能来区分，可分为负载电阻、采样电阻、分流电阻、保护电阻。图 1－9 展示了不同种类的电阻。

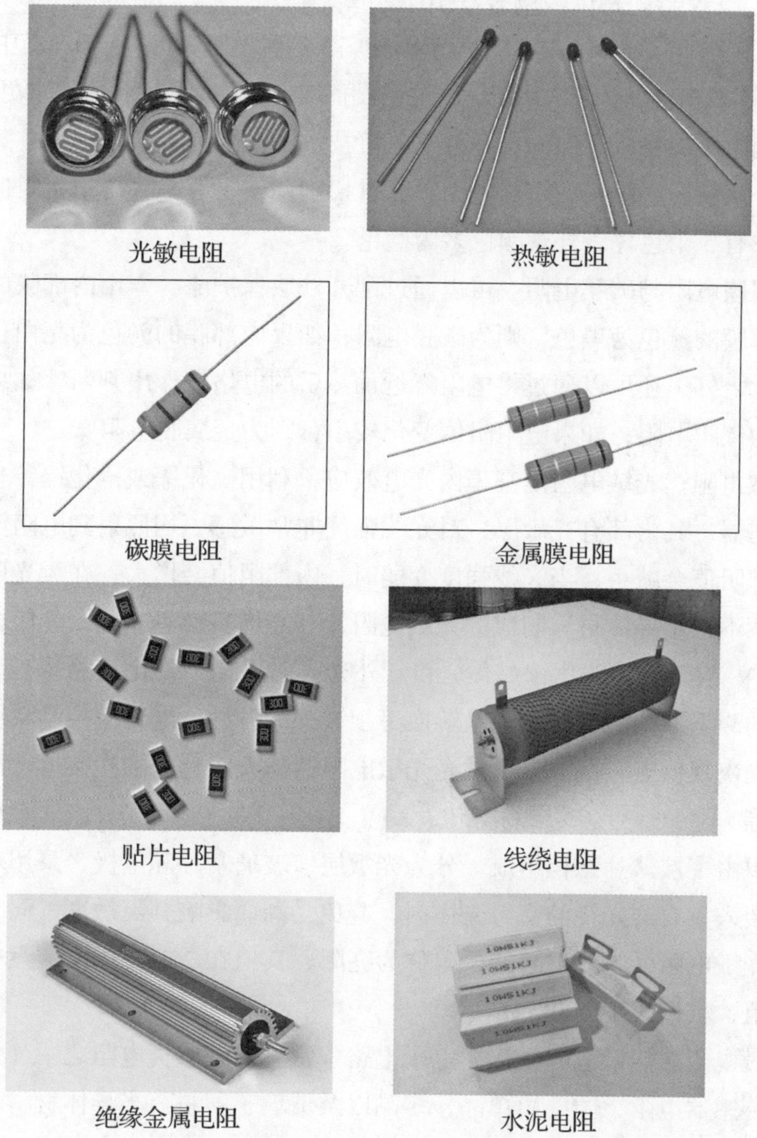


图 1－9　不同种类的电阻

以下着重介绍几类电阻。

（1）碳膜电阻。电路中常常会使用碳膜电阻，是因为其工艺简单、生产成本低、价格实惠，同时其性能品质稳定。但局限于其温度系数、噪声及耐冲击性等问题，它不适用于一些对精度要求较高以及电源启动电路中。

碳膜电阻利用碳沉淀在磁棒或者瓷管上面，使其表面结成一层结晶碳膜，通过改变碳膜的厚度以及用刻槽的方法获得所需阻值，最后在表面涂上环氧树脂进行密封。碳膜电阻的颜色基本为土黄色或者其他颜色。

碳膜电阻的色环数是4个，阻值范围一般为1Ω ～ 10MΩ，额定功率有0.125W、0.25W、0.5W、1W等，精度范围有 ±10%、±5%、±2%。

（2）金属膜电阻。金属膜电阻阻值范围较广，这种电阻精度高、公差范围小、体积较小、稳定性好、成本较高，通常用于无线电子设备当中，特别是对精密要求更高的场合。

金属膜电阻用镍铬或类似的合金真空电镀技术，在陶瓷管架上用真空蒸发或者烧渗法形成一层金属膜，着膜于白瓷棒表面，经过切割调试阻值，获得精密阻值。金属膜电阻从外观上看有5个色环，外观颜色多为蓝色。

区分金属膜电阻与碳膜电阻，可以通过刮开外层保护漆，露出内部膜的颜色作出判断。如果内部膜的颜色为黑色，则为碳膜电阻；如果内部膜的颜色为亮白色，则为金属膜电阻。除此之外，还可以通过将电阻靠近加热后的电烙铁作出判断。如果电阻阻值变化很大，则为碳膜电阻；如果电阻阻值变化较小，则为金属膜电阻。

（3）光敏电阻。光敏电阻是基于内光电效应，利用硫化镉或硒化镉等半导体材料制成的特殊电阻器。其内部有光敏层，对光线强度非常敏感。当照射到电阻上的光线强度变强时，内部阻值会减小；当光线强度变弱时，内部阻值会增大；在无光照时，会呈现高阻态。使用不同半导体材料制成的光敏电阻，其光谱特性不相同。光敏电阻有可见光（硫化镉晶体）、红外光（砷化镓晶体）和紫外光光敏电阻（硫化锌晶体）三种，它们广泛应用于光的测量、光的控制和光电转换等领域，如各种光电自动控制系统、紫外线探测器、红外光夜视仪等。例如，可见光光敏电阻器与人眼感受的光接近，通常会用于设计光控电路等。

光敏电阻由多层薄片结构组成，分为光敏层、玻璃基片和电极，采用环氧树脂或金属封装将其装入具有透光镜的密封壳体内，避免受潮而影响其灵敏度，同时能够吸收更多的光能。光敏电阻受光照射时的电阻称为亮阻，其值在20kΩ以内，没有光照射时的电阻称为暗阻，其值大于100MΩ。

（4）热敏电阻。热敏电阻是汽车电子电路中常见的敏感类电阻之一，是一种对温度极其敏感的传感器电阻，主要由单晶、多晶以及玻璃、塑料等半导体材料制成，它的电阻值可随着温度的变化而改变。

热敏电阻按照温度特性，可分为正温度系数（PTC）热敏电阻和负温度系数（NTC）热敏电阻。PTC热敏电阻在工作温度范围内，温度升高，电阻值也随之增加；NTC热敏电阻在工作温度范围内，温度升高，电阻值会随之降低。

热敏电阻按照材料来区分，可分为半导体类、金属类和合金类。半导体类热敏电阻具有非常大的温度系数和高的电阻率，灵敏度高，可制成正温度系数热敏电阻和负温度系数电阻。金属类热敏电阻广泛应用于测温、限流器及自动恒温加热器件中，如铂电阻温度计、镍电阻温度计、铜电阻温度计等。合金类热敏电阻具有较高的电阻率，对于温度的变化较为敏感，是一种制造热敏传感器的良好材料。

热敏传感器在车上有广泛的应用：

1）汽车的温度检查与测试。热敏电阻在汽车上主要用于空调的温度控制，检查与测试发动机冷却液温度、进气温度、排气温度、燃料温度、机油温度、变速器油温度，座椅加热、催化转换器、挡风玻璃的防霜等。

2）汽车的电机及保护系统。在汽车的电机及保护系统中，热敏电阻用于门锁装置、遮阳篷顶、座椅调节装置、挡风玻璃刮水器电动机等。

3）液面高度检查与测试。热敏电阻可作为汽车上各种液面高度测量的传感器，如制动液面检查与测试、发动机机油油面及冷却水面高度监测、燃油高度监测等。

（5）压敏电阻。压敏电阻是一种限压型保护器件。当电路中出现瞬间高压时，利用压敏电阻的非线性特性，压敏电阻可以迅速将电压钳位到一个相对固定的电压值，从而实现对后级电路的保护。压敏电阻在电路中的作用相当于一个保护器件，只有当电压高于阈值时，阻值变小，使得流过其的电流增加，将多余能量流过压敏电阻进行消耗，而不影响后级电路。当电压恢复正常后，压敏电阻阻值也随之恢复正常值，因此这种保护功能可以多次反复使用。压敏电阻常被用于过压保护电路、滤波电路、防雷击电路、浪涌吸收电路中。在使用过程中，要选择合适的参数，一旦超过限定参数，压敏电阻也会因为高压而被击穿。图 1－10 为压敏电阻的实物图。

（6）水泥电阻。水泥电阻是将电阻放入方形瓷器框内，外层用特殊不燃性耐热水泥充填密封而成。水泥电阻功率较大，抗震、耐高湿能力强，具有良好的散热效果，成本低，适合用于大功率电路。例如，电视机、显示器、自动化控制系统、变频控制系统、电源设备、高档音响等电路中会使用到水泥电阻。水泥电阻还具有耐短时间超负载、低杂音、阻值经年无变化等特性。

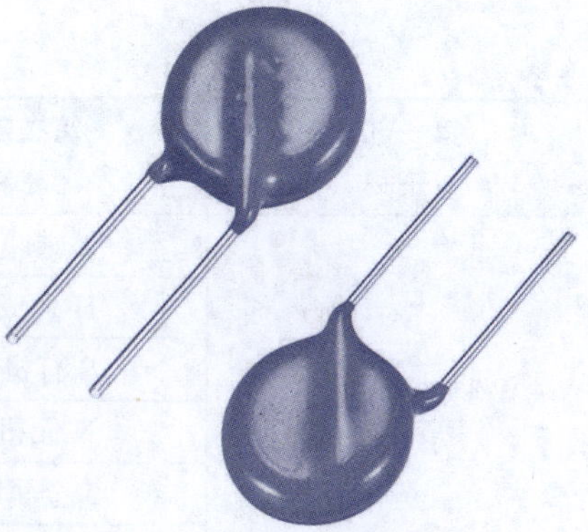

**图 1－10　压敏电阻**

水泥电阻的缺点是体积比较大，使用时发热量高，对于设备的散热有一定的要求，而且其精度不高。水泥电阻的绝缘电阻可以达到 100MΩ，电阻丝选用的是康铜、锰铜、镍铬等合金材料，具有比较好的稳定性与过负载能力。

**2. 电阻的命名**

电阻理想状态下是一种线性元件，其基本单位是欧姆（Ω），电阻用字母 $R$ 来表示。实际电路使用过程中，我们也常常利用电阻的线性特点，实现电路中电压和电流大小的调节。电阻常用的单位还有千欧（kΩ）和兆欧（MΩ），$1\text{M}\Omega = 10^3\text{k}\Omega = 10^6\Omega$。

不同类型的电阻具有不一样的图形符号（见图 1－11）。

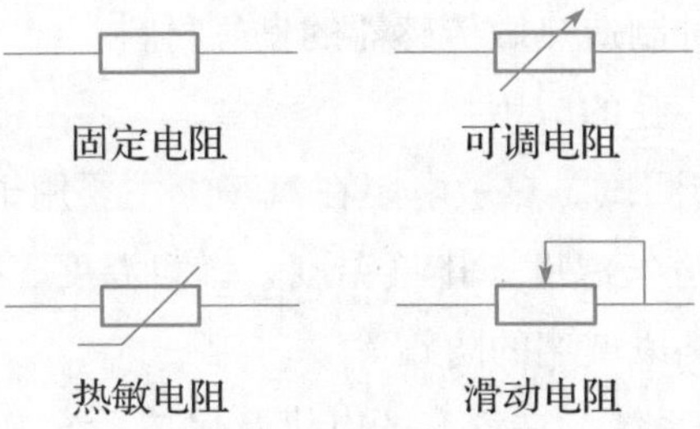


图 1-11　不同类型的电阻图形符号

国产固定电阻的型号由四部分组成（见表 1-2）：

第一部分：主称，用字母表示，表示产品的名字。如 R 表示电阻，W 表示电位器。

第二部分：材料，用字母表示，表示电阻体用什么材料组成，T 表示碳膜、H 表示合成碳膜、S 表示有机实芯、N 表示无机实芯、J 表示金属膜、Y 表示氮化膜、C 表示沉积膜、I 表示玻璃釉膜、X 表示线绕、O 表示玻璃膜、U 表示硅碳膜。

第三部分：类别，一般用数字表示，个别类型用字母表示，表示产品属于什么类型。1 表示普通、2 表示普通、3 表示超高频、4 表示高阻、5 表示高温、6 表示精密、7 表示精密、8 表示高压、9 表示特殊、G 表示高功率、T 表示可调。

第四部分：序号，用数字表示，表示同类产品中的不同品种，以区分产品的外形尺寸和性能指标等。

例如：RJ 61 型为普通金属膜精密电阻。

表 1-2　电阻型号命名方法

| 第一部分<br>主称 | 第二部分<br>材料 | 第三部分<br>类别 | 第四部分<br>序号 |
|---|---|---|---|
| R | T 碳膜 | 1 普通 | 用数字表示不同产品 |
| | H 合成碳膜 | 2 普通 | |
| | S 有机实芯 | 3 超高频 | |
| | N 无机实芯 | 4 高阻 | |
| | J 金属膜 | 5 高温 | |
| | Y 氮化膜 | 6 精密 | |
| | C 沉积膜 | 7 精密 | |
| | I 玻璃釉膜 | 8 高压 | |
| | X 线绕 | 9 特殊 | |
| | O 玻璃膜 | G 高功率 | |
| | U 硅碳膜 | T 可调 | |

**3. 电阻器阻值标示方法**

（1）直标法（见图 1-12）。用数字和单位符号在电阻器表面标出阻值，其允许误差直接用百分数表示，若电阻上未标注偏差，则均为 ±20%。

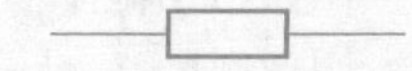

10kΩ ± 10%

图 1-12　直标法

（2）文字符号法。用数字及文字符号两者组合来表示标称阻值，其允许偏差也用文字符号表示。符号前面的数字表示整数阻值，后面的数字依次表示第一位小数阻值和第二位小数阻值。例如，2k2 表示电阻值大小为 2.2kΩ。电阻的误差值有 ±0.5%、±1%、±2%、±5%、±10%、±20%，分别用 D、F、G、J、K、M 来表示。

（3）色标法。用不同颜色的带或点在电阻器表面标出标称阻值和允许偏差。国外电阻大部分采用色标法。表 1-3 列出了色环电阻阻值参数。

表 1-3　色环电阻阻值参数

| 色环 | 有效数字 | 倍乘数 | 误差范围 |
|---|---|---|---|
| 棕 | 1 | $10^{1}$ | ±1% |
| 红 | 2 | $10^{2}$ | ±2% |
| 橙 | 3 | $10^{3}$ | / |
| 黄 | 4 | $10^{4}$ | / |
| 绿 | 5 | $10^{5}$ | ±0.50% |
| 蓝 | 6 | $10^{6}$ | ±0.25% |
| 紫 | 7 | $10^{7}$ | ±0.10% |
| 灰 | 8 | / | ±0.05% |
| 白 | 9 | / | / |
| 黑 | 0 | $10^{0}$ | / |
| 金 | / | $10^{-1}$ | ±5% |
| 银 | / | $10^{-2}$ | ±10% |
| 无色 | / | / | ±20% |

碳膜电阻为四环时，最后一环必为金色或银色，前两位为有效数字，第三位为乘数，第四位为误差。

金属膜电阻为五环时，最后一环与前面四环距离较大。前三位为有效数字，第四位为乘数，第五位为误差。

**（二）电容元件**

在电路中，电容元件的使用也极为广泛，电容器的品质、规格各异，其基本构成原理都是由间隔不同介质（空气、云母、绝缘纸等）的两块金属板组成。当金属板两侧加上不同电压后，两极板之间会分别聚集起正、负电荷，中间介质中储存电能。当电压消失后，电极板之间的电能仍旧存在，当电容两端存在电回路时，电容作为电源进行能量释放。所以说电容是一种储能元件，可以通交流、隔直流，在电路中通常用于滤波、旁路、耦合、延迟、能量转换等。例如，汽车中的转向灯也是利用电容的充放电特性，实现灯光的闪烁。

**1. 电容元件的种类**

电容按照不同结构来区分，可分为固定电容、可变电容和微调电容；按照不同用途来区分，可分为高频旁路电容、低频旁路电容、去耦电容、滤波电容、调谐电容、高频耦合电容、低频耦合电容；按照不同介质材料来区分，可分为气体介质电容、无机介质电容、有机介质电容、液体介质电容、复合介质电容、电解电容、超级电容；按照不同的封装来区分，可分为贴片电容和插装电容；按照不同的极性来区分，可分为极性电容和非极性电容。图 1－13 展示了不同种类的电容。

电解电容

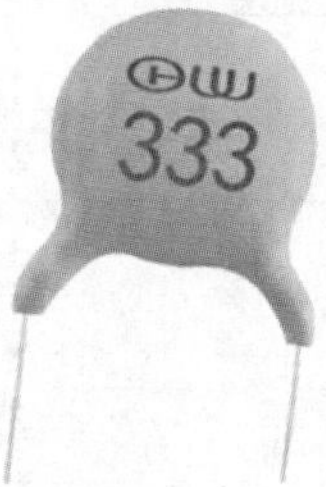


插装式陶瓷电容

贴片式陶瓷电容

云母电容

薄膜电容

超级电容

**图 1－13　不同种类的电容**

以下着重介绍几类电容元件。

（1）陶瓷电容。陶瓷电容是根据外形需要，将陶瓷压成管状、圆片状或盘状作为介质，并用烧渗法将银镀在陶瓷上作为电极制成。陶瓷电容分为高频瓷介电容和低频瓷介电容两种。高频瓷介电容用于高稳定振荡回路。低频瓷介电容用于旁路或者隔直的低频电路中，或者对稳定性损耗要求不高的电路中。这种电路不适合用于脉冲电路，因为它们容易被脉冲电压击穿。

（2）电解电容。电解电容的两端金属极具有极性之分，其中正极为金属箔（铝或钽），与正极紧贴的金属氧化膜是电介质。负极主要由电解质（固体或液体）、导电材料等制作而成。

电解电容可以用于隔直流、旁路、耦合、滤波、储能等电路。电解电容拥有较强的储能能力，非常适用于需要储能、反复释放能量的场合。例如，整流电路后端并联一个较大容量的电解电容，利用其充放电特性，使整流后的直流电压波动变小，输出电压更稳定。

（3）云母电容。云母电容是用金属箔或者在云母片上喷涂银层做的电极板，极板和云母层层叠合后，再压铸在胶木粉或者封固在环氧树脂中的方式制成。其形状多为方块，耐压高、介质损耗小、绝缘电阻大、温度系数小，非常适用于高频电路。其缺点也较为明显，体积大、容量小。云母电容主要应用于精密仪器设备、现代通信仪表设备等。

（4）薄膜电容。薄膜电容是将金属箔当电极，与塑料薄膜交叠后，卷绕成圆筒状的一种电容。根据塑料薄膜的材质不同，薄膜电容可以分为聚乙酯电容、聚丙烯电容、聚苯乙烯电容和聚碳酸酯电容。薄膜电容具有无极性、绝缘阻抗很高、频率响应宽、介质损失小等优点，被大量使用在模拟电路上。

（5）超级电容。超级电容，又称电化学电容，是近年来越来越流行的一种储能系统。超级电容器由正极、负极和电解质组成，以静电的方式储存能量。超级电容相比于普通电容，有很高的能量存储密度，而且多次充放电后容量衰减比较小，当电荷存储在它们内部时，不会发生物理或化学变化。

超级电容最常用的电极材料是各种形式的碳，如活性炭、碳纤维布、碳化物衍生碳、碳气凝胶、石墨烯和碳纳米管。超级电容适用于快速充放电循环电路，同时还可以在控制电路中作为备用电源使用。

**2. 电容的命名**

各国电容的型号及命名都有自己的规则。根据国家标准《电子设备用固定电阻器、固定电容器型号命名方法》（GB/T 2470—1995）规定，电容器的命名由下列四部分组成：第一部分（主称）、第二部分（材料）、第三部分（分类特征）、第四部分（序号）。电容型号命名方法见表1-4。

**表 1-4　电容型号命名方法**

| 第一部分 | 第二部分 | 第三部分 | 第四部分 |
|---|---|---|---|
| 用字母表示主称 | 用字母表示材料 | 用数字或字母表示特征 | 序号 |
| C 电容 | C 瓷介 | T 铁电 | 品种、尺寸、代号、温度特性、直流工作电压、标称值、允许误差、标准代号 |
| | I 玻璃釉 | W 微调 | |
| | O 玻璃膜 | J 金属化 | |
| | Y 云母 | X 小型 | |
| | V 云母纸 | S 独石 | |
| | Z 纸介 | D 低压 | |
| | J 金属化纸 | M 密封 | |
| | B 聚苯乙烯 | Y 高压 | |
| | F 聚四氟乙烯 | C 穿心式 | |
| | L 涤纶 | | |
| | S 聚碳酸酯 | | |
| | Q 漆膜 | | |
| | H 纸膜复合 | | |
| | D 铝电解 | | |
| | A 钽电解 | | |
| | G 金属电解 | | |
| | N 铌电解 | | |
| | T 钛电解 | | |
| | M 压敏 | | |
| | E 其他材料 | | |

电容特征（型号第三部分）的含义见表 1-5。

**表 1-5　电容特征（型号第三部分）的含义**

| 数字 | 瓷介电容 | 云母电容 | 有机电容 | 电解电容 |
|---|---|---|---|---|
| 1 | 圆片 | 非密封 | 非密封 | 箔式 |
| 2 | 管型 | 非密封 | 非密封 | 箔式 |
| 3 | 叠片 | 密封 | 密封 | 烧结粉液体 |
| 4 | 独石 | 密封 | 密封 | 烧结粉固体 |
| 5 | 穿心 | / | 穿心 | / |
| 6 | 支柱 | / | / | / |
| 7 | / | / | / | 无极性 |
| 8 | 高压 | 高压 | 高压 | / |
| 9 | / | / | 特殊 | 特殊 |

不同类型的电容具有不一样的图形符号（见图 1－14）。

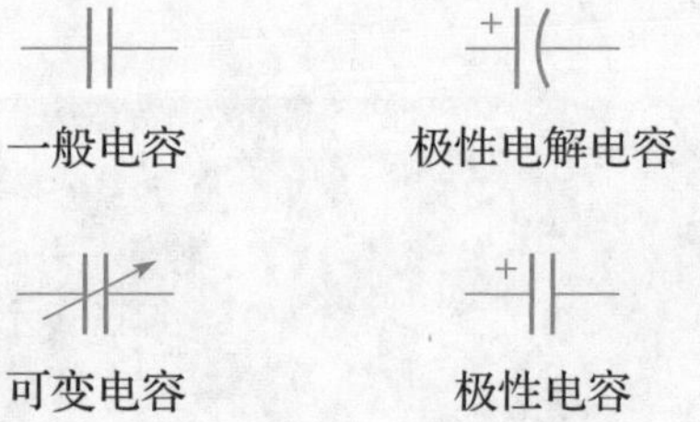


**图 1－14　不同类型的电容图形符号**

**3. 电容的标示方法**

电容的容量单位为法拉（简称“法”）（F）、微法（μF）、纳法（nF）、皮法（pF）。由于法拉的单位太大，通常用微法、皮法较多。各单位之间的换算关系为：

1F = 1 000 000uF　　1μF = 1 000nF

1μF = 1 000 000pF　　1nF = 1 000pF

（1）电容的容量标识方法。

1）电容直标法：如图 1－15 电容本身上的所标，容量 4.7nF，电容耐压 25V。

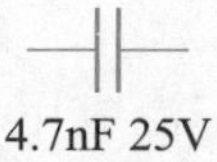


**图 1－15　电容直标法**

2）使用单位 nF：如上图中的电容，标称 4.7nF。又如：100nF，即 0.1μF；47nF，即 0.047μF。

3）数学计数法：

电容上标值 104，代表其容量就是：$10 \times 10^4$pF = 0.1μF。如果标值 223，即为 $22 \times 10^3$pF = 0.022μF。其中，104 中的 4、223 中的 3，都表示 10 的多少次方。又如：472 = $47 \times 10^2$pF = 4 700pF。电容的误差值有 ±1%、±2%、±5%、±10%、±15%、±20%，分别用 F、G、J、K、L、M 来表示。

（2）电容极性判断。

1）直插电解电容区分正负极：

直插电解电容的正负极可以通过引脚长度以及壳体颜色来区分：引脚长者为正极，引脚短者为负极；壳体有小区域的灰色部分对应的引脚为负极，另一端为正极（见图 1－16）。

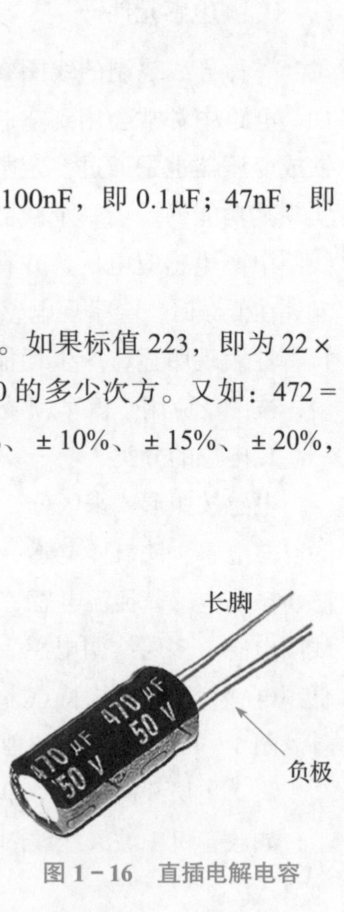


**图 1－16　直插电解电容**

2）贴片铝电解电容区分正负极：

贴片铝电解电容可以通过 SMT 大批量贴装，提高焊接效率，但是相对于直插类型，容量较小。从底座看，钝角部分对应的引脚为正极，直边部分对应的引脚为负极（见图 1－17）。

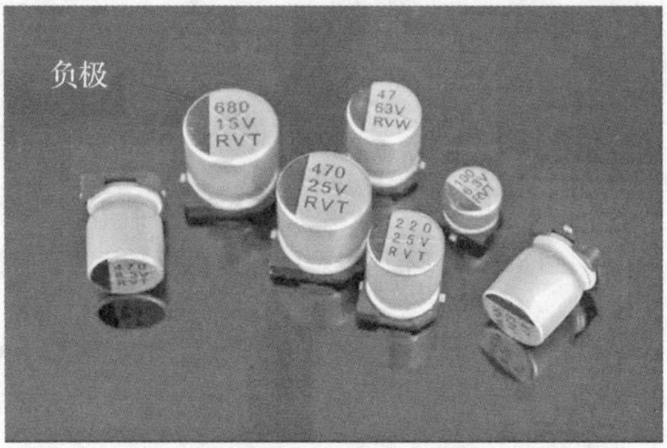


图 1－17　贴片铝电解电容

3）贴片钽电容区分正负极：

贴片钽电容是通过壳体表面的横杠来区分正负极的，有横杠的一端为正极，另一端为负极（见图 1－18）。

（三）电感元件

图 1－18　贴片钽电容

一种导线绕制的线圈在工程中被广泛应用。例如，电路中常常会用到空芯或带磁芯的线圈，电磁铁或变压器也是通过一定数量线圈绕制到铁芯上来实现其功能的。当一个线圈通电后，变化的电流在线圈中产生感应电压，并在线圈中存储能量。电感元件在低频时，会呈现电感特性，即起到蓄能、过滤高频的作用。但在高频时，它的阻抗特性表现明显，产生耗能发热、感性效应降低等现象。电感元件可以通直流，隔交流，被广泛应用于汽车领域、通信领域及各类电子产品中。

**1. 电感的分类**

电感按照形式来区分，可分为固定电感、可变电感；按照导磁体性质来区分，可分为空芯电感、铁氧体电感、铁芯电感、铜芯电感；按照工作性质来区分，可分为天线电感、振荡电感、扼流电感、共模电感、差模电感等；按照绕线结构来区分，可分为单层线圈电感、多层线圈电感、蜂房式线圈电感；按照工作频率来区分，可分为高频电感、低频电感；按照结构特点来分类，可分为磁芯电感、可变电感、色码电感、无磁芯电感等。图 1－19 展示了不同种类的电感。

（1）单层线圈电感。单层线圈电感是用绝缘导线一圈挨一圈地绕在纸筒或胶木骨架上，如收音机中波天线线圈就是单层线圈电感。

空芯电感

实芯电感

扁平线圈电感

贴片电感

铁氧体电感

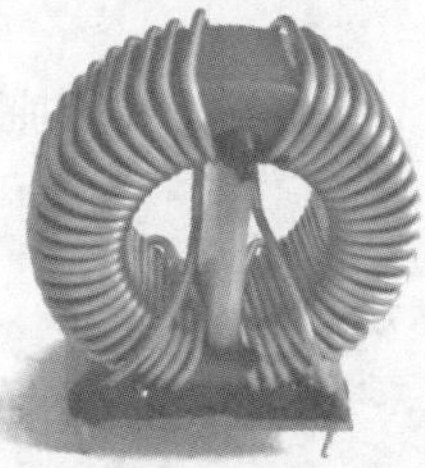

差模电感

**图 1－19　不同种类的电感**

（2）蜂房式线圈电感。蜂房式线圈电感是指所绕制的线圈，其平面不与旋转面平行，而是相交成一定的角度。其旋转一周，导线来回弯折的次数常称为折点数。蜂房式绕法的优点是体积小、分布电容小，而且电感量大。

（3）铁氧体磁芯电感。铁氧体磁芯电感的线圈的电感量大小与有无磁芯有关。在空芯线圈中插入铁氧体磁芯，可增加电感量和提高线圈的品质。

（4）铜芯线圈电感。铜芯线圈电感在超短波范围应用较多，利用旋动铜芯在线圈中的位置来改变电感量，这种调整比较方便、耐用。

（5）色码电感。色码电感使用高频电感线圈，是在磁芯上绕上一些漆包线后，再用环氧树脂或塑料封装而成。它的工作频率为 10kHz ～ 200MHz，电感量一般在 0.1μH ～ 3 300μH。色码电感具有固定电感量，电感量标志方法同电阻一样以色环来标记。其单位为 μH。

**2. 电感的命名**

电感常用单位有亨（H）、毫亨（mH）、微亨（μH），其换算关系为 $1H = 10^3mH = 10^6μH$。

电感元件的型号一般由下列四部分组成。

第一部分：主称，用字母表示，其中 L 代表电感线圈，ZL 代表阻流圈。

第二部分：特征，用字母表示，其中 G 代表高频。

第三部分：型式，用字母表示，其中 X 代表小型。

第四部分：区别代号，用数字或字母表示。

例如：LGX 型为小型高频电感线圈。

目前，各生产厂商对固定电感线圈的型号命名方法有所不同，尚无统一的标准。不同类型的电感具有不一样的图形符号（见图 1－20）。

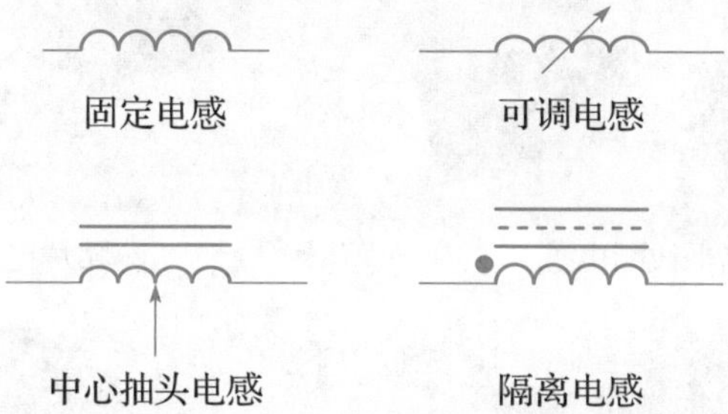


**图 1－20　不同类型的电感符号**

**3. 电感的标示方法**

（1）直标法。在电感线圈的外壳上直接用数字和文字标出电感线圈的电感量、允许误差及最大工作电流等主要参数（见图 1－21）。

**图 1－21　电感直标法**

（2）色标法。电感的色标法与电阻相同，可参考电阻标法。

## 二、半导体元件

### （一）二极管

二极管是一种具有单向传导电流的电子元件。在半导体二极管内部有一个 PN 结，在 PN 结的作用下，电流只能从二极管的正极流向负极，反之二极管会处于截止状态。二极管的这一特性常常被应用于整流电路、稳压电路、滤波电路及各种调制电路，也是新能源汽车中使用广泛的一种电子元件。

**1. 二极管的分类**

二极管按照特性来区分，可分为整流二极管、开关二极管、肖特基二极管、齐纳二极管、高频二极管；按照原子构造来区分，可分为平面型二极管和耐高压的台面型二极管；按照不同的封装形式来区分，可分为插件型二极管和贴片型二极管。如图 1－22 所示，展示了不同种类的二极管。

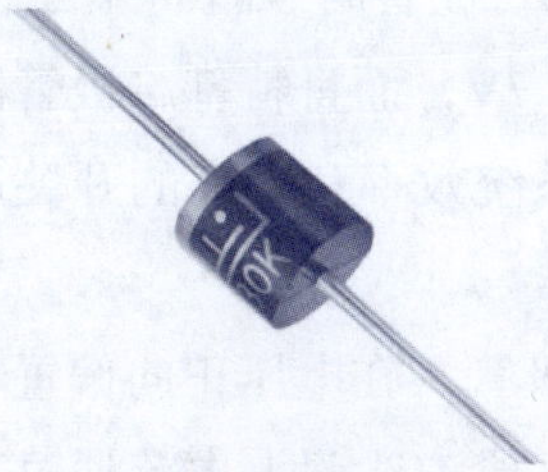

整流二极管

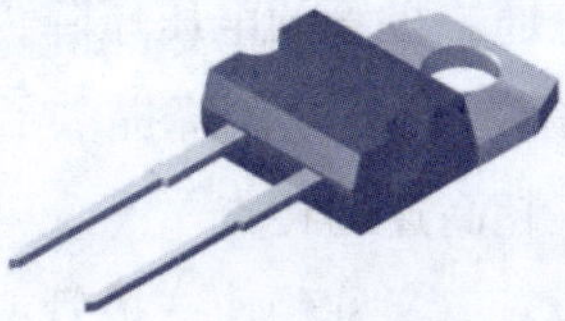

肖特基二极管

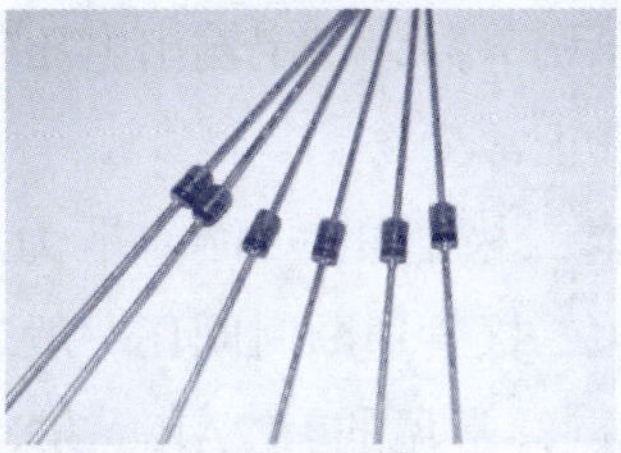

齐纳二极管

开关二极管

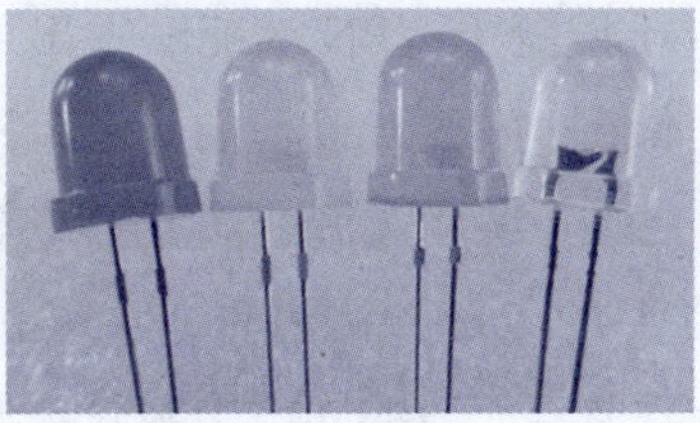

发光二极管

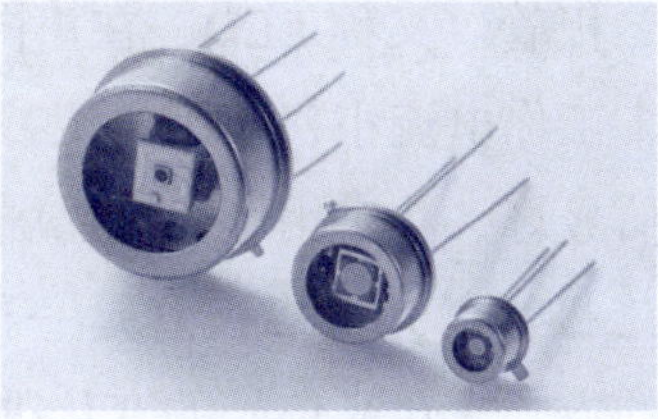

光敏二极管

图 1－22　不同种类的二极管

（1）整流二极管。整流二极管多采用硅半导体制成，能够承载高电流值；也可以用锗半导体制成，锗二极管具有较低的允许反向电压以及较低的允许结温。整流二极管可以将交流电变换为直流电，控制电流和电压的范围广，可应用于整流电路、电源信号隔离、检测信号、照明系统等。典型的整流电路如图 1－23 所示。

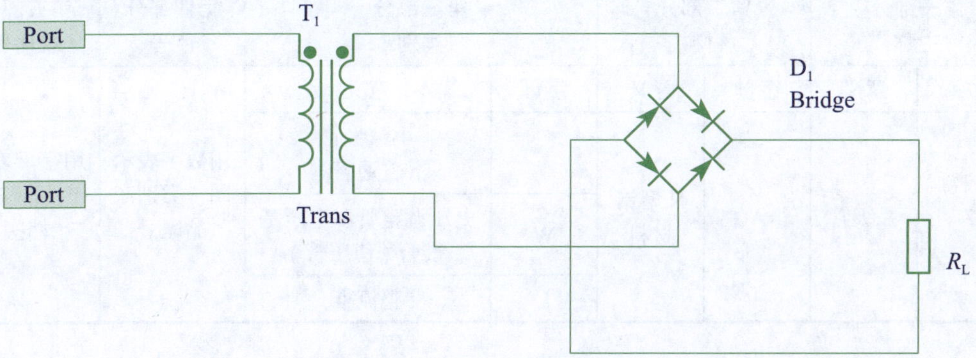


图 1－23　典型的整流电路

（2）肖特基势垒二极管。又称肖特基二极管，是一种具有低正向压降和非常快速的开关动作的半导体二极管。当电流流过肖特基二极管时，肖特基二极管端子上有一个小的电压降。普通二极管的电压压降为 0.6 ～ 1.7V，而肖特基二极管的电压降通常为 0.15 ～ 0.45V。这种较低的电压降提供了更好的系统效率和更高的开关速度，并且具有低功耗、大电流、超高速的特点。

（3）齐纳二极管。又称稳压二极管或击穿二极管，在电压正向偏置时，工作方式与普通二极管一样。当二极管两端输入反向电压时，会有少量漏电流通过，随着反向电压增加到预定的击穿电压，电流开始流过二极管，在很宽的反向电压范围内，流过二极管的电流保持恒定。齐纳二极管不仅可以用于电压调节器，稳定输出电压，而且与负载并联时，可以过滤负载两端出现的高压，确保负载正常工作。

（4）开关二极管。开关二极管是半导体二极管的一种，是为在电路上进行“开”“关”而特殊设计制造的一类二极管。开关二极管通断时间比一般二极管短，具有开关速度快、体积小、寿命长、可靠性高等特点，常见的有 2AK、2DK 等系列，主要用于电子设备的开关电路、检波电路、高频和脉冲整流电路及自动控制电路中。

（5）发光二极管。又称 LED，在正向电压偏置下，PN 结能够发出可见光，其结构简单，体积小，工作电流小，使用方便，成本低。发光二极管的应用范围极为普遍，如显示屏、交通信号灯、汽车用灯、液晶屏背光源、照明光源、温室补光等。

（6）光电二极管。光电二极管是一种常见的光敏探测器件，它通过将光转化为电流或电压信号的方式来对光信号的变化进行记录。一般的光电二极管灵敏度不高，当光强低到一定程度时，信号就会被噪声淹没。由于该结构的物理敏感性，该器件被封装在一个包含可通光保护窗口的金属壳内。光电二极管广泛应用于火灾和烟雾探测器、遥控器、照明设备、各种医疗设备等。

**2. 二极管的型号及命名**

二极管的型号一般由以下五部分组成（见表 1－6）：

**表 1－6　二极管的命名方法**

| 第一部分 主称 | | 第二部分 材料 | | 第三部分 类别 | | 第四部分 序号 | 第五部分 规格号 |
|---|---|---|---|---|---|---|---|
| 数字 | 意义 | 字母 | 意义 | 字母 | 意义 | | |
| 2 | 二级管 | A | N 型锗材料 | P | 小信号管（普通管） | 用数字表示同一类别产品序号 | 用字母表示产品规格、档次 |
| | | | | W | 电压调整管和电压基准管（稳压管） | | |
| | | | | L | 整流堆 | | |

续表

| 第一部分<br>主称 | | 第二部分<br>材料 | | 第三部分<br>类别 | | 第四部分<br>序号 | 第五部分<br>规格号 |
|---|---|---|---|---|---|---|---|
| 2 | 二极管 | B | P型锗材料 | N | 阻尼管 | 用数字表示同一类别产品序号 | 用字母表示产品规格、档次 |
| | | | | Z | 整流管 | | |
| | | | | U | 光电管 | | |
| | | C | N型硅材料 | K | 开关管 | | |
| | | | | B或C | 变容管 | | |
| | | | | V | 混频检波管 | | |
| | | D | P型硅材料 | JD | 激光管 | | |
| | | | | S | 隧道管 | | |
| | | | | CM | 磁敏管 | | |
| | | E | 化合物材料 | H | 恒流管 | | |
| | | | | Y | 体效应管 | | |
| | | | | EF | 发光二极管 | | |

第一部分用数字“2”表示主称为二极管。

第二部分用字母表示二极管的材料与极性。

第三部分用字母表示二极管的类别。

第四部分用数字表示序号。

第五部分用字母表示二极管的规格号（同一类产品的档次）。

例如：2WZ5A代表N型硅材料整流二极管，耐压25V。

不同类型的二极管具有不一样的图形符号（见图1－24）。

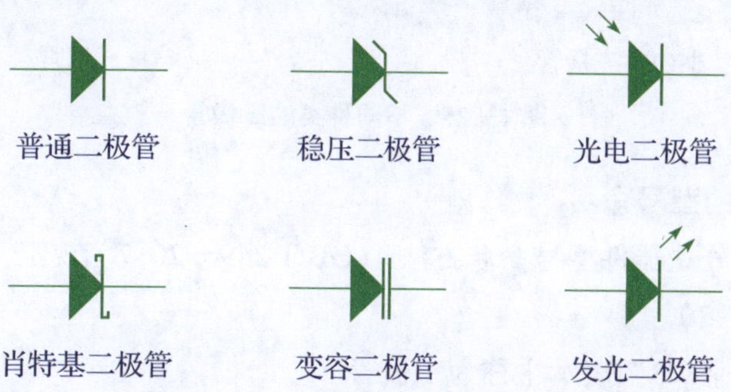


图1－24 不同类型的二极管图形符号

### （二）晶体三极管

晶体三极管，简称三极管，根据掺杂方式不同，三极管内部形成两个PN结，形成三个电极：基极 b、发射极 e 和集电极 c。三极管可用于对电流的放大，在实际电路中，从传感器获得的电信号都很微弱，只有经过放大之后才能进一步处理。三极管作为放大电路的核心元件，可以将微小信号不失真放大输出。当输入基极电流太大时，三极管进入饱和区域，此时可作为开关使用，控制电路中也常用到三极管的开关功能。

**1. 晶体三极管的分类**

三极管按照材质来区分，可分为硅三极管、锗三极管；按照结构来区分，可分为 NPN 三极管、PNP 三极管；按照功能来区分，可分为开关三极管、功率三极管、达林顿三极管、光敏三极管等；按照功率来区分，可分为小功率三极管、中功率三极管、大功率三极管；按照工作频率来区分，可分为低频三极管、高频三极管、超频三极管；按照结构来区分，可分为合金三极管、平面三极管；按照安装方式来区分，可分为插件三极管、金属壳三极管、贴片三极管。如图 1－25 所示，展示了不同种类的三极管。

大功率三极管

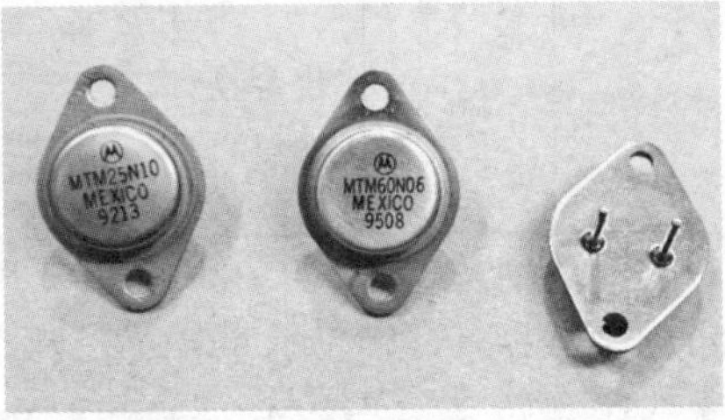


金属壳三极管

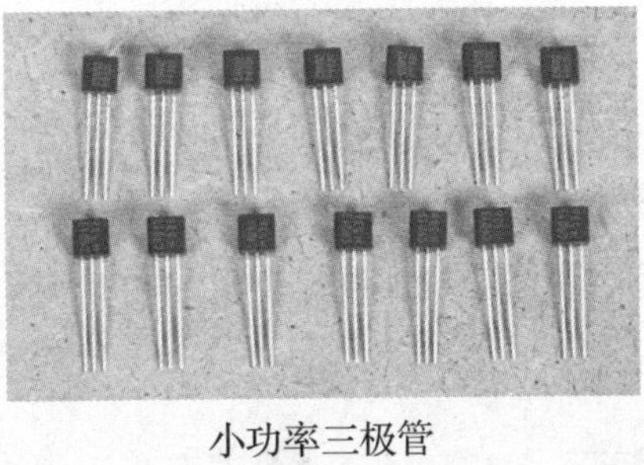

小功率三极管

贴片三极管

图 1－25　不同种类的三极管

**2. 晶体三极管的型号命名**

根据《半导体分立器件型号命名方法》(GB/T 249—2017) 规定，国产半导体共由 5 部分组成 (见表 1－7)。

第一部分用数字“3”表示主称为三极管。

第二部分用字母表示三极管的材料与极性。

第三部分用字母表示三极管的类别。

第四部分用数字表示序号。

第五部分用字母表示三极管的规格号 (同一类产品的档次)。

表 1－7　三极管的命名方法

| 第一部分<br>主称 | | 第二部分<br>材料 | 第三部分<br>类别 | 第四部分<br>序号 | 第五部分<br>规格号 |
|---|---|---|---|---|---|
| 3 | 三极管 | A PNP 型锗材料 | P 普通管 | 用数字表示同一类别产品序号 | 用字母表示产品规格、档次 |
| | | B NPN 型锗材料 | V 微波管 | | |
| | | C PNP 型硅材料 | W 稳压管 | | |
| | | D NPN 型硅材料 | C 参量管 | | |
| | | E 化合物材料 | Z 整流管 | | |
| | | | L 整流堆 | | |
| | | | S 隧道管 | | |
| | | | U 光电器件 | | |
| | | | K 开关管 | | |
| | | | X 低频小功率管 | | |
| | | | G 高频小功率管 | | |
| | | | D 低频大功率管 | | |
| | | | A 高频大功率管 | | |
| | | | T 可控整流器 | | |

三极管有两种结构符号（见图 1－26）。

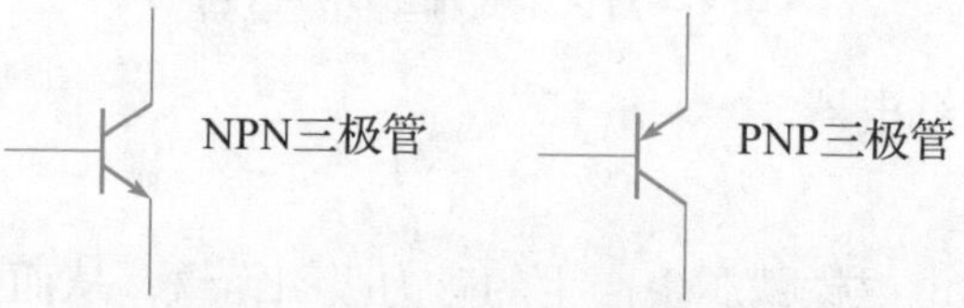


图 1－26　三极管的结构符号

## 三、继电器

继电器一般指的是电磁继电器，内部结构由一个线圈及一个开关组成。其工作原理是用一个回路控制线圈，一般电流较小，开关串联进一个大电流回路，线圈是否通电可以改变开关的通断状态，利用了电磁效应来控制机械触点达到通断目的。这个控制过程中，两个回路一般是隔离的。继电器实际上就是用较小的电流控制较大电流的一种自动开关，在电路中起着自动调节、安全保护、转换电路等作用。

### （一）继电器的种类

继电器的种类有电磁继电器、电压继电器、时间继电器、压力继电器、热继电器、干簧继电器、过电压继电器、静态电压继电器、热线继电器、固态继电器等。图 1－27 展示了不同种类的继电器。

图 1－27　不同种类的继电器

以下重点介绍几类继电器。

**1. 电磁继电器**

电磁继电器是通过电磁铁铁芯中产生的磁力吸引衔铁，从而使开关触点改变状态的一种继电器。它一般作为开关使用，通过小电流控制大电流回路，被应用于信号传递电路、执行控制电路、系统配电电路等，在汽车、航空、家电等领域广泛使用。

**2. 电压继电器**

电压继电器是通过电压值来改变触点的状态，电压继电器分为过压继电器和欠压继电器。过压继电器在电压超过阈值电压时，触点状态改变；欠压继电器在电压低于阈值电压时，触点状态改变。电压继电器广泛应用于小型电动机、变压器和配电线路的继电保护装置中。

**3. 时间继电器**

时间继电器在通电时，通过电磁原理或机械原理使触头状态改变，在触头状态变化的过程中，通过计时器延迟触头闭合或断开。时间继电器的延时时长在设计范围内可调节，一定数量的时间继电器配合中间继电器可以完成先延时闭合、后延时断开。

### 4. 压力继电器

压力继电器是利用液体的压力来改变电气触点的一种继电器。当系统压力达到压力继电器的阈值时，继电器发出电信号，使电气元件（如电磁铁、电机、时间继电器、电磁离合器等）发生特定的动作，以使油路卸压或换向。这些元件会在运动时按照设定好的顺序进行相应动作，或关闭电动机使系统停止工作，起安全保护作用等。

### 5. 热继电器

热继电器在电路中一般做过载保护。当流入继电器的电流过大、产生的热量超过安全值时，内部的金属片会发生形变，当聚集到一定程度，开关就会发生特定的动作，使电路状态发生变化。其体积较小、结构简单、成本低。

### 6. 干簧继电器

干簧继电器是由一个永磁磁铁或者激励线圈、两片导磁导电的簧片组成的。当永磁磁铁靠近簧片，或者簧片上线圈通电后，簧片会被磁化吸引，簧片触点接触，电路导通。当外部磁铁移开或者线圈断电，簧片脱离接触，电路断开。

干簧继电器内部充有惰性气体，目的是减少触点因通断过程中产生火花引起的氧化和碳化。簧片固有频率高，通断速度快，比一般电磁继电器快 3 ～ 10 倍。干簧继电器的体积小，重量轻。缺点是开关容量较小，接点电阻较大且容易产生抖动。

## （二）继电器的型号及命名

一般而言，国产继电器由四部分组成（见表 1－8）。

第一部分用字母表示继电器的主称类型；

第二部分用字母表示继电器的形状特征；

第三部分用数字表示产品序号；

第四部分用字母表示防护特征。

**表 1－8 继电器的命名方法**

<table>
<tr><th>第一部分</th><th>第二部分</th><th>第三部分</th><th>第四部分</th></tr>
<tr><td>JR 小功率继电器</td><td rowspan="11">W 微型<br>X 小型<br>C 超小型</td><td rowspan="11">用数字表示产品序号</td><td rowspan="11">F 封闭式<br>M 密封式</td></tr>
<tr><td>JZ 中功率继电器</td></tr>
<tr><td>JQ 大功率继电器</td></tr>
<tr><td>JC 电磁继电器</td></tr>
<tr><td>JU 热继电器或温度继电器</td></tr>
<tr><td>JT 特种继电器</td></tr>
<tr><td>JM 脉冲继电器</td></tr>
<tr><td>JS 时间继电器</td></tr>
<tr><td>JAG 干簧继电器</td></tr>
<tr><td>JF 光电继电器</td></tr>
<tr><td>JP 高频继电器</td></tr>
</table>

例如，JCW-11F 表示封闭式微型电磁继电器，JC 表示电磁继电器，W 表示微型，11 为序号，F 表示封闭式。

## 四、熔断器

熔断器是一种电路保护装置，一般串接在电路中，当整个回路中有短路或严重过载时，熔断器能够及时熔断，确保电路安全。熔断器由绝缘底座、触头、熔体组成。熔体是起到主要作用的部件，一般使用熔点较低的材料制作，如铅锡合金、镀银铜片、铝、锌、银等。这类金属平时性能比较稳定，当温度升高至熔点时能够及时熔断，确保电路保护的可靠性。熔断器具有一定的延时性，当过载电流较小时，熔体熔断时间较长；当过载电流较大时，熔体熔断时间较短。

熔断器在家用电路中的使用和汽车中的使用大同小异。正常情况下，熔断器根据电路需求选择合适参数，作为一根导线串接在电路中。当电路中某些设备故障或短路时，回路中的电流增大后热量堆积，对于汽车内部线路集中的情况非常危险，可能烧毁电路甚至发生火灾。因此，熔断器在电流异常高到一定程度时，熔体熔断以切断电路，也是新能源汽车电路回路中非常重要的保护装置。

在汽车中，熔断器一般集中排布在熔断器盒中，熔断器盒安装在仪表盘附近或发动机舱下面，常与继电器组装在一起，构成全车电路的中央接线盒。

### （一）熔断器的结构与原理

熔断器是利用金属导体作为熔体串联于电路中，当过载或短路电流通过熔体时，因其自身发热而熔断，从而切断电路的一种电器。熔断器结构简单，使用方便，广泛用于电力系统、各种电工设备和家用电器中作为保护器件。此前家庭中电路开关总闸中常用的钨丝其实就是一种初始的熔断器，只是现在的熔断器做得更专业、更先进。插片式熔断器结构及电路符号见图 1－28。

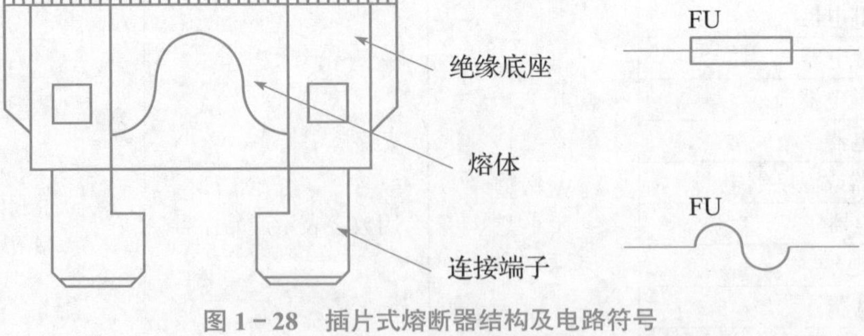


图 1－28　插片式熔断器结构及电路符号

熔体串联在电路中，负载电流流过熔体，随着电路电流的增大，熔体温度上升，当负载电流或短路电流超过额定值时，熔体过度发热而达到融化温度。熔体达到融化温度后，蒸发为金属气体，电流越大，融化速度越快。熔体融化的瞬间电流突然断开，这个绝缘间隙，电路被击穿，产生电弧。电弧能量较小时，会随着时间自行熄灭；电弧能量较大时，则需要使用熔断器的灭弧装置，提高熔断器的分断能力，确保电路的可靠性。

## （二）熔断器的分类

熔断器按照电压来区分，可分为高压熔断器和低压熔断器；按照结构来区分，可分为敞开式、半封闭式、管式和喷射式熔断器；按照形状来区分，可分为螺旋式、瓷插式、密封管式熔断器；按照有无填充材料来区分，可分为有填料式熔断器和无填料式熔断器；按照工作方式来区分，可分为快速熔断器、慢速熔断器和自恢复熔断器。图1－29展示了不同种类的熔断器。

插片式熔断器

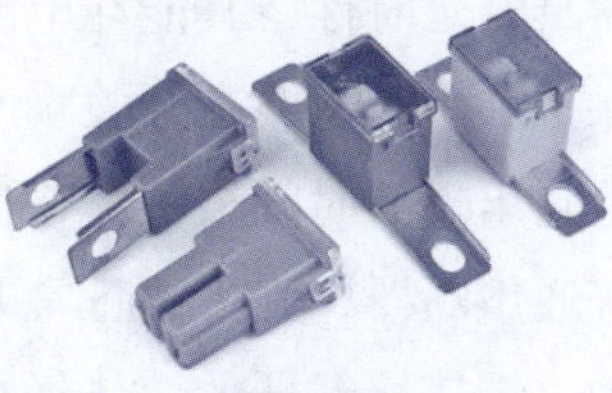
方形熔断器

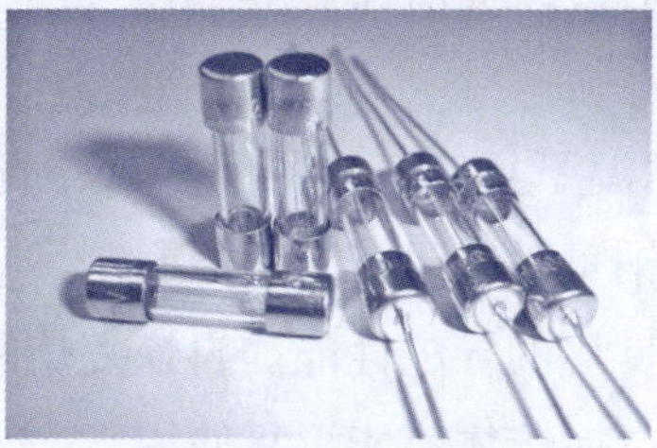
玻璃管式熔断器

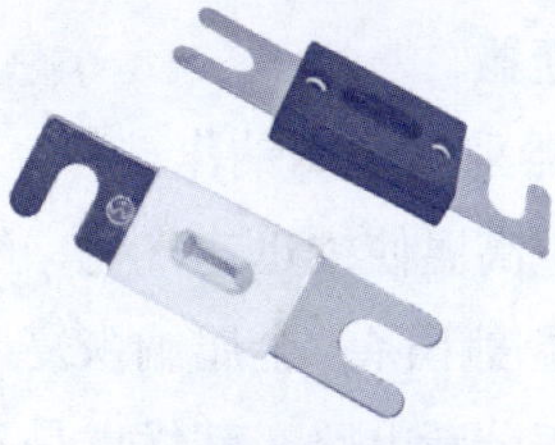
插栓式熔断器

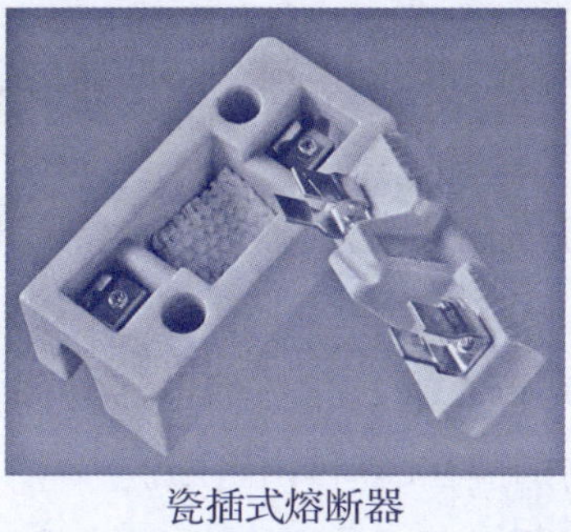
瓷插式熔断器

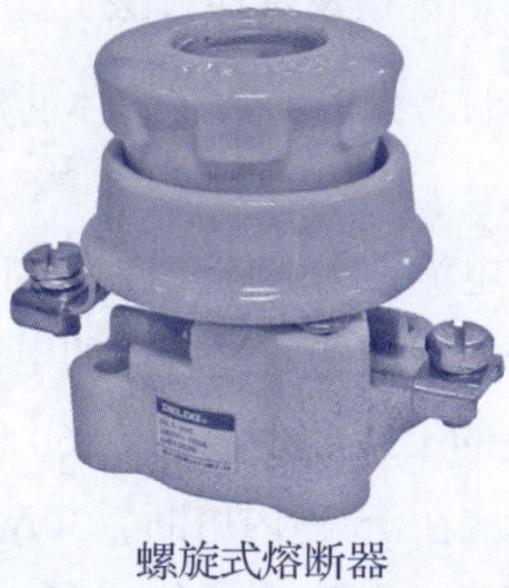
螺旋式熔断器

图1－29 不同种类的熔断器

以下重点介绍几类熔断器。

### 1. 螺旋式熔断器

螺旋式熔断器的熔断管中装有石英砂，熔体埋在石英砂中，当电路中出现短路或过载时，熔体熔断，同时产生的电弧会被石英砂快速降温并熄灭。熔断器顶端装有色点，当熔体熔断时，色点会跳出，表示熔体已熔断。色点的不同颜色表示不同的额定电流，通常额定电流为 5 ～ 200A，可以用于电路电流较大或有易燃气体的场合。

**2. 插入式熔断器**

插入式熔断器主要用于 380V 及以下电压等级的线路末端，其主要功能是对变压器二次侧短路故障和过流进行保护。

**3. 快速熔断器**

快速熔断器主要用于半导体整流电路的短路保护，快速熔断器能在短路极短的时间内承受较大的过载电流并且快速熔断熔体。快速熔断器的结构和有填料封闭式熔断器的结构基本相同，但熔体材料和形状不同，它是以银片冲制的有 V 形深槽的变截面熔体。

**4. 慢速熔断器**

慢速熔断器具有延时性，其能在电路出现非故障浪涌电流时保持完好，从而对长时间的过载提供保护。有些电路在开关瞬间的电流大于几倍正常工作电流，尽管这种电流峰值很高，但是它出现的时间很短，普通的保险丝是承受不了这种电流的。这样的电路中若使用的是普通熔断器，则无法正常开机；若使用更大规格的熔断器，则当电路过载时又得不到保护。慢速熔断器的熔体经特殊加工而成，它具有吸收能量的作用，调整能量吸收量就能使其既可以扛住冲击电流又能对过载提供保护。

**5. 自恢复熔断器**

自恢复熔断器采用金属钠作熔体，在常温下具有高电导率。当电路发生短路故障时，短路电流产生高温使钠迅速气化，气态钠呈现高阻态，从而限制了短路电流。当短路电流消失后，温度下降，金属钠恢复原来良好的导电性能。自恢复熔断器只能限制短路电流，不能真正分断电路。其优点是不必更换熔体，能重复使用。

### （三）熔断器的规格及选择方法

选择熔断器时考虑的参数有熔体的额定电流和熔断电流，熔断器的额定电压、额定电流和断流能力。

熔体的额定电流是指熔体允许长时间通过而不熔断的电流值。熔断电流一般为额定电流的 2 倍，普通熔断器通过熔体的电流为额定电流的 1.1 倍时，不熔断；通过熔体的电流为额定电流的 1.35 倍时，应在 60 秒内熔断；通过熔体的电流为额定电流的 1.5 倍时，20A 以内的应在 15 秒内熔断，30A 以内的应在 30 秒内熔断。

额定电压是指熔断器在熔体熔断后能承受的最大电压。熔断器的额定电压要大于或等于保护电路的电压，只有这样才能保证熔断器在断路后不被击穿，不会持续产生电弧，从而可靠切断电路。标准熔断器的额定电压值可分为 32V、125V、250V、600V 等。

熔断器熔断以后通过观察或简单测量即可发现。在更换熔断器时，一定要选择与元器件的规格参数一致的熔断器。

## 任务实施

### 一、任务准备

1. 操作防护装备：防护套装（包括防静电手套、绝缘胶鞋等）；
2. 实训场地（新能源汽车智能制造实训中心）：新能源汽车电工电子实训台；
3. 操作工具：万用表、电源、导线、多媒体、纸、笔等；
4. 教师准备多种典型的电路元器件，如熔断器、继电器、电阻、电容、电感等；
5. 辅助材料：无。

### 二、操作步骤

实训任务主要对照电路基本元件实物，描述元件的特点及在电路中的基本应用。

1. 学生分组，识别各种元件。

2. 学生进行分组讨论，对各个元器件进行分析，识别元件的名称、型号、基本参数等。

3. 通过万用表、导线、电源等设备，设计一个检测元件的方法，判断元件的状态。

（1）熔断器：使用电源对熔断器施加电流，在电流不断增加的过程中，观察熔体熔断情况，并记录。

（2）继电器：使用万用表，测量继电器各个引脚的通断情况，接入一个简单电路，判断继电器的工作状态。

4. 上交任务工单及分析结果。

5. 检测工具是否放回，整理教室。

## 任务评价

本任务权重分配表

| 项目 | 分数 | 评分标准 | 过程分析 | 实得分数 | 备注 |
|---|---|---|---|---|---|
| 识别元器件 | 10 | 1. 操作正确无误；<br>2. 正确使用万用表；<br>3. 正确设计检测方法；<br>4. 测量数据正确；<br>5. 含义说明正确。 | | | 测量数据在一定区间范围内即可 |
| 说明元器件的用途 | 10 | | | | |
| 设计检测熔断器的方法 | 20 | | | | |
| 测量熔断器状态 | 20 | | | | |
| 设计检测继电器的方法 | 20 | | | | |
| 测量继电器状态 | 20 | | | | |
| 总　分 | | | | | |

## 学习测试

### 一、填空题

1. 熔断器俗称________，使用时熔断器________在被保护的电路中，在电路中起到过流保护作用。

2. 224 表示的电阻阻值为________。

3. 三极管内部形成两个 PN 结，形成三个电极，分别是________、________和________。

### 二、判断题

1. 当电路中用电器负载过大或电路中有短路的情况导致电路中电流异常并超过其额定电流时熔断器会熔断。（　　）

2. 二极管的整流原理是二极管具有单向导电性。（　　）

3. 继电器在电路中可以作为控制开关使用。（　　）

### 三、选择题

1. 某个熔丝上标有数字 10，其代表的意义是（　　）。

A. 电阻 10Ω　　B. 电压 10V　　C. 功率 10W　　D. 电流 10A

2. 下列选项中，不属于电容器的作用的是（　　）。

A. 去耦　　B. 滤波　　C. 开关　　D. 通交流，阻直流

3. 普通熔断器流过的电流为额定值的（　　）时不熔断。

A. 80%　　B. 90%　　C. 100%　　D. 110%

**工匠精神**

### 要做就做到最优、做到极致

榜样力量

快乐的奋斗者 1

吕义聪，吉利汽车集团浙江福林国润汽车零部件有限公司总经理助理。2004 年 5 月，从定远县藕塘镇走出家门，初入公司的吕义聪为跟上工作进度，练就出汽车调试的“火眼金睛”，仅用耳朵就能听出 40 多种汽车异响，通过检查就能排除 2 000 多种汽车故障。在面对出口订单中的汽车异响时，同事们束手无策，吕义聪主动请缨，最终准确排查出问题，为公司减少了 1 500 万元的损失。

“要干就要干得最好，要做就要做到最优、做到极致。”这是吕义聪经常挂在嘴边的话。凭着一丝不苟的严谨态度和精益求精的工作精神，吕义聪对一辆整车的

1 200 多个配件都摸得滚瓜烂熟。一个人，一双手，就能在两天内组装完成一辆整车。

如今，升任吉利汽车集团浙江福林国润汽车零部件有限公司总经理助理、总工程师的吕义聪，依然保持着钻研技术的劲头，定期举办集训营无偿传授技能。他说："通过脚踏实地奋斗，任何人都有机会改写命运。"

榜样力量

快乐的奋斗者 2

# 任务 3　新能源汽车电路图识读

## 任务描述

在对汽车基础电气元件有一定的识别能力之后，我们还需要对汽车电气系统部分的高压电气系统和低压电气系统进行学习。通过对本任务的学习，读者能够掌握汽车电路图的基本识读方法、不同汽车电路图之间的特点及联系，并能够在实车中找到基础元件的位置，能对简单的电路做一定分析。

## 相关知识

### 一、汽车电路图的分类

新能源汽车的电路图种类繁多，为表达汽车电路的不同信息和用途，汽车电路图可以分为汽车线路图、汽车原理框图、汽车电路原理图、汽车线束位置图等。

汽车电路图是根据国家标准规定的线路符号，对汽车电器的构造组成、工作原理、工作过程及安装要求所作的图解说明，也包括图例及简单的结构示意图，不同品牌、不同车型之间的制图方式呈现不同的特点。

#### （一）汽车线路图

汽车线路图是将汽车的专用元件按照实际布置位置进行绘制，再通过导线、电源、开关、熔断器等把这些元件连接起来。它用专用的符号来标示出汽车上的电源、用电器、线路、线路的颜色、线的横截面积以及针脚定义，根据线路图可以快速地了解电路的控制原理和用电器的分布位置以及中间的转接插头。一旦车身存在电气故障，就能快速找到故障部位。对于不同的车系，电路图不同，识读线路图的方法也不同。但是线路图都有共同的特性，就是在一张图中能将车内的用电器都标示出来，这样更能直观地看到线路的去向以及线的颜色。操作人员可以更容易、更快速地根据线路图查找车身的线。例如，若启动没反应，就要确认启动时点火开关是否有电压输出。如果没有电压输出就可能是点火开关的问题；如果有电压输出，就继续沿线路查找继电器，最终锁定故障部位。

汽车线路图的优点就是图中元件布置的位置与实际位置一致，查找问题更直观、方便。汽车线路图的缺点也很明显，由于需要表达车上的实际连接方式，因此线束密集，纵横交错，不利于读图和分析电路。汽车线路图示例见图 1－30。

### （二）汽车原理框图

汽车原理框图是表示汽车电气系统及其分系统、装置、部件中各个项目的基本组成和相互之间的关系。汽车原理框图中所标注的内容一般是整车或系统的一个独立部件。每个方框之间的关系由方框之间的线条沟通，所用箭头表示信号或电流的流向。在分析电路工作原理之前，先阅读电路的框图有助于加深对电路工作原理的了解。

通过分析汽车原理框图了解信号或电流传输方向时，操作人员应认真查看图中箭头方向，箭头方向表示信号的传输方向。如果没有箭头方向，则操作人员根据汽车原理框图的图形符号来判断；如果有双向箭头，则箭头表示信号即使输出也能输入。图 1－31 是 EPS 系统框图。对汽车原理框图的整体有一定了解后，再进一步研究系统有多少部件（方框）、部件与部件之间是什么关系，对照汽车电路原理图，可以更清楚地理解电路原理。

### （三）汽车电路原理图

汽车电路原理图是根据电路原理，将仪表及各种电气设备按由上到下的原则合理地连接起来，按照系统工作布局横向绘制。汽车电路原理图是最常见的一种电路图，一般由主电路、控制电路、保护电路及配电电路等组成，布局合理，易于查找、分析故障。

汽车电路原理图中，上方电位为高电位，最下面电位为低电位，通常最下方一条线表示接地线，俗称搭铁。电流的流向基本按照绘图方法，由上而下，从电源正极出发，经过控制开关、用电设备，最后接到电源负极。

在汽车电路原理图中，绘制连接导线时，应尽可能地减少曲折和交叉，确保布局合理、图纸清晰简明、图形符号易于识别。各个局部电路图之间标注清晰，便于分析问题时，理解各个图纸之间的联系。图 1－32 是吉利帝豪 EV300 前大灯电路图。

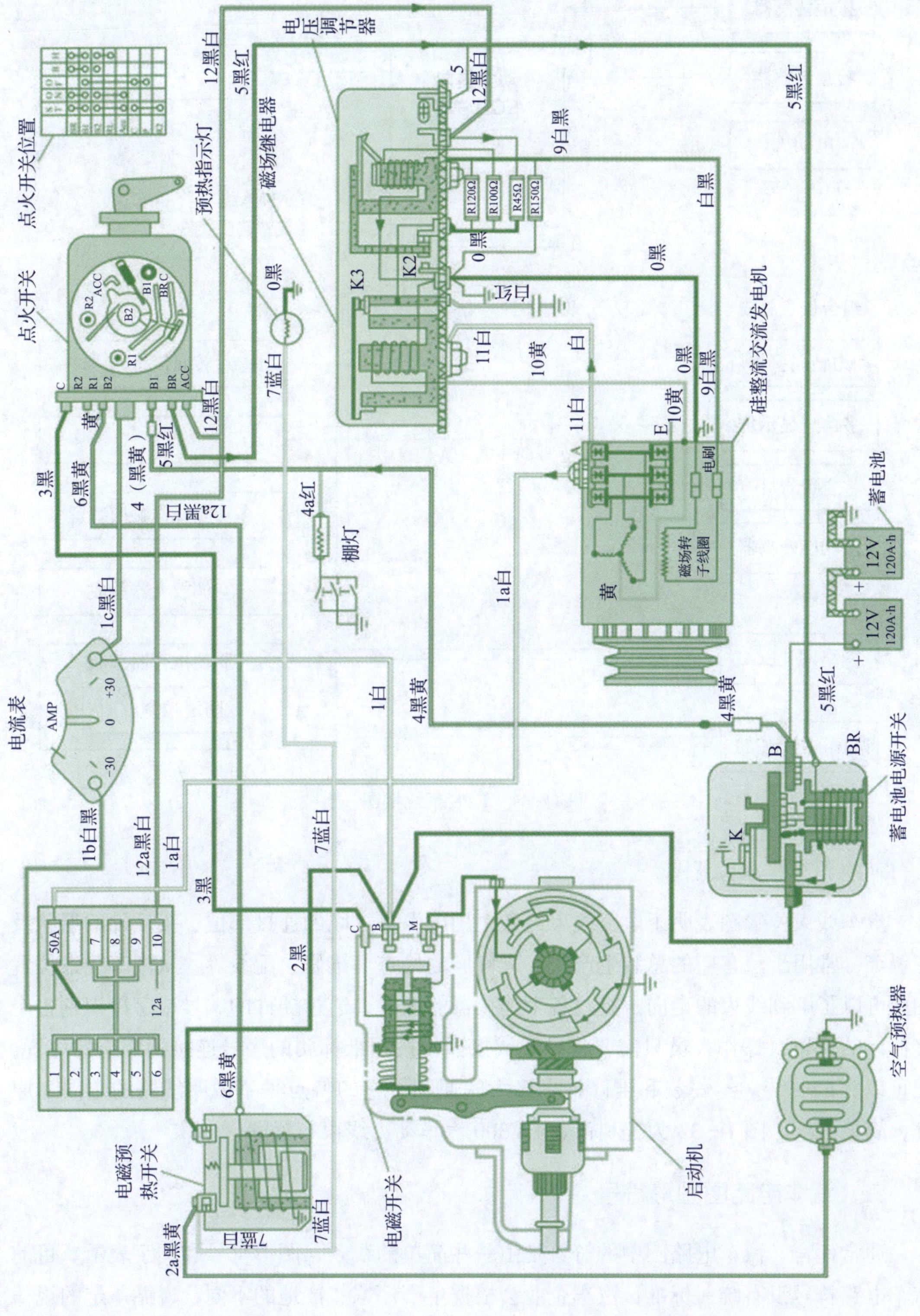
点火开关位置
点火开关
预热指示灯
磁场继电器
电压调节器
电流表
硅整流交流发电机
蓄电池
棚灯
蓄电池电源开关
空气预热器
启动机
电磁开关
电磁预热开关
K3
K2
R120Ω
R100Ω
R45Ω
R150Ω
12V 120A·h
12V 120A·h
5黑红
12黑白
0黑
9白黑
白黑
10黄
11白
1a白
4黑黄
1白
7蓝白
3黑
6黑黄
1c黑白
1b白黑
12a黑白
2黑
2a黑黄
4a红
4（黑黄）
50A
B
BR
K
C
M
E
AMP

图 1－30　汽车线路图

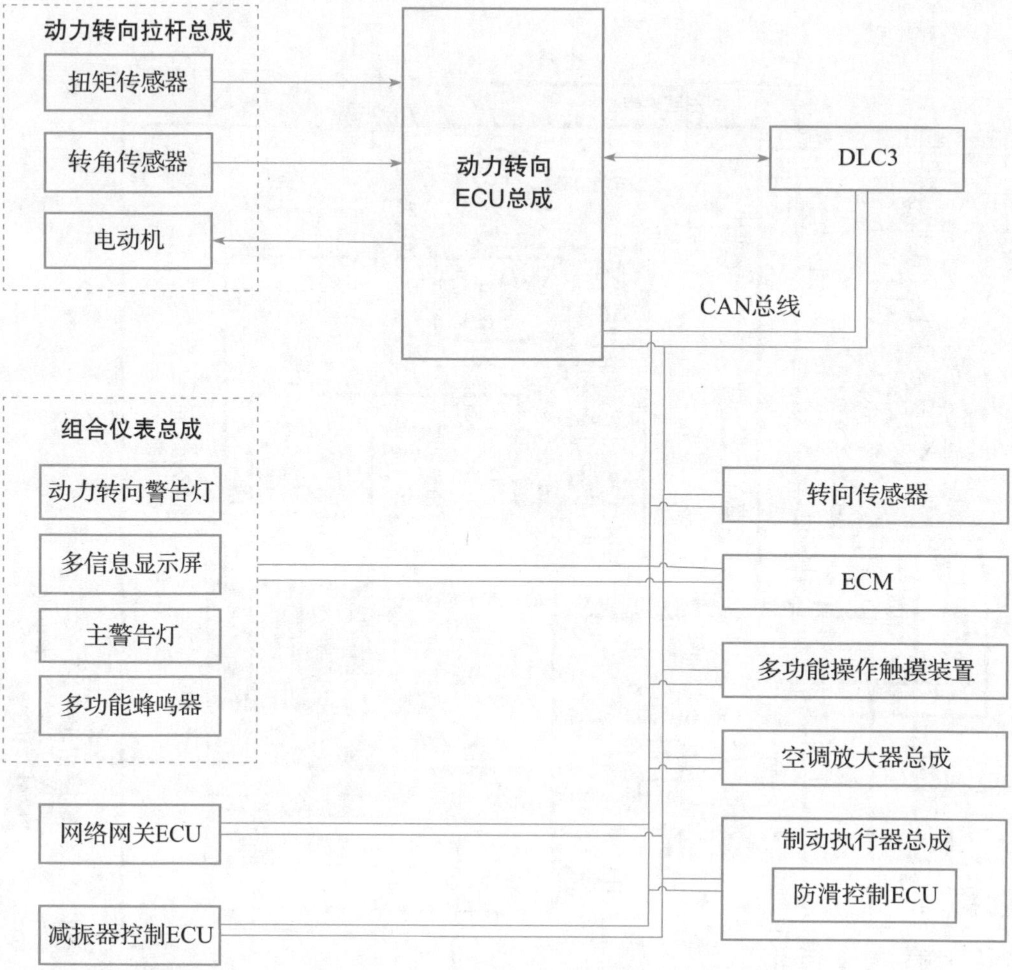


图 1－31　EPS 系统框图

### （四）汽车线束位置图

汽车线束位置图表明了电路线束与各个用电设备之间的连接部位、接插件的形状及位置等，常用于汽车厂的总装生产线、维修厂的检查、维修、配线等。从汽车线束位置图中可以了解到线束的走向，查找各个连接器的位置，通过插件的编号或字母识别各个接插件的位置，操作人员只需要将导线或接插件按图纸标明的序号连接到相应的位置，便可以完成安装，给安装和维修带来极大的便利。它的特点是不说明线路的走向和原理，简单清晰。图 1－33 为吉利帝豪 EV300 汽车动力线束布置图。

## 二、汽车电路图图形符号

通常而言，汽车电路图中的符号是由一些简单的线条、图形符号和文字表示。目前汽车电路符号没有统一标准，汽车企业会根据生产厂家、产地的不同，遵循一定的规律绘制不同车型的电路图。为了看懂汽车电路图，我们要掌握和熟练地运用这些符号。

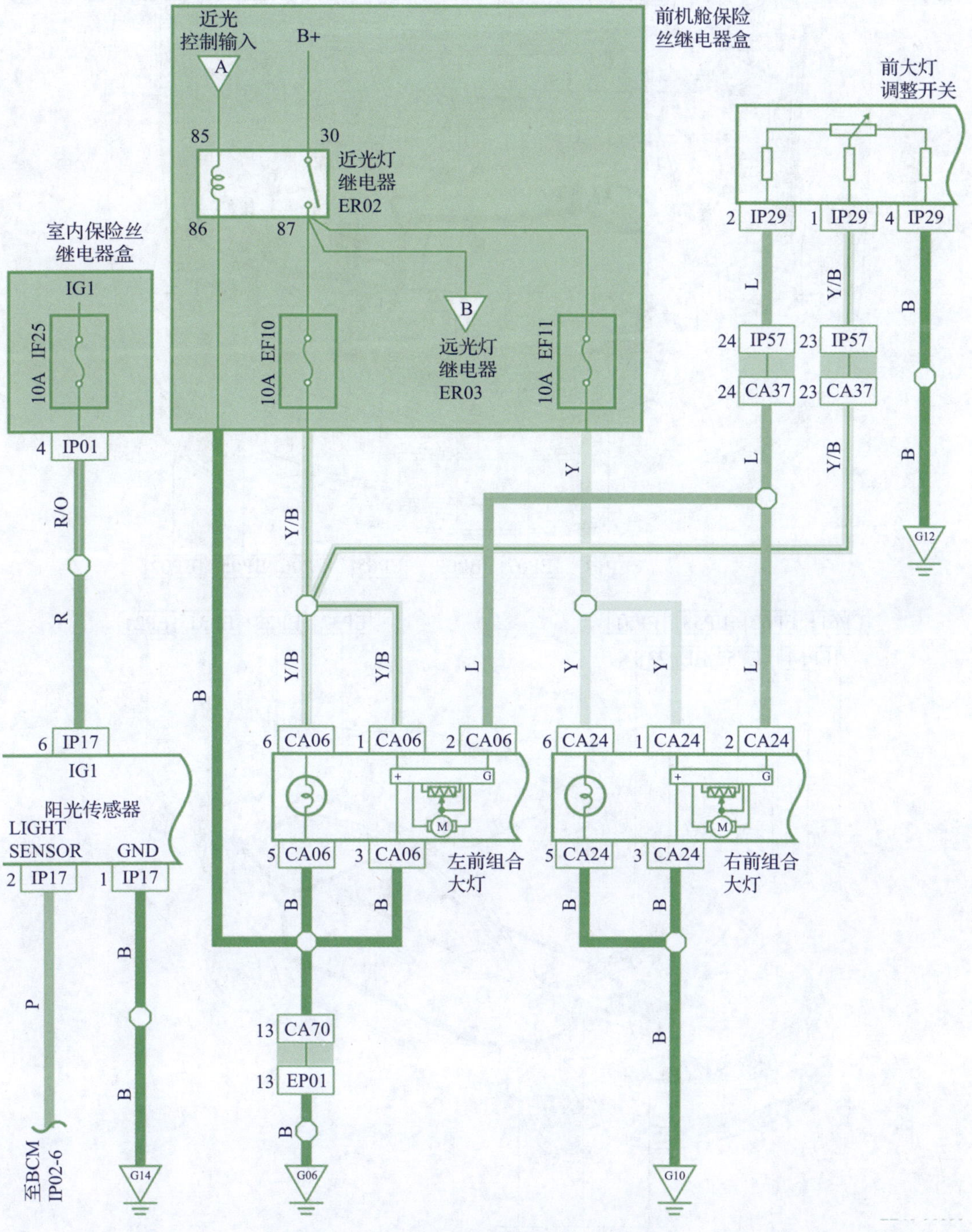


图 1－32 吉利帝豪 EV300 前大灯电路图

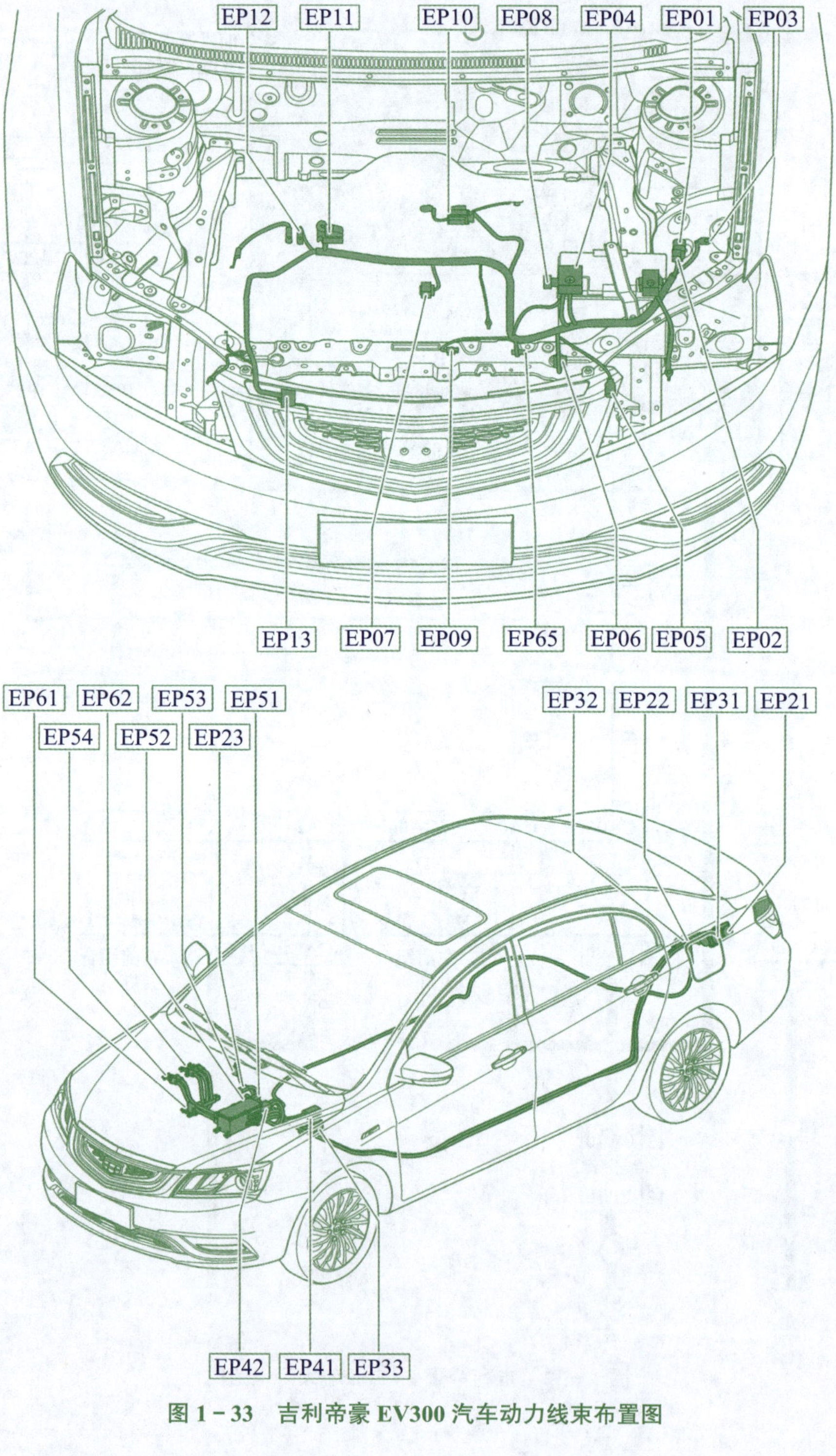


**图 1－33　吉利帝豪 EV300 汽车动力线束布置图**

我国使用的图形符号可分为以下几类：限定符号、导线、端子和导线的连接符号，电气元件符号，触点与开关符号，仪表符号，传感器符号，汽车电路设备符号，分别见表 1-9 至表 1-13。

**表 1-9 限定符号、导线、端子和导线的连接符号及名称**

| 名称 | 图形符号 | 名称 | 图形符号 |
|---|---|---|---|
| 直流 | — | 交流 |  |
| 交直流 |  | 正极 | + |
| 中性点 | N | 负极 | − |
| 接点 | ● | 磁场 | F |
| 端子 | ○ | 接地 |  |
| 可拆卸端子 |  | 插座一极 |  |
| 插头一级 |  | 插头和插座 | 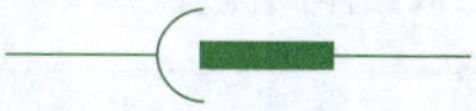 |
| 导线的连接 |  | 交流发电机输出接线柱 | B |
| 导线的跨越 |  | 边界线 | 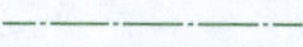  |
| 导线的交叉连接 | 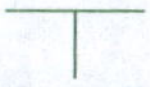 | 屏蔽层 |  |
| 导线交叉 |  | 屏蔽导线 |  |
| 接通的连接片 |  | 断开的连接片 | 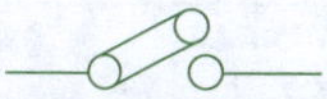 |

**表 1-10 电气元件符号及名称**

| 名称 | 图形符号 | 名称 | 图形符号 |
|---|---|---|---|
| 电阻器 | 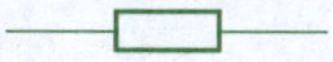 | 可变电阻器 |  |
| 压敏电阻器 | 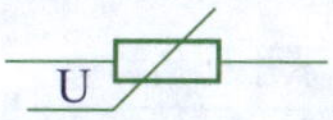 | 热敏电阻器 | 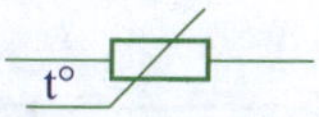 |
| 滑动变阻器 | 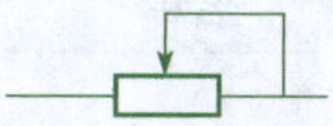 | 分路器 | 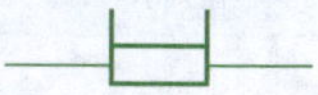 |
| 仪表照明调光电阻器 | 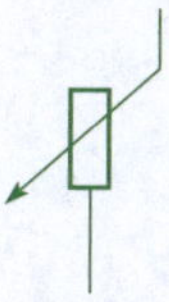 | 光敏电阻 | 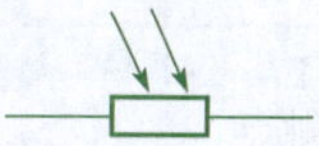 |

续表

| 名称 | 图形符号 | 名称 | 图形符号 |
|---|---|---|---|
| 光电二极管 | 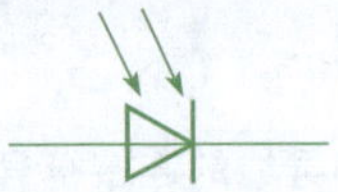 | PNP 型三极管 | 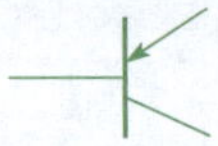 |
| 二极管 |  | 集电极接管壳三极管 | 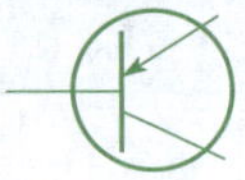 |
| 稳压二极管 |  | 熔断器 |  |
| 发光二极管 | 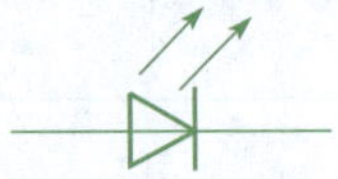 | 电路断电器 |  |
| 双向二极管 | 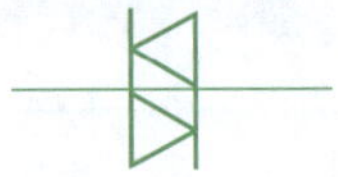 | 永久磁铁 |  |
| 三极晶体闸流管 |  | 电感器 |  |
| 电容器 |  | 带铁芯的电感器 |  |
| 可变电容器 |  | 熔断线 |  |
| 极性电容器 |  | 加热元件 |  |
| 穿心电容器 |  | 操作器件一般符号 | 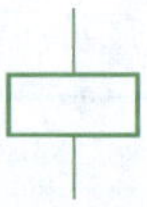 |
| 触点常开的继电器 | 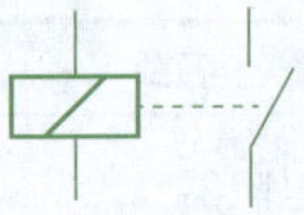 | 触点常闭的继电器 | 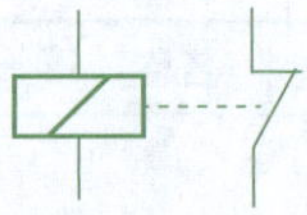 |

**表 1－11　触点与开关符号及名称**

| 名称 | 图形符号 | 名称 | 图形符号 |
|---|---|---|---|
| 常开触点 |  | 常闭触点 |  |
| 双向触点 |  | 限制开关 |  |

续表

| 名称 | 图形符号 | 名称 | 图形符号 |
|---|---|---|---|
| 交闭合触点 |  | 按键闭合开关 | 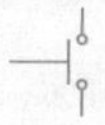 |
| 延时闭合开关（常开） |  | 延时闭合开关（常闭） |  |
| 温度开关 | 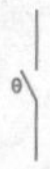 | 压力启动开关 | 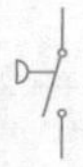 |
| 液面启动开关 | 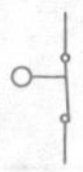 | 双动合触点 |  |
| 凸轮控制 |  | 双动断触点 |  |
| 联动开关 | 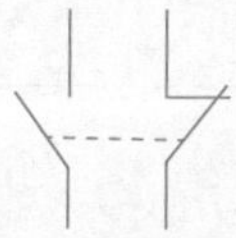 | 单动断双动合触点 | 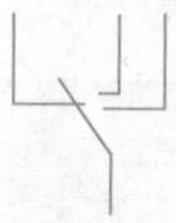 |
| 能定位的按钮开关 | 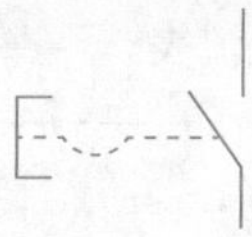 | 双动断单动合触点 | 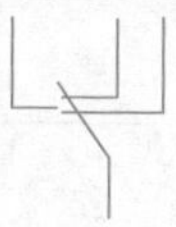 |
| 拉拔开关 | 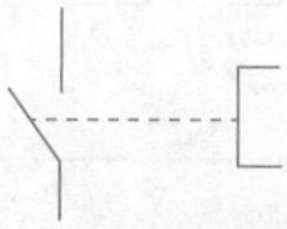 | 拉拔操作 | 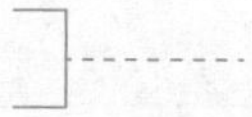 |
| 旋转按钮开关 | 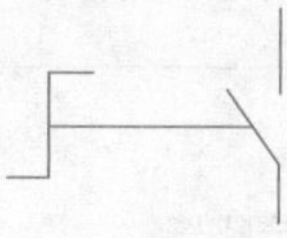 | 旋转操作 |  |
| 热敏开关常闭触点 |  | 推动操作 | 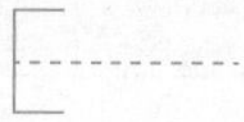 |
| 热敏开关常开触点 | 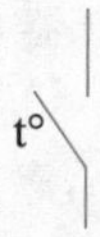 | 一般机械操作 | 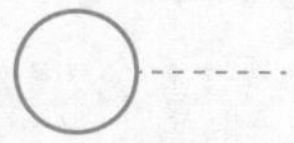 |
| 温度控制 | 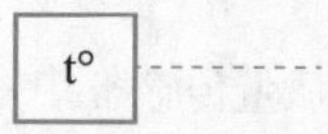 | 压力控制 | 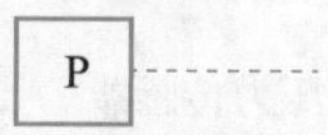 |

续表

| 名称 | 图形符号 | 名称 | 图形符号 |
|---|---|---|---|
| 热继电器触点 | 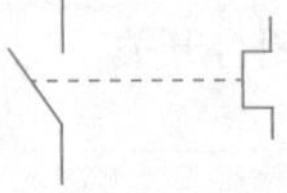 | 钥匙操作 |  |
| 旋转多档开关位置 | 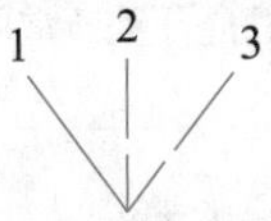 | 电热执行器操作 | 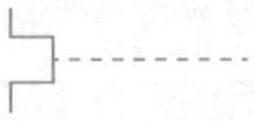 |
| 推拉多档开关位置 | 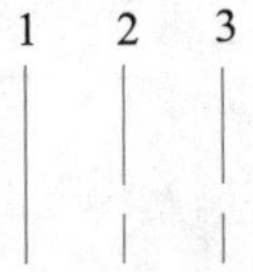 | 节流阀开关 | 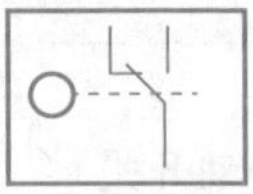 |

**表 1－12　仪表及传感器符号及名称**

| 名称 | 图形符号 | 名称 | 图形符号 |
|---|---|---|---|
| 指示仪表 | * | 电流表 | A |
| 转速表 | n | 燃油表 | Q |
| 电压表 | V | 电压电流表 | A/V |
| 温度表 | t° | 欧姆表 | Ω |
| 瓦特表 | W | 电钟 |  |
| 油压表 | OP | 数字式电钟 |  |
| 一般传感器符号 |  | 水温传感器 | $t_w$° |
| 空气温度传感器 | $t_A$° | 燃油表传感器 | Q |
| 空气压力传感器 | AP | 空气质量传感器 | m |

续表

| 名称 | 图形符号 | 名称 | 图形符号 |
|---|---|---|---|
| 油压表传感器 | OP | 制动压力传感器 | BP |
| 空气流量传感器 | AF | 速度传感器 | v |
| 转速传感器 | n | 氧传感器 | λ |
| 温度传感器 | t° | 爆燃传感器 | K |

**表1－13　汽车电路设备符号及名称**

| 名称 | 图形符号 | 名称 | 图形符号 |
|---|---|---|---|
| 灯 |  | 内部通信联络及音乐系统 | 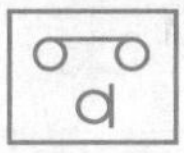 |
| 双丝灯 |  | 收放机 | 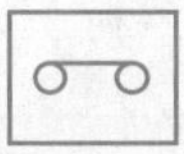 |
| 荧光灯 | 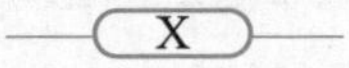 | 天线电话 |  |
| 组合灯 | 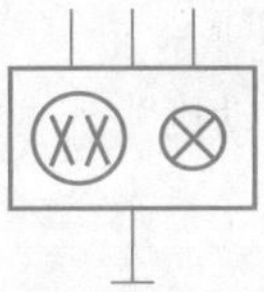 | 传声器一般符号 |  |
| 预热指示器 | 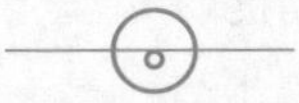 | 点火线圈 | 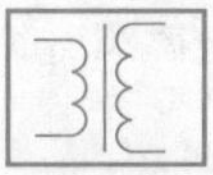 |
| 电喇叭 | 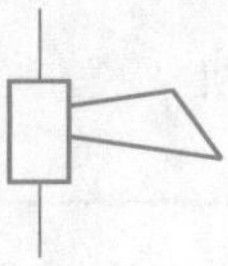 | 分电器 | 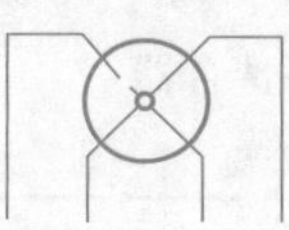 |

续表

| 名称 | 图形符号 | 名称 | 图形符号 |
| --- | --- | --- | --- |
| 扬声器 |  | 火花塞 |   |
| 蜂鸣器 |  | 电压调节器 |  |
| 报警器 |  | 转速调节器 | 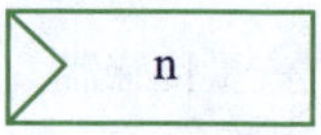 |
| 信号发生器 |  | 温度调节器 | 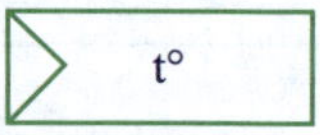 |
| 脉冲发生器 |  | 集电环或换向器上的电刷 | 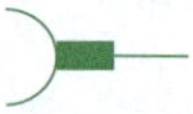 |
| 闪光器 |  | 直流电动机 |  |
| 霍尔信号发生器 | 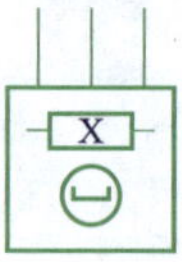 | 串激直流电动机 | 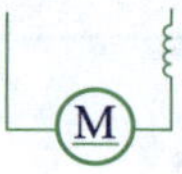 |
| 磁感应信号发生器 |  | 并激直流电动机 |  |
| 温度补偿器 |  | 永磁直流电动机 |  |
| 电磁阀一般符号 | 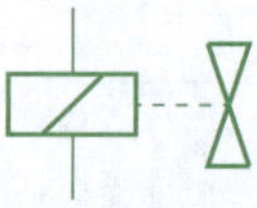 | 起动机（带电磁线圈） |  |
| 常开电磁阀 | 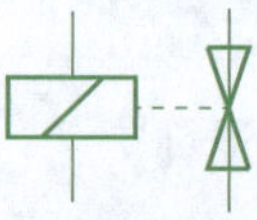 | 燃油泵电动机 |  |
| 常闭电磁阀 | 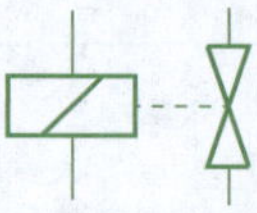 | 风扇电动机 |  |
| 电磁离合器 | 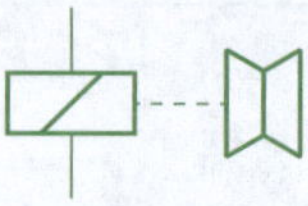 | 刮水电动机 |  |

续表

| 名称 | 图形符号 | 名称 | 图形符号 |
|---|---|---|---|
| 用电动机操纵怠速调整装置 |  | 电动天线 |  |
| 过电压保护装置 | 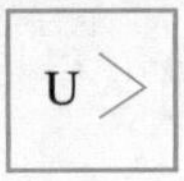 | 直流伺服电动机 |  |
| 过电流保护装置 | 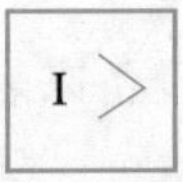 | 直流发电机 |  |
| 点火电子组件 |  | 定子绕组为星形连接的交流发电机 |  |
| 加热器 | 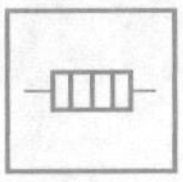 | 定子绕组为三角形连接的交流发电机 |  |
| 振荡器 | 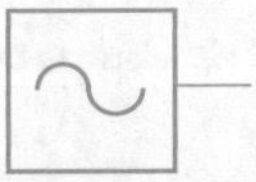 | 外接电压调节器与交流发电机 | 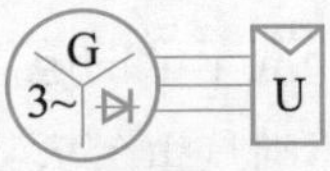 |
| 变换器 |  | 整体式交流发电机 |  |
| 光电发生器 | 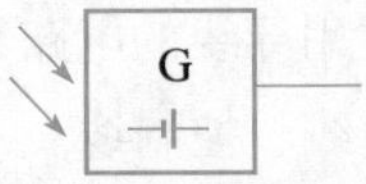 | 滤波器 |  |
| 空气调节器 |  | 稳压器 |  |
| 点烟器 | 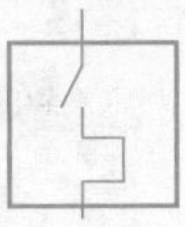 | 热继电器 | 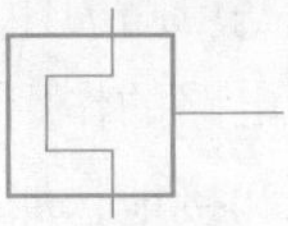 |
| 防盗报警系统 |  | 间歇刮水继电器 |  |
| 星形连接的三相绕组 | 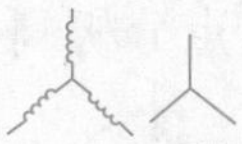 | 蓄电池 |  |
| 三角形连接的三相绕组 |  | 蓄电池组 | 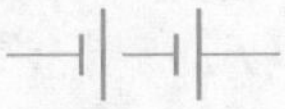 |

## 三、汽车电路图的识读方法

### （一）理解汽车电气设备的结构与工作原理

理解汽车电路原理图中电气设备的结构与工作原理是识读电路原理图的基础。对汽车电路原理图中电气设备的结构与工作原理有了一定了解之后，再分析汽车电路原理图中各电气设备的连接关系，读懂汽车电路原理图也就变得相对容易。

### （二）熟记汽车电气设备符号

汽车电路原理图是利用电气设备符号代替电气设备来表现电气设备结构及电气设备间关系的，因此对汽车电气设备符号要有一定的熟悉度，才能顺利地完成读图。

### （三）判断汽车电路原理图的类型

根据汽车电气系统的工作原理，可将汽车电路原理图分为电控电路原理图和非电控电路原理图。

### （四）利用电气回路原则

汽车上的电气都必须在蓄电池正负极之间构成完整的闭合回路才能工作。可以利用该原则从电气入手来对汽车电路进行分析。

### （五）注意电路图中的共用导线

电源线、接地线、信号线等有时会连接在一起，在有电控单元控制的电路里，为了减少电控单元的端子数和简化电控单元电路，共用导线的电路特别常见。传感器经常共用电源线、接地线，执行器会共用电源线、接地线、控制线。

### （六）运用排除法来确定电路的作用

在分析电路图，特别是带有电控单元的电路图时，往往需要确定某条电路的作用。而有些电路的作用在电路图上并没有明确地标注出来，这时可以采用排除法来确定未知作用电路的作用。例如，某一传感器上有三条线路，已经知道了其中两条电路的作用是电源和接地，那么剩余的一条电路一定是信号电路。

### （七）先易后难

在一张电路图中，一定存在因某些局部电路复杂而一时难以看懂的电路，这时可以先从简单易懂的电路看起，再结合已看懂电路来重点分析剩余电路，这样既缩短了读图时间，又提高了读图准确性。

### （八）熟记汽车各系统电路之间的相互关系

从整车电路来看，汽车各系统电路之间电源电路共用，其他各系统电路既相互独立又存在某种内在联系。在识读汽车电路图时，要熟悉汽车各系统电路的组成、特点、工作过程和电流，了解汽车各系统电路之间的联系和相互影响。

### （九）认真阅读图注，浏览全图，画出相应系统的电路图

汽车电路图中所有电气设备的名称及其代号都是以图注的形式标注的。因此在阅读汽车电路图时，通过阅读图注，可以初步了解该车都装配了哪些电气设备，然后通过电气设备的代号在电路图中找到该电气设备，再进一步找出这些电气设备间的连接关系和控制关系。这样就可以大体上了解汽车电路的构成、特点和工作原理，再进一步分析就可以读懂汽车电路图了。

## 四、大众汽车电路图识读

### （一）大众汽车电路图的特点

#### 1. 所有电路都纵向排列，垂直布置

就某一条线路而言，从头至尾不超过所在篇幅纵向的 3/4，相同系统的电路布置在一起。基本电路从左至右按电源、启动机、点火系统、组合仪表、照明系统、信号与报警装置电路、刮水和洗涤装置电路、电动后视镜控制电路、中控门锁、空调电路、双音喇叭控制电路的顺序进行编排。

#### 2. 采用断线代号法解决电路交叉问题

因有些电器的线路较复杂，大众汽车公司采用断线代号法来处理线路复杂交错的问题。例如，某一条线路的上半段在电路号码为 10 的位置上，下半段在电路号码为 25 的位置上，在上半段电路的中止处画一个标有 25 的小方格，即可说明下半段电路就在电路号码为 25 的位置上，下半段电路开始处也有一个小方格，里面标有 10，说明上半段电路就应在电路号码为 10 的位置上，通过 10 和 25，上、下半段电路就连在一起了。使用这种方法以后，识读再复杂的电路图，也看不到一根横线，线路清晰简洁，大大缩短了读图时间。

#### 3. 全车电路图分为三部分

最上面部分为中央配电盒电路，其中标明了熔丝的位置及容量、继电器位置编号及接线端子号等。中间部分是车上的电气元件及连线。最下面的横线是搭铁线，上面标有电路编号和搭铁点位置。最下面搭铁线的标号实际上是不存在的，它是为了方便标明在一页画不完的连线的另一端在何处而人为编制的。

#### 4. 电源线与继电器

灰色区域内部水平线为接电源正极的导线，代号有 30、31、X、15 等。电路中经常通电的线路使用代号 30，接地线的代号是 31，受控制的大容量用电设备的电源线代号是 X，受控制的小容量用电设备的电源线代号是 15。

在继电器中，85 号接脚用于接地线，86 号接脚来自条件电源（如 15 号线或 X 线）。

30 号接脚经常通电，87 号接脚用于被控制件。当条件电源通电后，85、86 号线导通，产生磁性，吸引 30 号与 87 号线路之间的触点闭合，使用电器通电。

**5. 在表示线路走向的同时，还标示出了线路结构情况**

汽车的整个电气系统以中央配电盒（又称熔丝–继电器插座板）为中心进行控制，大部分继电器和保险丝安装在中央配电盒的正面，接插器和插座安装在中央配电盒的背面。在电路和图上标有 4/85、3/30、2/87 和 1/86，其中分子 4、3、2 和 1 是指中央电器装置第 4 号位置上的插孔，分母 85、30、87 和 86 是指继电器上的 4 个插脚，分子和分母是相对应的。

## （二）大众汽车电路接线代码说明

大众汽车电路接线代码说明见表 1－14。

**表 1－14　大众汽车电路接线代码说明**

| 端子 | 说明 | 端子 | 说明 |
|---|---|---|---|
| 1 | 点火线圈负极端（转速信号） | 4 | 点火线圈中央高压线输出端 |
| 15 | 点火开关在“ON”“ST”时有电的接线端 | 30 | 接蓄电池正极的接线端，还用 31a、31b、31c……表示 |
| 31 | 接地端，接蓄电池负极 | 49 | 转向信号输入端 |
| 50 | 启动机控制端，当点火开关在“START”时有电 | 49a | 转向信号输出端 |
| 53 | 刮水器电动机接电源正极端 | 53a-e | 其他刮水器电动机接线端 |
| 54 | 制动灯电源端 | 56 | 前照灯变光开关正极端 |
| 56a | 远光灯接线端 | 56b | 近光灯接线端 |
| 58 | 停车灯正极端 | 61 | 发电机接充电指示灯端 |
| 67 | 交流发电机励磁端 | 85 | 继电器电磁线圈接地端 |
| 86 | 继电器电磁线圈供电端 | 87 | 继电器触点输入端 |
| 88 | 继电器触点输入端 | 87a | 当继电器线圈没有电流时，继电器触点输出端 |
| 88a | 继电器触点输出端 | 87b | 当继电器线圈有电流时，继电器触点输出端 |
| D+ | 发电机正极输出端 | B+ | 交流发电机输出端，接蓄电池正极 |
| D– | 接地，接蓄电池负极 | B– | 接地，接蓄电池负极 |
| D | 同 D+ | DF/EXC | 交流发电机电磁电路的控制端 |

续表

| 端子 | 说明 | 端子 | 说明 |
|---|---|---|---|
| E/F | 同 DF | DYN | 同 D+ |
| IND | 指示灯 | + | 辅助的正极输出 |

### （三）大众汽车电路图识图说明

大众汽车电路图识图说明见表 1-15。

表 1-15 大众汽车电路图识图说明

| 代号 | 接线说明 | 代号 | 接线说明 |
|---|---|---|---|
| ① | 接地点，在发动机控制单元旁的车身上 | N30 | 第一缸喷嘴 |
| A2 | 正极接线，在发动机线束内 | N31 | 第二缸喷嘴 |
| T8a | 发动机线束与发动机右线束插头连接（8 针，在发动机舱中间支架上） | N32 | 第三缸喷嘴 |
| C2 | 在发动机右线束内 | N33 | 第四缸喷嘴 |
| S123 | 喷嘴、空气流量计、AKF 阀、氧传感器加热元件熔丝 | T80 | 发动机右线束与发动机控制单元插头连接（80 针，在发动机控制单元上） |
| J220 | 发动机控制单元 | S5 | 燃油泵熔丝 |

### （四）大众汽车电路导线颜色标码说明

大众汽车电路导线颜色标码说明见表 1-16。

表 1-16 大众汽车电路导线颜色标码说明

| 英文缩写 | 导线颜色 | 颜色 | 英文缩写 | 导线颜色 | 颜色 |
|---|---|---|---|---|---|
| sw | 黑色 | | br | 棕色 | |
| rt | 红色 | | ge | 黄色 | |
| gn | 绿色 | | bl | 蓝色 | |
| li | 紫色 | | gr | 灰色 | |
| ws | 白色 | | or | 橘黄色 | |

### （五）大众汽车电路图范例

一汽大众迈腾 B7L 电路图范例见图 1-34。

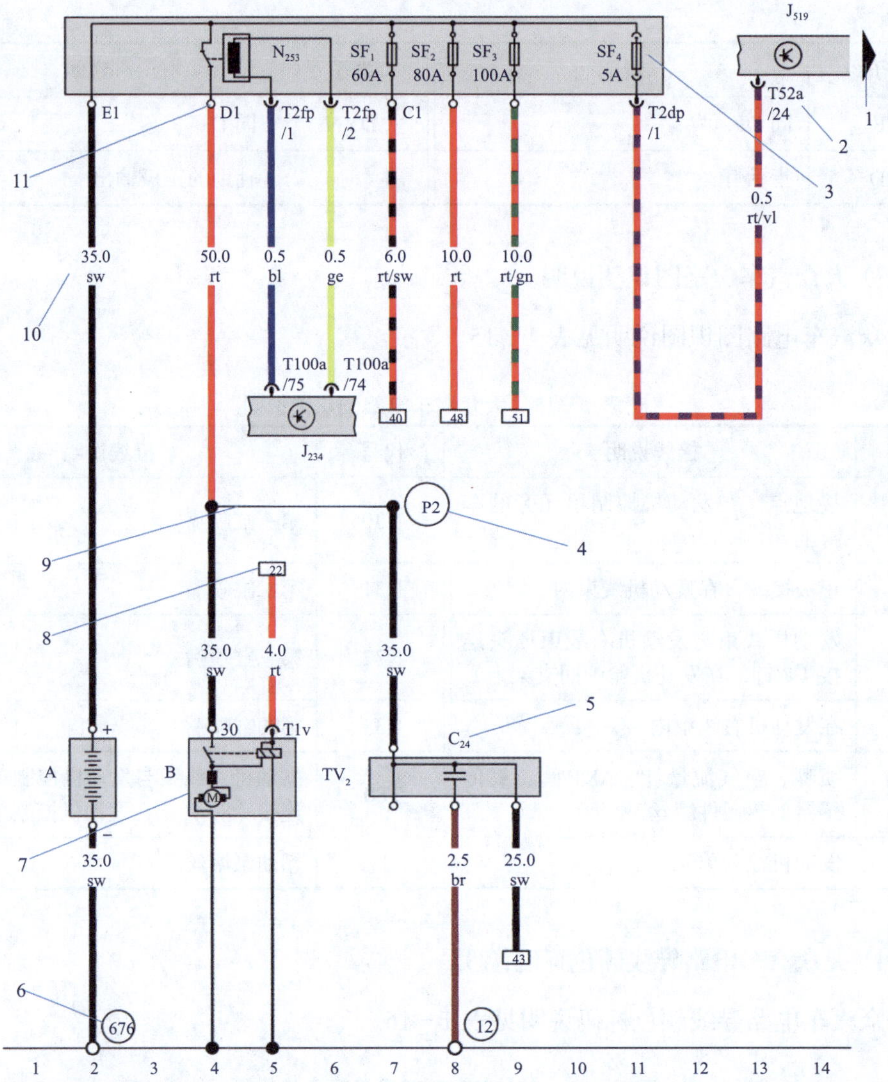


注：

1——箭头表示接下一页电路图。

2——线束接插件代号。“T52a/24”表示接插件 T52a 用于车载电网控制单元与供电单元的连接，该连接线为 24 号端子。

3——熔断丝代号。“$SF_4$”表示保险丝架 F 上的保险丝 4，额定电流为 5A。

4——线束内铰接点代号。线路在此处有一个铰接点，铰接点所在的线束可以从图注中查得。“(P2)”表示正极连接（30a），在蓄电池导线束中。

5——电气元件代号。在电路图中可查看元件的名称。“$C_{24}$”表示抗干扰滤波器。

6——接地点。表示接地点的位置，可以从图注或说明表中查到接地点的具体位置。“(676)”表示接地点在行李箱中左侧。

7——元件图形符号。参见电路图元件符号说明。

8——线路中断点。“[22]”表示该导线与电路代码为 22 的导线是同一条导线。

9——内部连线（细实线）。该连接不需要导线，表示元件的内部电路或线束铰接部分。

10——导线颜色与截面积。“sw”表示导线的颜色为黑色，“35.0”表示导线的截面积为 $35mm^2$。

11——导线在中央配电盒上的连接位置代号。“D1”表示该导线在中央配电盒 D 插座 1 号位置的连接端子上。

**图 1-34　一汽大众迈腾 B7L 电路图范例**

## 任务实施

### 一、任务准备

1. 操作防护装备：常规实训着装；

2. 实训场地（新能源汽车智能制造实训中心）：吉利帝豪 EV450 新能源汽车或其他新能源汽车；

3. 操作工具：万用表、多媒体、纸、笔等；

4. 辅助材料：吉利帝豪 EV450 厂家维修手册、比亚迪 E6 维修手册。

### 二、操作步骤

实训任务主要通过对汽车电路图的识读和分析，掌握汽车线路图、电路原理图、线束位置图的区别和应用，基本掌握各种电路图的识读方法。

1. 教师准备汽车线路图、电路原理图、线束位置图各一张，通过分析和引导理解三张图之间的联系与区别，理解汽车电路的特点，掌握初步的分析方法；

2. 学生进行分组讨论，分析简单的电路图，电路图可以从灯光、喇叭等电路中选择；

3. 学生进行分工合作，完成对汽车线路图、电路原理图、线束位置图的分析；

4. 上交任务工单及分析结果；

5. 检测工具是否放回，整理教室。

## 任务评价

本任务权重分配表

| 项目 | 分数 | 评分标准 | 过程分析 | 实得分数 | 备注 |
| --- | --- | --- | --- | --- | --- |
| 判断电路图的类型 | 10 | 1. 操作正确无误；<br>2. 正确使用万用表；<br>3. 正确找到故障点；<br>4. 参数测量正确。 | | | 测量数据在一定区间范围内即可 |
| 正确分析电路的并联、串联及接地 | 10 | | | | |
| 结合实车找到电路中对应器件位置 | 20 | | | | |
| 检查汽车电路图的状态 | 20 | | | | |
| 分析故障点 | 20 | | | | |
| 测量对应电路参数 | 20 | | | | |
| 总　分 | | | | | |

## 学习测试

### 一、填空题

1. 汽车电路图可根据特点和用途分为________、________、________、________和________等。

2. 汽车电路原理图是最常见的一种电路图，一般由________、________、________及________等组成。

3. 大众汽车电路图中，经常通电的线路使用代号________，接地线的代号是________，受控制的大容量用电设备的电源线代号是________，受控制的小容量用电设备的电源线代号是________。

### 二、判断题

1. 汽车上大多数的用电设备工作电压为12V。（　　）

2. 在大众电路图上，线路的布局和电流的流向大致都符合从上到下的走向。（　　）

3. 在进行汽车某一电气系统电路连接时，不允许单色线和双色线一起使用。（　　）

### 三、选择题

1. 以下部件中，不属于电路保护装置的是（　　）。

A. 保险丝　　B. 继电器　　C. 断路器　　D. 点火开关

2. 以下部件中，在汽车电路中可以起到控制作用的是（　　）。

A. 传感器　　B. 电子控制单元（ECU）　　C. 连接器　　D. 熔断器

3. 对于一个完整的汽车电路而言，汽车的车身相当于（　　）。

A. 负载　　B. 电路保护装置　　C. 导体　　D. 电源

## 项目小结

本项目主要对电路及其基本物理量、电路基础元件、新能源汽车电路图识读三个任务进行了学习。

电路及其基本物理量中主要学习了电路的基本概念、电路的基本物理量、电路中出现的开路及短路情况以及对电路的串联、并联的分析。本任务中的知识是电路中的基本知识，是电路相关内容深入学习的必要内容。

电路基础元件中主要学习了电阻、电容、电感、半导体元件、继电器、熔断器等电路中常见基础元件，这些元器件被广泛地应用于各种电路，新能源汽车电路中也使用了大量这些元件。通过本任务的学习，读者能够独立地分辨各类元器件的用途、使用方法、规格等，为后续对汽车元件的识别、电路图的学习打下基础。

新能源汽车电路图识读中主要学习了汽车电路图的分类、汽车电路图图形符号、汽车电路图的识读方法、大众汽车电路图识读及大众汽车电路图的范例。通过本任务的学习，读者能够独立地分辨汽车的各种电路图，通过对大众汽车电路图的识读学习，能够掌握方法，独立识读其他车型的电路图。

# 项目2 新能源汽车高压系统认知

## 项目导读

混合动力汽车及纯电动汽车都具有高压系统，因此新能源汽车维修人员要能够认知车载高压系统的结构组成、高压等级，能够进行安全防护与规范操作，以免发生触电事故。本项目分为三个学习任务：高压电基础认知、新能源汽车高压系统认知及部件识别、新能源汽车安全设计。

## 项目目标

### 知识目标

1. 新能源汽车高压电基础知识；
2. 新能源汽车高压系统及部件的认知；
3. 针对新能源汽车电压安全的设计。

### 技能目标

1. 能够正确识别高电压车辆警示标志；
2. 能够正确判断纯电动汽车高电压部件的位置；
3. 能够正确分析新能源汽车的安全设计特点及方法。

### 素养目标

1. 理解新能源汽车高压系统的工作模式；
2. 牢固树立安全操作规范意识。

## 学习导图

**新能源汽车高压系统认知**

**高压电基础认知**

1. 能够描述电的基本概念；
2. 能够描述欧姆定律在高压系统中的应用；
3. 能够描述区别高压与低压的方法；
4. 能够描述识别高电压车辆警示标志的方法。

**新能源汽车高压系统认知及部件识别**

1. 能够描述新能源汽车高电压的主要位置；
2. 能够描述新能源汽车高电压的特征；
3. 能够描述混合动力汽车高电压的部件及特点；
4. 能够描述纯电动汽车高电压的部件及特点。

**新能源汽车安全设计**

1. 能够描述新能源汽车的主要安全隐患；
2. 能够描述新能源汽车的安全设计方案及特点。

## 项目实施

本项目由“高压电基础认知、新能源汽车高压系统认知及部件识别、新能源汽车安全设计”三个任务构成。学会了高压电基础知识、新能源汽车高压系统部件及新能源汽车安全设计方法之后，读者便可对新能源汽车高压系统有较为全面的了解与认知。

# 任务 1 高压电基础认知

### 任务描述

带有高压电是电动汽车的特点，很多维修技术人员在谈到电动汽车的高压电时，都表示在维修过程中要时刻注意个人防护，防止触电。现在你被安排到新能源汽车制造、售后车间从事汽车制造、售后维修等实习，要求你给其他人员培训如何识别新能源汽车上的高压电。

## 相关知识

电是一种能量，与机械能、热能等类似，微观上体现为电子的流动。新能源汽车包括纯电动汽车、混合动力汽车以及燃料电池汽车，电存在于汽车上多个核心部件中。与传统燃油车不同，新能源汽车上存在高压电，汽车设计、制造、维护与保养人员需要了解高压电相关基础知识。

### 一、电学基础知识

#### （一）电流

大家在生活中都有这样的体验，两个物体如塑料笔与玻璃棒相互摩擦后，这个物体便可以吸引类似碎纸屑这样的小物体，这是因为塑料笔与玻璃棒在相互摩擦后带了电荷。电学中电荷的定向流动便形成了电流（见图 2－1）。在导体中，正电荷的定向移动与负电荷的定向移动都可以形成电流，这里规定正电荷的流动方向为电流的方向。实际上，在导体中导电的是自由电子，电子带负电，因此电子的流动方向与电流方向相反。

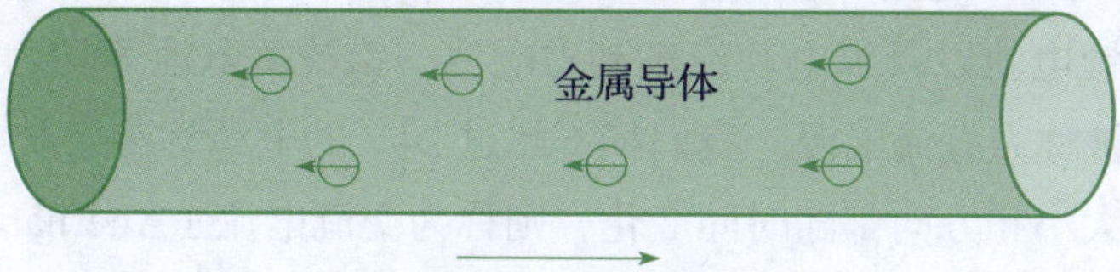


图 2－1　电流

为了表示电流强弱的不同，电学中用单位时间 $t$ 内流经单位导体横截面的电荷量 $Q$ 来描述。电流的单位是安培，简称安，符号是 A，用 $I$ 表示，其中电荷 $Q$ 的单位是库仑，简称库，符号是 C，时间 $t$ 的单位为秒（s）：

$$I=\frac{Q}{t} \tag{2-1}$$

电流的常用单位还有毫安（mA）、微安（μA）和千安（kA），它们的关系为：

1A＝1 000mA

1mA＝1 000μA

1kA＝1 000mA

可以将电流与水流作类比。以水塔为例，电流类比为从水塔中流动的水流，那么水流在水塔中的流动就类似电流的流动，只有在电压（压力）的作用下，电流才会流动（见图 2－2）。

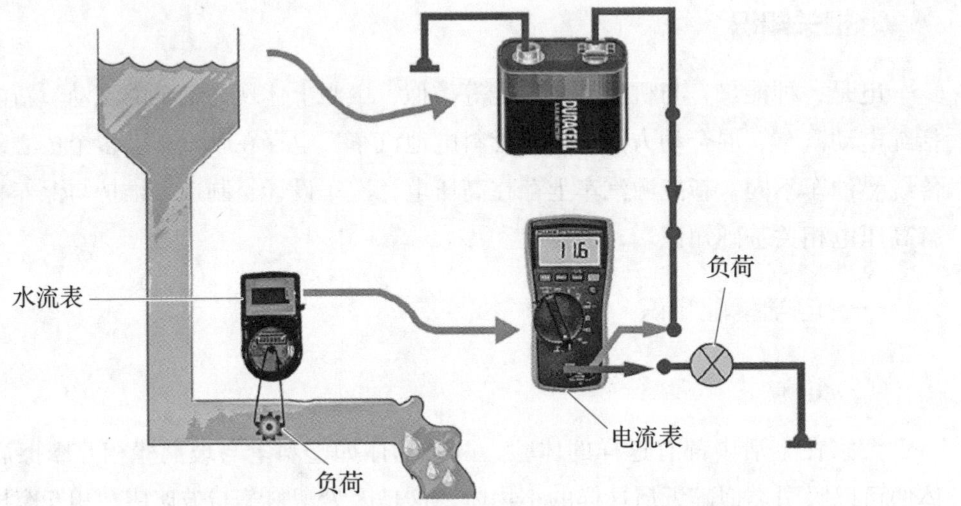


图 2－2　电流与水流

根据电流的流动方向，电流可分为直流电和交流电。日常生活中的大多数电器均采用交流电。

如果电流的大小和方向均不随时间变化，则称为直流电流（Direct Current，DC），简称直流电，用 $I$ 表示，直流电由爱迪生发明（见图 2－3）。直流电在生活中应用广泛，常见的干电池、锂电池以及纯电动汽车动力电池、铅酸蓄电池等均为直流电。干电池、蓄电池、锂电池被称为直流电源。我们将不超过 24V 的电源称为安全电源。

如果电流的大小和方向都随时间变化，则称为交流电流（Alternating Current，AC），简称交流电，用 $i$ 表示，交流电由法拉第发明（见图 2－4）。交流电广泛地应用于工业电力传输、民用电器等领域。在我国，民用电压为 220V，一般工业电压为 380V，这些电压会对人体造成巨大伤害，被称为危险电压。交流电的频率变化符合数学中正弦函数的特点，因此用一个正弦波表示一个电流周期，一个循环就是一个完整的周期。用赫兹（Hz）表示 1 秒内交流电的循环次数，家庭用电通常为 50Hz 或 60Hz。在我国电网中，交流电以 50Hz、220V 接入。

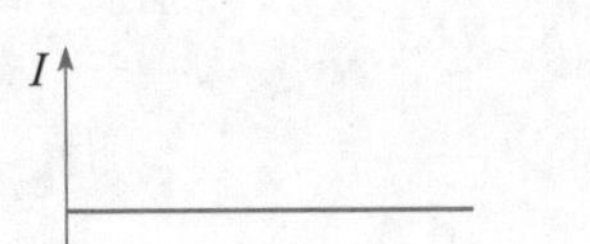


图 2－3　直流电流

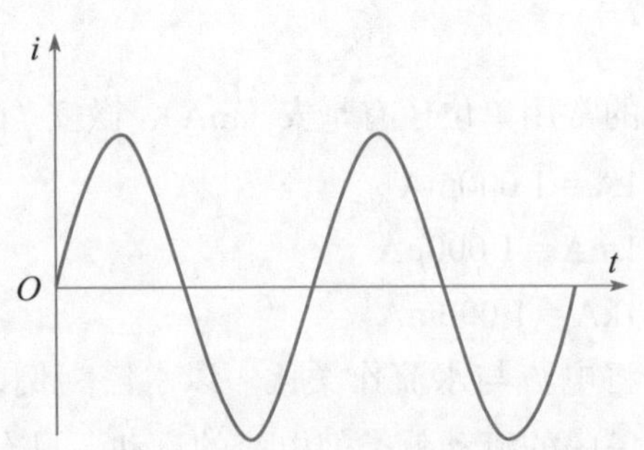


图 2－4　交流电流

（二）电压

电压，在电学中表示为电势差或电位差，是衡量单位电荷在静电场中由于电势不同所产生的能量差的物理量。电压的方向规定为从高电位指向低电位的方向。电压的物流概念与水流的水压差类似（见图 2－5）。

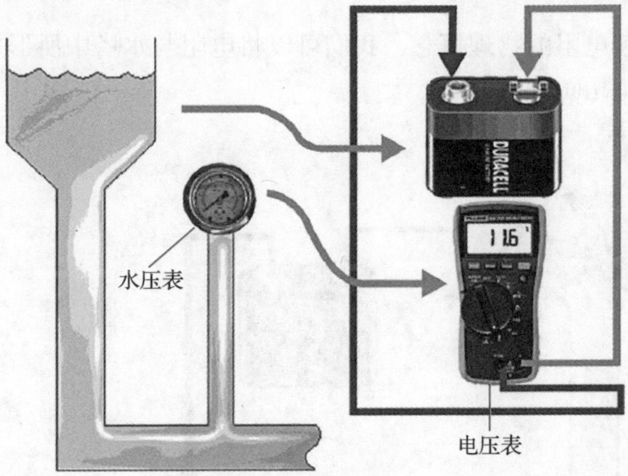


图 2－5　电压与水压

电压有大小，其大小等于单位正电荷因受电场力作用从 A 点移动到 B 点所做的功。电压的国际单位制为伏特，简称伏，符号是 V，用 $U$ 表示。计算公式为：

$$U_{AB}=\frac{dW_{AB}}{dq} \qquad (2-2)$$

式中，$W$ 代表电功，单位为焦耳（J）；$q$ 代表电量，单位为库仑（C）。

电压的常用单位还有毫伏（mV）、微伏（μV）和千伏（kV），它们的关系为：

$$1mV = 10^{-3}V$$

$$1\mu V = 10^{-6}V$$

$$1kV = 10^{3}V$$

目前，汽车电路中均采用铅酸蓄电池来提供低压电源，电压通常为 12V，包括车载灯光系统、防盗系统等。纯电动汽车或混合动力汽车中采用的动力电池电压一般在 200V 以上。

电压有多种分类标准，根据电压变化与否，我们将电压分为直流电压和交流电压。

如果电压的大小和方向都不随时间变化，则称为直流电压，用 $U$ 表示。生活中手电筒灯泡两端的电压即为直流电压。如果电压的大小和方向都随时间变化，则称为交流电压，用 $u$ 表示。家庭中的 220V 民用电、工业中的 380V 工业用电都为交流电压。

## （三）电阻

电学中，电阻阻碍或限制电路中的电流流动。所有电路均存在一定的电阻，只不过不同的电路中电阻的大小存在差异。所有的导体如铜、银和金等同样也对电流具有一定的阻力。我们使用单位欧姆来表示电阻的大小。表示电阻的符号是一个希腊字母 R。

为了形象地理解电阻的物理概念，我们可以将电阻与水塔中所形成的水流阻力进行比较来说明这个原理（见图 2－6）。

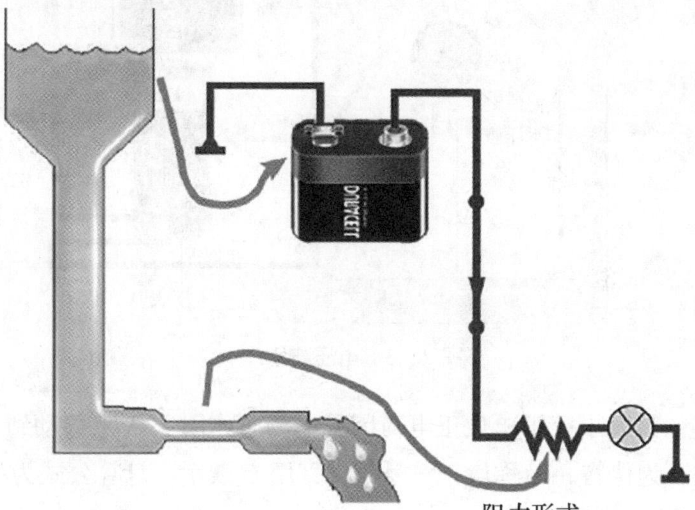


图 2－6　电阻与水流阻力

图 2－6 中，水流从水塔向下流动，会遇到一段很细的水管阻力，这种阻力类似电路中电阻阻碍电流的流动。电阻的存在会消耗一部分电能，但电阻的作用并非都是负面的。在一般的照明电路中，灯泡便是利用电阻原理进行发光的，家庭用的电吹风和暖风机也是利用电阻阻碍电流发热的原理进行工作的。

## （四）欧姆定律

在电路中，电压、电流、电阻间存在特定关系（见图 2－7）。

$$I=\frac{U}{R}$$

$U$：电压（V），$I$：电流（A），$R$：电阻（Ω）

图 2－7　欧姆定律

图 2－7 中，电压（$U$ 表示电动势）、电流（$I$ 表示电流强度）、电阻（$R$）的关系式被

称为欧姆定律。观察欧姆定律的表达式，可以得出以下两个基本推论：

（1）电压不变时，电流随着电阻的增大而减小，电流随着电阻的减小而增大。

（2）电阻不变时，电流随着电压的增大而增大，电流随着电压的减小而减小。

## 二、电的类型

通常而言，按照电压的高低，电压可分为高电压、低电压和安全电压。这里需要说明的是，不同行业对于高、低电压划分的标准是不一样的。例如，由国家电力公司下发的《电业安全工作规程》规定：对地电压在 1kV 以下时称为“低压”，对地电压在 1kV 及以上时称为“高压”；对电厂发电和供电来讲，以 6 000 ～ 7 000V 为界，以上的为高压电，以下的为低压电；在工业上，电压为 380V 或以上的称为高压电。

### （一）电力系统高压电

高压电是一个相对概念，高压电与低压电之间没有绝对的界限，根据不同情况进行划分。

国家电力系统规定，高压电是指配电线路交流电压在 1kV 以上或直流电压在 1 500V 以上的电。

高、低压电的区别以电气设备的对地电压值为依据。对于交流电，对地电压高于或等于 1kV 的为高压，对地电压小于 1kV 的为低压。

安全电压是指人体较长时间接触而发生触电危险的电压。国家标准规定了为防止触电事故而采用的由特定电源供电的电压系列。

我国国家标准规定的安全电压额定值共有五个等级，分别为 42V、36V、24V、12V 和 6V，应根据作业场所状况等因素选用。例如，根据规定，一般环境条件下允许持续接触的“安全特低电压”是 24V，安全电流为 10mA；对于潮湿而触电危险性较大的环境（如金属容器、管道内施焊检修），安全电压为 12V。

电击对于人体的危害程度，主要取决于通过人体电流的大小和通电时间长短。电流强度越大，持续时间越长，致命危险越大。能引起人体感觉到的最小电流称为感知电流，对应交流电流为 1mA，直流电流为 5mA。在短时间内危及生命的电流称为致命电流，50mA 的电流通过人体 1 秒足以使人致命。在有效触电防护装置的情况下，人体允许通过的电流一般为 30mA。

### （二）新能源汽车高压电

与传统燃油车相比，新能源汽车的一个显著特点就是具有高电压、大电流的回路。新能源汽车高压电气系统的工作电压可以达到 300V 以上，并且高压传输路径上的阻抗较小，所以高压电气系统的正常工作电流可以达到数十甚至数百安培，瞬时短路放电电流更是成倍增加。

按照国家标准《电动汽车安全要求 第三部分：人员触电防护》（GB/T 18384.3—2015）中人员触电防护要求，根据不同电压等级可能对人体产生的伤害和危险程度不同，在新能源汽车上，我们将电压按照类型和数值分为两个类型（见表 2－1）。

表 2－1 电压类型和数值

| 电压级别 | 工作电压 /V | |
|---|---|---|
| | DC（直流） | 50 ～ 150Hz AC（交流） |
| A | $0 < U \leqslant 60$ | $0 < U \leqslant 25$ |
| B | $60 < U \leqslant 1\,000$ | $25 < U \leqslant 660$ |

根据空气的湿度和人体在不同工作环境下的电阻值，基于安全考虑，我们将车辆电压分为以下安全级别：

（1）A 级。A 级被认为是较安全的电压等级，在直流中是小于或等于 60V，在规定的 150Hz 频率下，低于 25V，在该电压下工作的维护人员不需要采取特殊的防电保护。

（2）B 级。B 级会对人体造成伤害，被称为高压。在高电压下工作，维护人员必须采取必要的防护设备。

新能源汽车上，低压是指以铅酸蓄电池为电源的 12V 电气线路，高压是指动力电池及相关线路的电气线路。

新能源汽车高压线路一般具有以下特征：

（1）高压一般在 200V 以上。大多数电动汽车或混合动力汽车的动力电池电压都在 280V 以上（见图 2－8）。

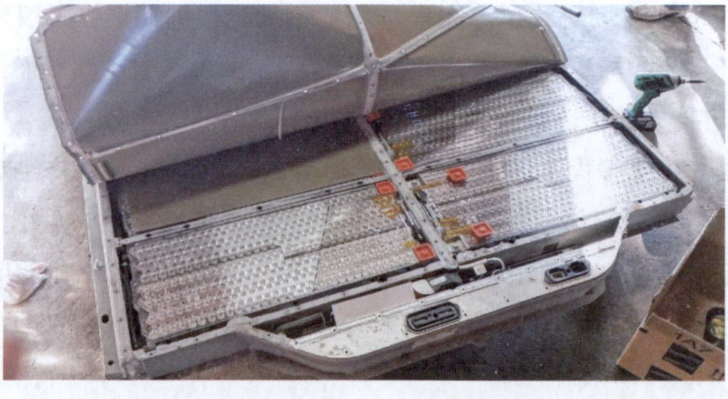

图 2－8 特斯拉 MODEL S 动力电池（400V）

（2）高压存在的形式既有直流，也有交流。在新能源汽车上，动力电池输出的电流为直流电，驱动电机工作时采用的是三相交流电，充电时为 220V 电网交流电。

（3）高压电气系统的存在对车辆绝缘的要求更高。目前，大多数传统汽车上设计的绝缘材料，当电压超过 200V 时可能变成导体，因此新能源汽车上的绝缘设计及相关绝缘材料需要采取更高的绝缘措施。

（4）为防止电压击穿，高压对正负极距离有一定要求。在传统燃油车上，12V 电压的正负极之间距离需要很近才有击穿的可能，但当电压高到 200V 以上时，正负极之间有一个很大的距离也有可能发生击穿，也就是电学中的电弧（见图 2－9）。在 300V 电压下，两根导线距离 10cm 时就会发生击穿。

图 2－9 高压下产生的电弧

## 三、高压安全标识

为防止使用、维护新能源汽车人员意外触及高压系统，在新能源汽车上对高压部件均采用特殊的标识及颜色，起到安全警示作用。有时为了强调危险，高压系统旁边还会添加一些警告文字。对于新能源汽车而言，通常采用两种形式进行高电压的警示，包括高压警示标识和高压警示颜色。

### （一）高压警示标识

每辆新能源汽车的高压组件壳体上都带有一个标识，该标识为国际标准危险电压警告标识：黄色（警告）或红色（禁止）底色的高压触电警告图标。图 2－10 为高压安全警告，图 2－11 为贴有警告标识的高压配电盒。

图 2－10 高压安全警告

图 2-11　贴有警告标识的高压配电盒

### （二）高压警示颜色

由于高压导线长度达几米，在一处或两处通过警示牌标记意义不大，在实际维护中可能会发生误接触情况，因此，采用橙色警示标识标记出所有高压导线，高压导线的插头及高压安全插头也采用橙色设计（见图 2-12）。

图 2-12　高压橙色线及高压插头

## 任务实施

### 一、任务准备

1. 操作防护装备：绝缘防护套装（包括护目镜、绝缘胶鞋等）;

2. 实训场地（新能源汽车智能制造实训中心）：新能源汽车、动力总成台架、动力电池单体；

3. 交流慢充充电桩、随车充电器等专用工具设备；

4. 操作工具：绝缘万用表；

5. 辅助材料：无。

## 二、操作步骤

实训任务主要为识别新能源汽车上的高压警示标识，并说明其含义。

1. 穿戴好安全防护装置；断开动力电池维修开关：拔掉维修开关，等待 5min 放电完成后再进行操作。

> 注意！
>
> 测量充电桩电源输入端电压，充电桩输出端电压只有在充电桩内部接触器闭合的情况下才有电压输出。
>
> 警示！
>
> 测量的操作仅实训指导老师执行，防止学生触电。
>
> 请勿触摸带高压警示标识及橙色导线的任何部位。
>
> 车辆举升期间，禁止车辆周围站立人员。

2. 使用万用表测量电动汽车充电桩输出电压，并记录下电压值。

3. 打开实训中心新能源车辆前机舱盖，识别以下标识的位置并说明其含义（见图 2-13）。

图 2-13 安全标识

4. 在车上找出以下橙色导线位置，并说明其含义（见图 2-14）。

图 2－14　橙色导线

## 任务评价

本任务权重分配表

<table>
<tr><th>项目</th><th>分数</th><th>评分标准</th><th>过程分析</th><th>实得分数</th><th>备注</th></tr>
<tr><td>穿戴绝缘工具套装</td><td>10</td><td rowspan="6">1. 操作正确无误；<br>2. 正确使用万用表；<br>3. 测量数据正确，在一定范围内；<br>4. 含义说明正确。</td><td></td><td></td><td rowspan="7">测量数据在一定区间范围内即可</td></tr>
<tr><td>拔掉维修开关</td><td>10</td><td></td><td></td></tr>
<tr><td>测量充电桩输出电压</td><td>20</td><td></td><td></td></tr>
<tr><td>测量低压蓄电池电压</td><td>20</td><td></td><td></td></tr>
<tr><td>高压标识含义</td><td>20</td><td></td><td></td></tr>
<tr><td>橙色导线接线位置及含义</td><td>20</td><td></td><td></td></tr>
<tr><td colspan="4">总　分</td><td></td></tr>
</table>

## 学习测试

### 一、填空题

1. 电是一种能量，也是________流动的表现形式。

2. 绝缘体是可以防止或阻止________的物质，采用该种材料包裹导线可以起到防止电击等作用。

3. 描述电压、电流和电阻相互间特定关系的定律是________。

## 二、判断题

1. 电流有两种表现形式，即直流电流与交流电流。（　）

2. 电阻阻碍或限制电路中的电流流动，因此电流能导通的电路没有电阻。（　）

3. 在 B 级电压等级下，维护人员不需要采取特殊的防电保护。（　）

## 三、单选题

1. 目前国标对安全电压规定是（　　）以下。

A. 直流 60V，交流 36V　　B. 直流 36V，交流 60V

C. 直流 60V，交流 30V　　D. 直流 30V，交流 60V

2. 当电压高到一定值以后，会有相应的电流流过人体。当（　　）的电流通过人体时，会产生肌肉收缩和疼痛感。

A. 1mA　　B. 5 ~ 10mA

C. 80mA　　D. 100mA

3. 触电后，人体的血液和细胞液成为电解液并被电解，结果会发生严重的中毒，称为（　　）。

A. 电击效应　　B. 热效应

C. 化学效应　　D. 电弧伤害

**工匠精神**

### 走在精益求精的路上

郭文龙，2006 年入职宁波吉利罗佑发动机零部件有限公司。他在担任设备维修人员期间，为了使设备能够正常运营，经常加班加点搞维修，为了提高生产线的生产效率，对机器进行节拍优化；在设备优化期间经常一忙就是一通宵。在这样精益求精的艰苦付出下，公司月产突破 5 万台，创造经济效益 300 余万元。

如今，他担任机械维修主管工程师，精益求精的精神让他尽显工匠的风骨。

榜样力量

精益求精的维修工

任务 2

# 新能源汽车高压系统认知及部件识别

## 任务描述

新能源汽车除了具有与传统汽车类似的低压部件（如车灯系统、仪表系统），还有为满足新能源汽车运行所必需的高压部件，这些高压部件组成了新能源汽车的高压系统。新能源汽车中的高压部件必须符合高压安全的要求，同时要为驾乘人员、制造人员、维修人员提供必要的安全防护。学习新能源汽车高压系统及部件，可以让我们对新能源汽车高压系统有更加深入的了解，以便于在从事新能源汽车加工制造、售后维保等工作中提高安全意识。

本任务主要介绍新能源汽车中高压系统的组成、高压部件的作用位置及特点等相关知识。

## 相关知识

### 一、新能源汽车高压系统基本组成

在纯电动汽车上，整车带有高压电的零部件有动力电池、驱动电机、电机控制器（MCU）、高压配电箱（PDU）、电动压缩机、DC/DC 转换器、车载充电机（OBC）、PTC 加热器以及高压线束等，这些核心高压部件组成了整车高压系统。高压系统中的充电系统、驱动系统以及动力系统是纯电动汽车上的核心零部件（见图 2 - 15）。

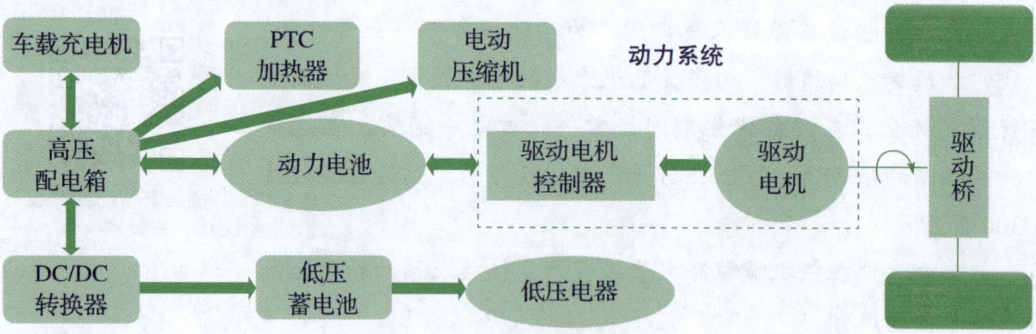


图 2 - 15　高压系统核心部件

这些高压部件主要集中在以下位置：

（1）驱动系统。包括动力电池、驱动电机以及电机控制器及逆变器。

（2）空调及加热系统。空调用高压电驱动压缩机、PTC 加热器。

（3）充电系统。包括为动力电池充电的车载充电器和充电接口。

（4）电源系统。高压电转换的 DC/DC 转换器。

此外，用于连接高压部件之间的导线也属于高压部件。高电压车辆的高压部件位置具有以下特点：

（1）高压部件主要集中在整体式车身的外部。大多数车辆动力电池、逆变器等都布置在乘客舱外部，而且高压导线也是沿着底盘外布置，主要是考虑高压系统在发生起火事件后能最大限度地保护驾乘人员。

（2）高压部件及传输线路都具有明显的橙色标识，或者在相关零部件的醒目位置贴有高压标识（见图 2－16、图 2－17）。

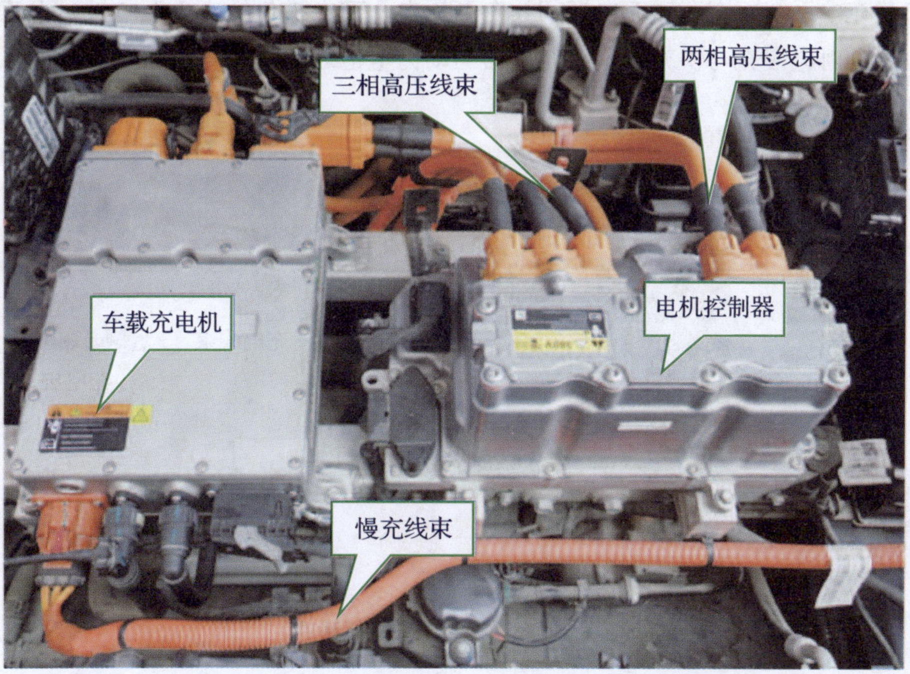


图 2－16　吉利帝豪 EV450 高压系统核心部件

无论是纯电动汽车还是混合动力汽车，在高压系统中都同时存在直流高压和交流高压。其中，直流高压主要分布在动力电池相连接的各个驱动部件。例如，动力电池到逆变器之间的为直流高电压，动力电池与高压压缩机之间的也为直流高电压。交流高压主要分布在逆变器与驱动电机之间、充电接口与车载充电器之间。逆变器与驱动电机之间的交流高压取决于驱动电机的工作电压，一般在 300V 左右；充电接口与车载充电器之间的交流高压来自外部电网的 220V/50Hz 交流电。

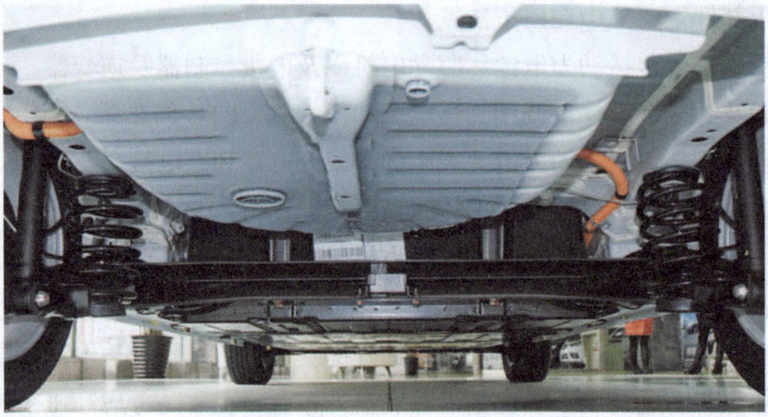

图 2-17 北汽新能源纯电动汽车底盘

需要强调的是，新能源汽车上的高压电并不一直存在，除了动力电池始终带有高压电之外，其他的高压部件通常只在运行时才具有高压电。

车载充电系统仅在车辆充电期间具有高压电。充电桩包括交流充电桩、直流充电桩两种，分别对应慢充与快充，车载充电器与动力电池之间具有直流高压。充电系统高压部件见图 2-18。

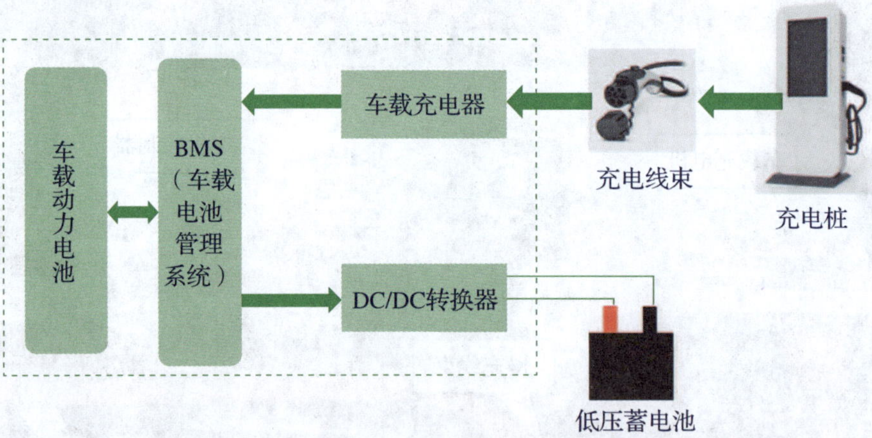


图 2-18 充电系统高压部件

## 二、高压系统的主要部件及特点

### （一）动力电池

动力电池是新能源汽车的核心零部件，是新能源汽车的动力来源。动力电池的性能直接影响新能源汽车的动力性、经济性和续驶里程。目前的新能源汽车主要使用磷酸铁锂电池或者三元锂电池。吉利帝豪 EV450 纯电动汽车动力总成采用三元锂电池，动力总成安装在车体下部（见图 2-19）。

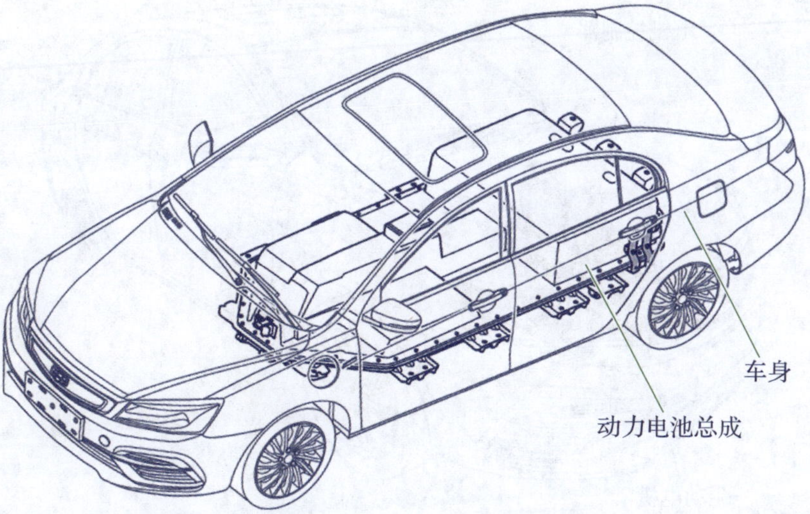


图 2-19　吉利帝豪 EV450 动力蓄电池组件分布

动力蓄电池由电池模组、电池组单体、电池管理系统（BMS）、电池高压分配单元（B-BOX）等组成（见图 2-20）。电池管理系统能够对动力蓄电池组总电压、总电流、每个单体电池的电压参数及温度进行实时监控，并进行故障诊断、充电状态（SOC）计算、短路保护、漏电检测、报警显示、充放电模式控制等。电池管理系统可以将动力电池相关参数上报整车控制器，由整车控制器对动力电池的充电及放电进行控制。

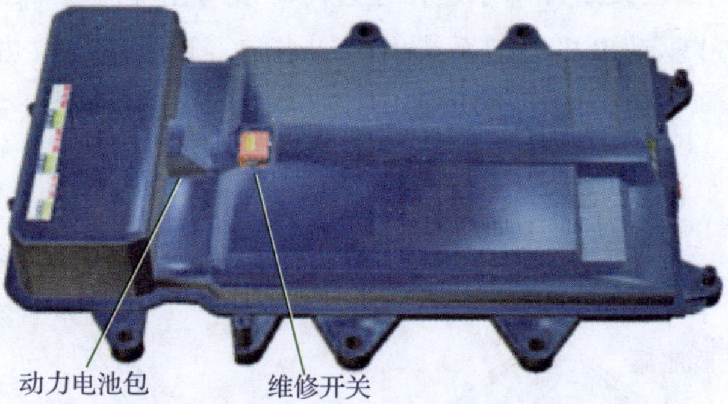


图 2-20　吉利帝豪 EV450 动力蓄电池组件分布

## （二）驱动电机

电机驱动系统由驱动电机、电机控制器及电机冷却系统组成。

与发动机不同，驱动电机无须怠速，且运转期间较为平稳，因此乘坐新能源汽车时舒适度较高。即使车辆是由静止到起步的临界状态，驱动电机也可以输出最大输出转矩，使车辆获得较大的起步加速度。吉利帝豪 EV450 采用永磁同步驱动电机，安装在车辆发动机舱下部。电机控制器安装在前机舱内，与驱动电机连为一体且位于驱动电机上部（见图 2-21）。

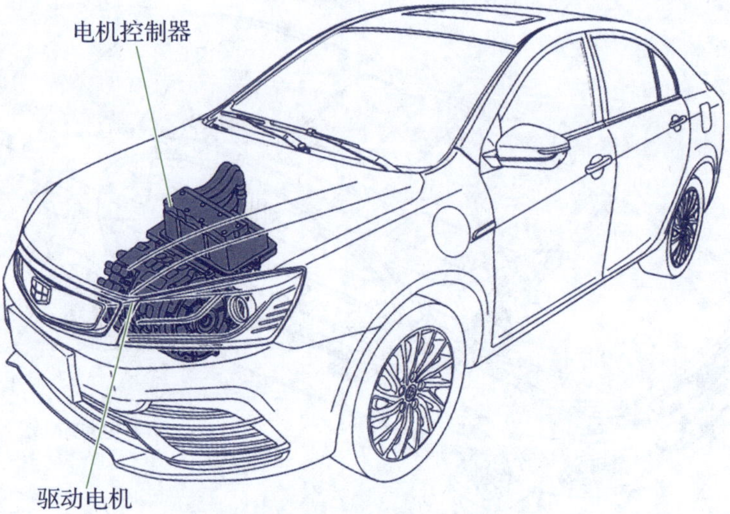


图 2－21　吉利帝豪 EV450 驱动电机系统组件分布

电机控制器采用 CAN 通信控制器，控制动力电池和驱动电池之间电能的传输，同时采集电机位置信号和三相电流检测信号，对电机的转速和转矩进行精准控制。在车辆进行制动时，电机控制器会将车轮旋转的动能转换为电能，即将交流电转换为直流电，给动力电池充电。

驱动电机的转子高速旋转会产生高温，如果不加以冷却，将会对驱动电机造成损害，因此驱动电机内部会设置冷却水道，通过冷却液的循环流动带走热量，防止电机过热。吉利帝豪 EV450 驱动电机冷却系统由冷却水泵、膨胀罐、散热器、散热器风扇及冷却液管路等组成（见图 2－22）。

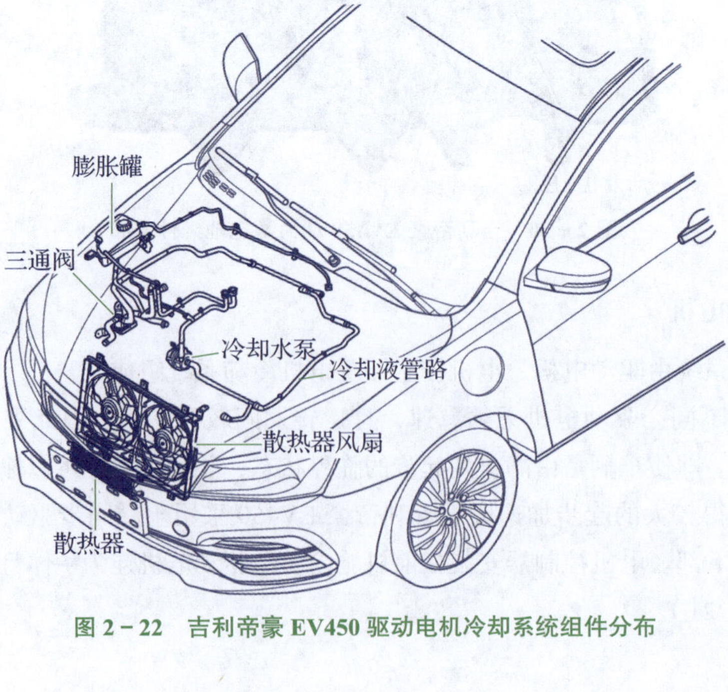


图 2－22　吉利帝豪 EV450 驱动电机冷却系统组件分布

## （三）高压配电箱（PDU）

纯电动汽车配备有一套高压配电系统，它的作用是将全车高压部件及高压线束连接成一套高压供配电网络。其核心部件为高压配电模块，吉利帝豪 EV450 车载充电机集成的高压配电模块有高压电压分配功能及回路过载保护功能（见图 2－23）。高压配电箱将从动力电池输出的电能分配给电机控制器、空调压缩机和 PTC 加热器。

图 2－23 吉利帝豪 EV450 高压配电箱

吉利帝豪 EV450 的高压配电模块见图 2－24。电动压缩机回路、PTC 加热器回路、交流慢充回路各有一个 40A 的熔断器，当回路中电流超过 90A 时，熔断器会在 15 秒内熔断。

## （四）电动压缩机

传统燃油车上的压缩机由发动机带动。纯电动汽车没有发动机，它的压缩机主要靠动力电池的高压电源驱动，主要为电动涡旋式压缩机，其与压缩机控制器集成一体，通过自身的旋转带动涡旋盘压缩，完成制冷剂的吸入与排出，其余冷凝器总成与传统燃油车空调部件基本相同（见图 2－25）。

## （五）PTC 加热器

PTC 加热系统由 PTC 加热器、加热器水泵、加热器芯和鼓风机等组成。传统燃油车上利用发动机冷却系统产生的热量对车内进行送暖，纯电动车上采用高压直流电流通过 PTC 器件产生热量或由 PTC 加热冷却液送至加热器芯散发热量。

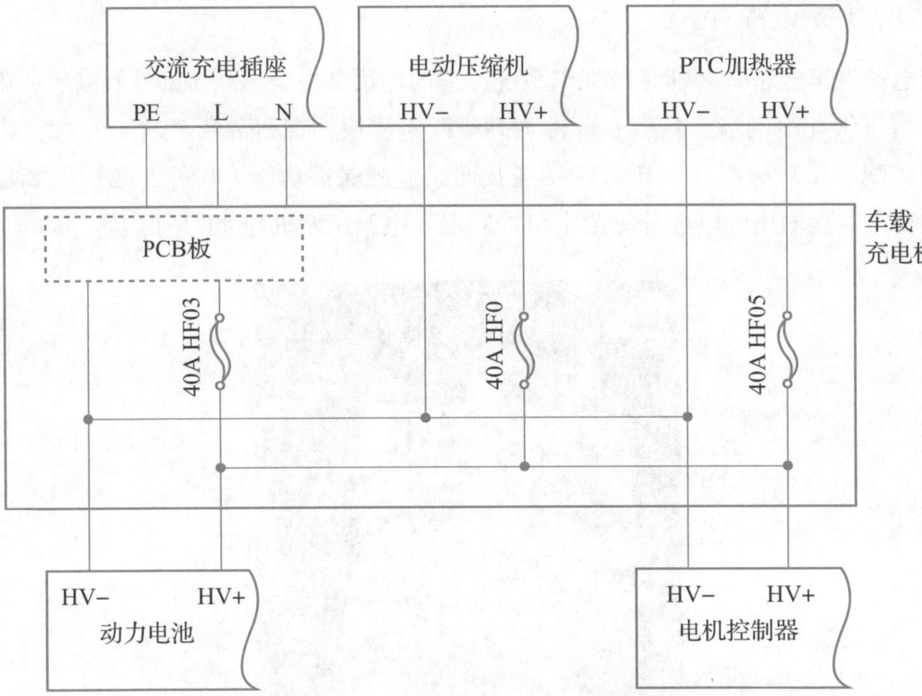


图 2-24　吉利帝豪 EV450 的高压配电模块

图 2-25　电动压缩机

吉利帝豪 EV450 采用 PTC 加热器加热冷却液的方式进行加热，工作原理见图 2-26。从加热器芯出来的低温冷却液，由加热器水泵抽入 PTC 加热器内进行加热，加热后的高温冷却液进入加热器芯，同时，冷暖温度控制电机旋转在供暖位置，气流在鼓风机的作用下流过加热器芯，产生热量传递。

此外，由于电池的化学特性，在低温环境下电池难以放电，因此需要 PTC 对电池包进行预热。PTC 加热器见图 2-27。

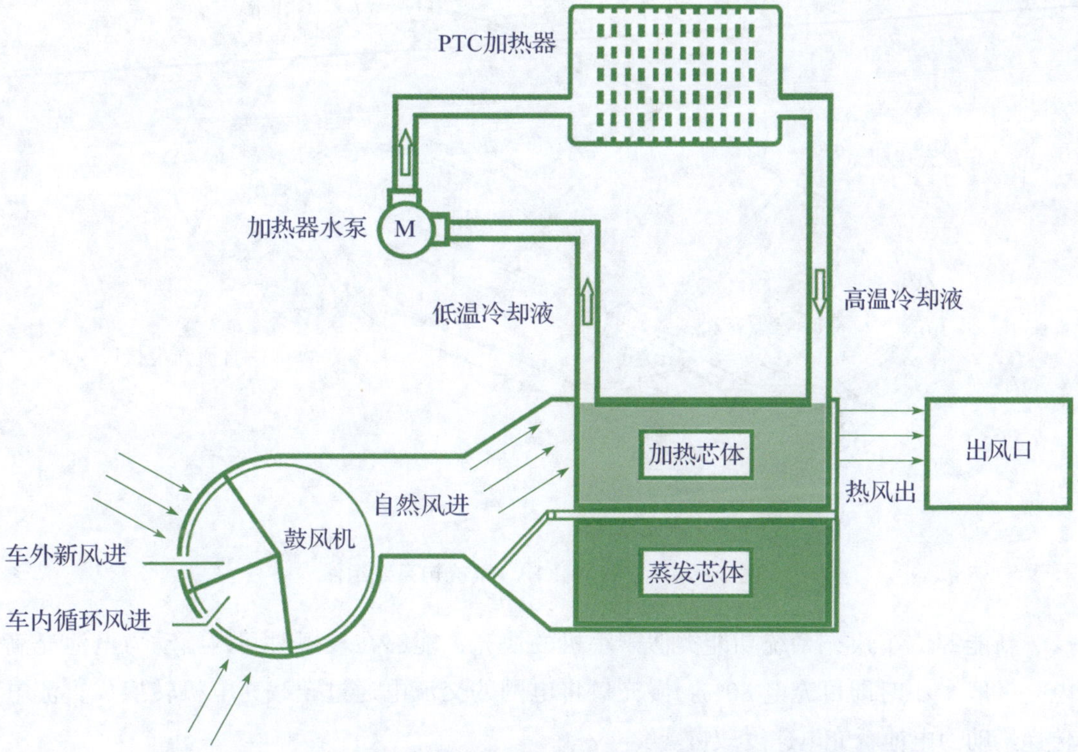


图 2-26 吉利帝豪 EV450 的 PTC 加热系统工作原理

图 2-27 PTC 加热器

## （六）车载充电机

吉利帝豪 EV450 纯电动汽车配备有慢充系统和快充系统。慢充系统由慢充口（交流电）、慢充线束、车载充电器和动力电池等组成，快充系统由快充口（直流电）、快充线束和动力电池等组成。吉利帝豪 EV450 充电系统组件见图 2-28。

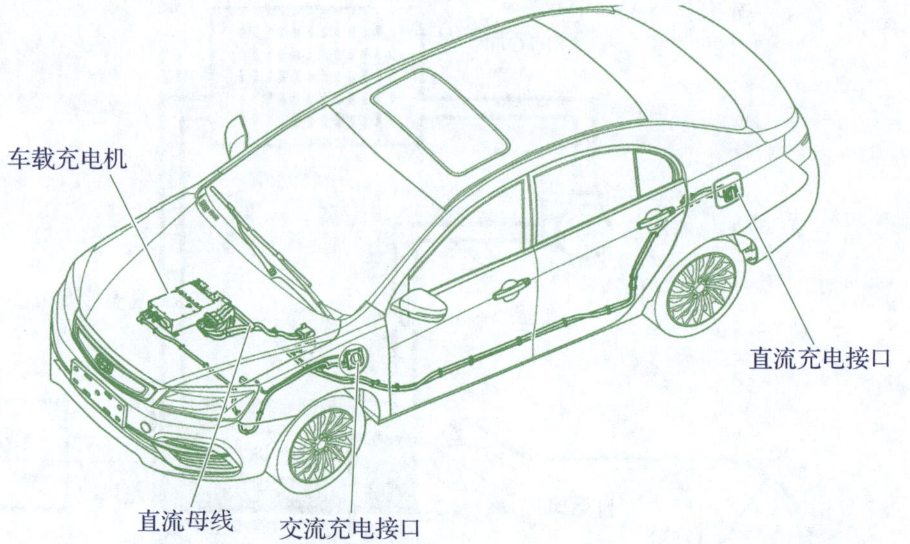


图 2-28　吉利帝豪 EV450 充电系统组件

新能源汽车快充系统功能类似于手机的快充，能够在较短时间内给动力电池充满电，一般半小时即可充电 80%。慢充口将电网的交流电通过车载充电机转换成直流电传递给动力电池，充电速度较慢。

因此，车载充电机的作用就是将高压交流电转换成高压直流电，从而给动力电池进行充电。吉利帝豪 EV450 车载充电机集成高压配电箱。图 2-29 为普通车载充电机。

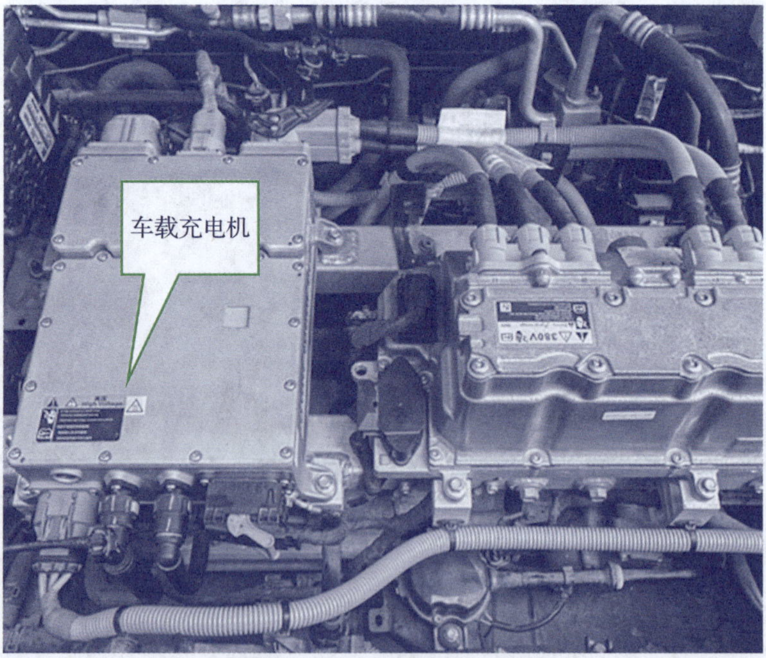


图 2-29　普通车载充电机

## （七）DC/DC 转换器

新能源汽车上没有发动机，无法为低压蓄电池供电，因此 DC/DC 转换器的作用就是将动力电池的高压直流电转换成低压直流电，从而为蓄电池及车载低压附件供电。

吉利帝豪 EV450 的 DC/DC 转换器集成在电机控制器内。高压上电前，低压电路依靠铅酸蓄电池供电；高压上电后，由 DC/DC 转换器将动力电池转换成低压直流电为铅酸蓄电池及全车用电设备供电。其原理见图 2－30。

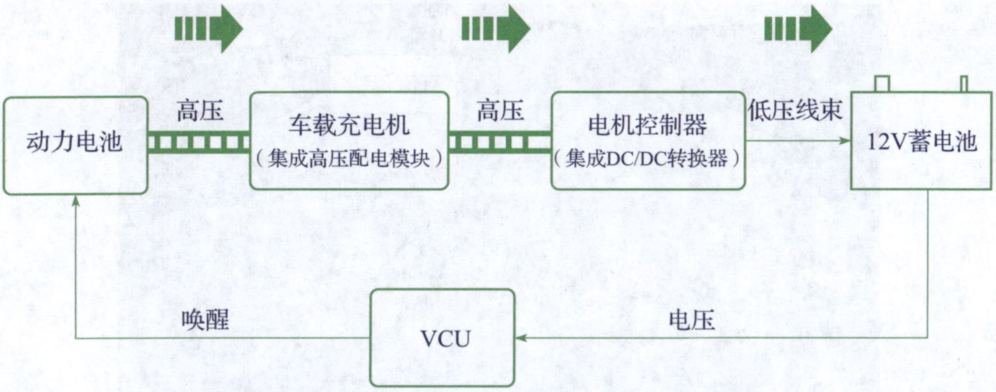


图 2－30　DC/DC 转换器原理

车辆长期停放后蓄电池会亏电，导致整车无法上电。吉利帝豪 EV450 具有智能充电功能，车辆在停放过程中整车控制器将对蓄电池电量进行监控。当电压低于一定值后，整车控制器将唤醒动力电池通过 DC/DC 转换器对铅酸蓄电池进行充电。

有的车型考虑到散热、结构布置等要求，会将 DC/DC 转换器列为一个独立模块（见图 2－31）。

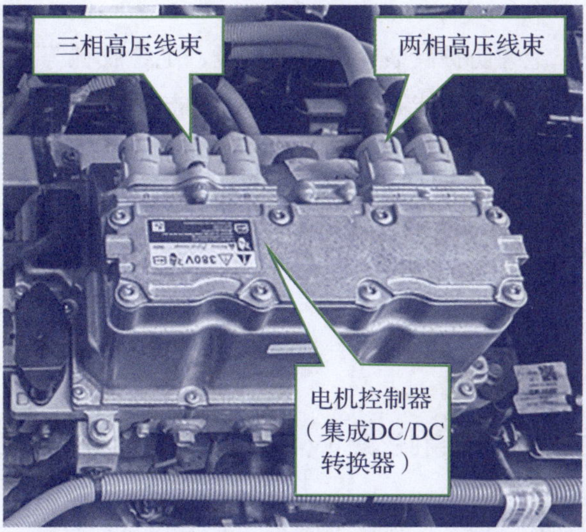


图 2－31　DC/DC 转换器

### （八）高压维修开关

考虑到车辆在加工制造、维修期间的安全保护，新能源汽车配备有切断整车电源的维修开关。高压维修开关既可以在维修保养时提供安全的环境，也可以对车辆高压部件提供安全保护。因此，在对车辆维修保养时，必须拔开高压维修开关。对于不同的车辆，高压维修开关的位置不同，吉利帝豪 EV450 无单独高压维修开关，高压断电须拔除直流母线，其位置见图 2－32。

图 2－32　直流母线位置

## 任务实施

### 一、任务准备

1. 操作防护装备：绝缘防护套装（包括护目镜、绝缘胶鞋等）；

2. 实训场地（新能源汽车智能制造实训中心）：吉利帝豪 EV450 新能源汽车或其他新能源汽车、动力总成台架、动力电池单体等台架；

3. 交流慢充充电桩、随车充电器等专用工具设备；

4. 操作工具：绝缘万用表；

5. 辅助材料：无。

### 二、操作步骤

本次实训任务主要为识别吉利帝豪 EV450 高压部件的组成及位置。

**1. 操作前的准备工作**

（1）将点火开关挡位旋至 OFF 档；

（2）做好车辆安全准备工作；

（3）断开铅酸蓄电池负极电缆。

> 警告！
> 未经老师同意，不得随意启动车辆；
> 车辆举升期间，禁止车辆周围站立人员。

**2. 实践操作**

（1）车辆外部认知。在实训车辆上找到吉利帝豪 EV450 外部的慢充口及快充口，其位置见图 2－33。

图 2－33　吉利帝豪 EV450 慢充口（左）、快充口（右）

（2）车辆前机舱认知。打开车辆前机舱盖，依次找到铅酸蓄电池、电机控制器（集成 DC/DC 转换器）、电动压缩机、PTC 加热器、慢充线束、动力电池高压线束、驱动电机及三相高压线束、车载充电机至电机控制器的高压线束。以上高压线束均为橙色，不要随意触碰。

找到并说出零部件的作用：整车控制器、热交换器、DC/DC 转换器 12V 输出端子（见图 2－34）。

（3）车辆行李舱认知。打开行李箱，掀开地板垫，找到配备的随车充电器及充电插座（见图 2－35）。

（4）车辆底部认知。

利用举升机将车辆举升，找到并认知动力电池及连接线束、冷却水管、冷却液出水管和快充高压线束。

找到并认知动力电池直流母线连接件、快充线束插接件（见图 2－36、图 2－37）。

找到动力电池铭牌，确认动力电池信息，吉利帝豪 EV450 搭载的三元锂电池额定电压为 346V，额定容量为 150Ah，质量为 384kg（见图 2－38）。

图 2－34　吉利帝豪 EV450 前机舱认知

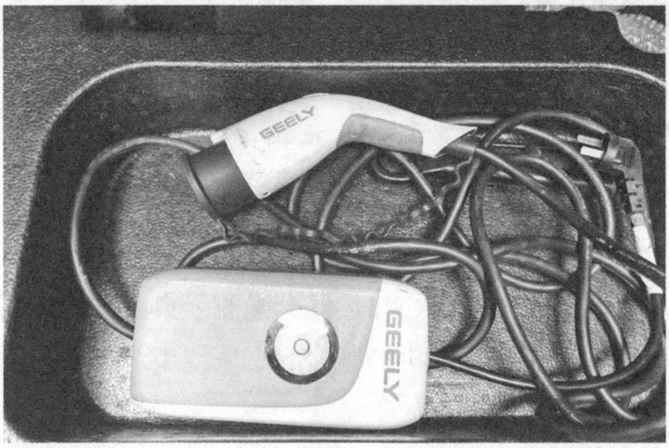


图 2－35　吉利帝豪 EV450 行李舱认知

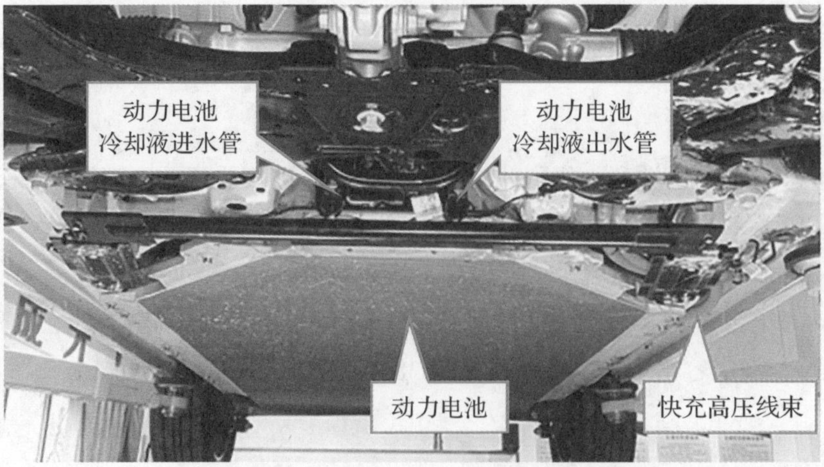


图 2－36　吉利帝豪 EV450 动力电池认知

**图 2－37　吉利帝豪 EV450 动力电池插接件认知**

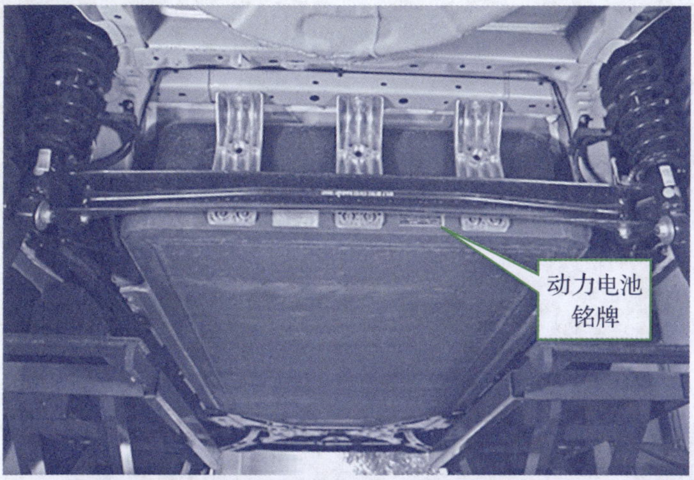


（a）吉利帝豪EV450动力电池铭牌位置

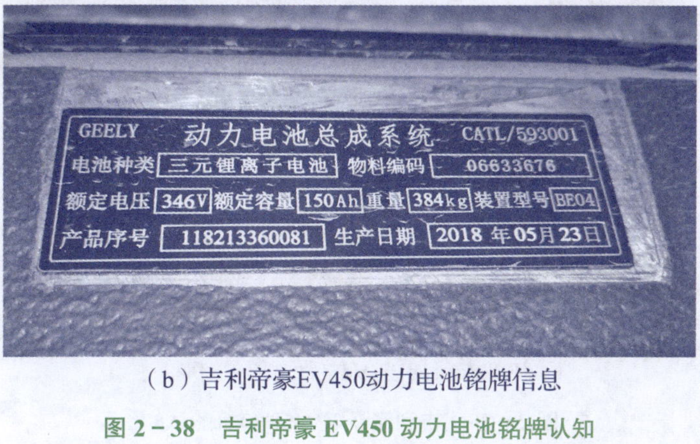


（b）吉利帝豪EV450动力电池铭牌信息

**图 2－38　吉利帝豪 EV450 动力电池铭牌认知**

在车辆前机舱底部找到驱动电机、驱动电机铭牌、电动压缩机、PTC 加热器、电机系统电动水泵、PTC 系统电动水泵、减速器、电动真空泵。例如：根据铭牌信息，吉利帝豪 EV450 驱动电机额定功率为 42kW，额定转矩为 105N · m，额定电压为 DC336V，采用水冷。

在车辆车头机舱部位，找到并认知车辆压缩机、真空泵、散热系统冷凝器及散热器（见图 2－39）。

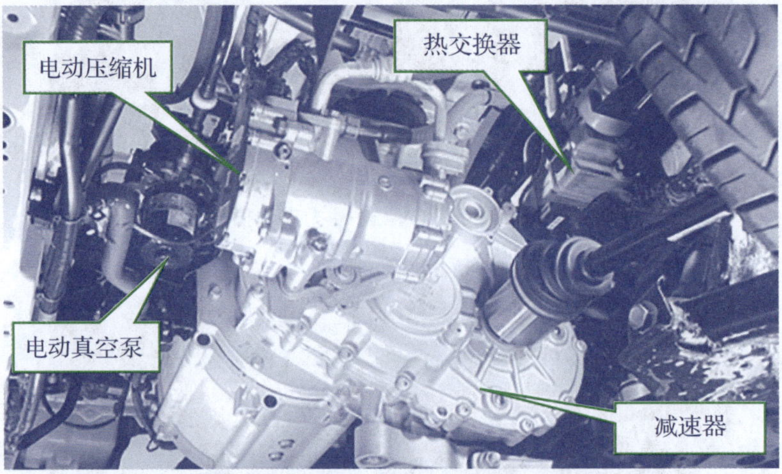


（a）吉利帝豪EV450机舱底部

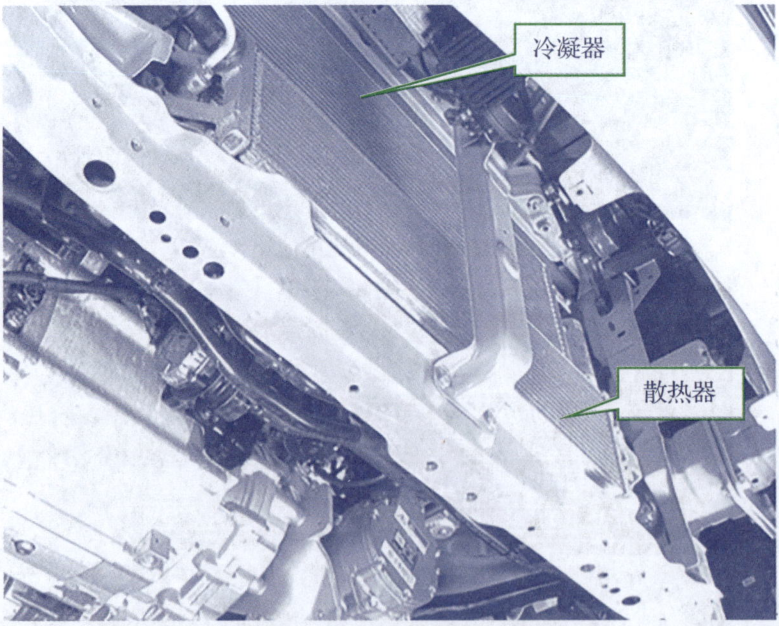


（b）吉利帝豪EV450散热系统部件

**图 2－39　吉利帝豪 EV450 前机舱认知**

（5）车辆内部认知。进入吉利帝豪 EV450 车辆内部，对汽车仪表、一键启动开关、空调控制面板、制动能量回收调节等按钮进行认知（见图 2－40）。

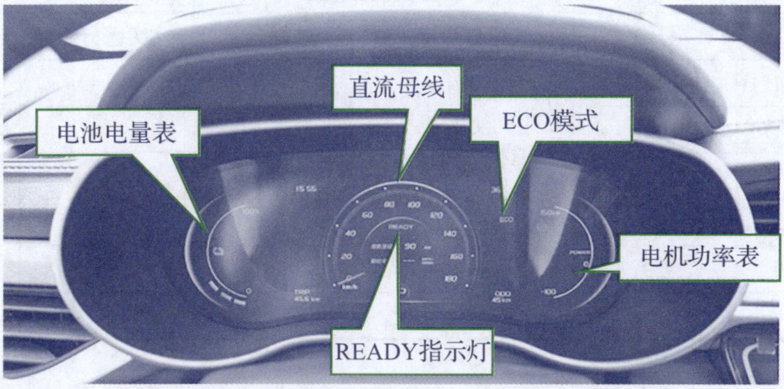


（a）吉利帝豪EV450仪表显示

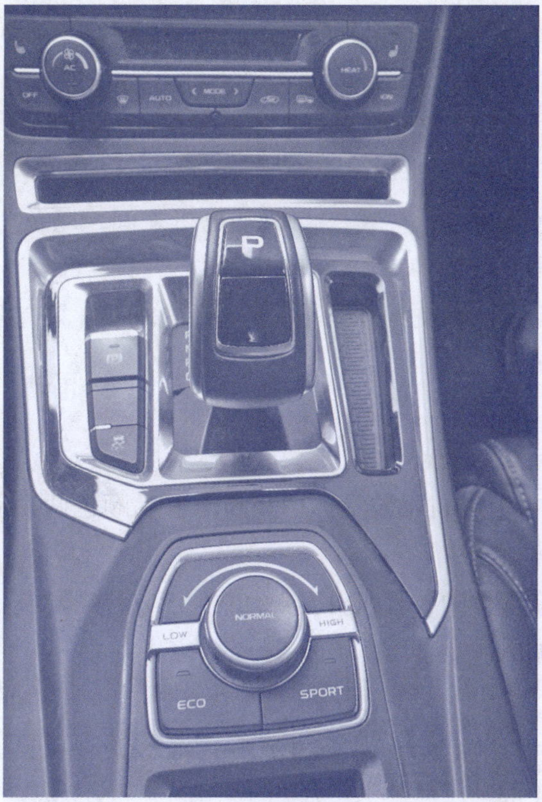


（b）吉利帝豪EV450挡位

图 2－40　吉利帝豪 EV450 车辆内部认知

## 任务评价

**本任务权重分配表**

| 项目 | 分数 | 评分标准 | 过程分析 | 实得分数 | 备注 |
|---|---|---|---|---|---|
| 车辆外部认知 | 20 | 1. 操作正确无误；<br>2. 正确使用万用表；<br>3. 基本结构认识包括结构名称、定义及功能；<br>4. 含义说明正确。 | | | 以吉利帝豪EV450作为实训车辆进行操作 |
| 车辆前机舱认知 | 20 | | | | |
| 车辆行李舱认知 | 20 | | | | |
| 车辆底部认知 | 20 | | | | |
| 车辆内部认知 | 20 | | | | |
| 总　分 | | | | | |

## 学习测试

### 一、填空题

1. 纯电动汽车和混合动力汽车，其高电压系统均同时具有________高压和________高压。

2. 交流高压主要分布在__________与驱动电机之间，以及________与车载充电机之间。

3. 除了________会持续存在高电压外，其他系统或部件只有在运行的时候才具有高电压。

### 二、判断题

1. 新能源汽车通常采用高压警示标识和高压警示颜色两种形式进行高电压警告。（　　）

2. 新能源汽车高压部件的导线和插接器的颜色没有特殊要求。（　　）

3. 动力电池输出的电压是直流高压。（　　）

### 三、单选题

1. 高压新能源汽车的高压部件主要有（　　）。

A. 动力电池　　B. 驱动电机及控制器

C. 高压附属部件　　D. 车窗电机

2. 动力电池的高电压具有的特点是（　　）。

A. 电池包内部始终有高电压　　B. 关闭点火开关后高压消失

C. 高压仅有25V左右　　D. 内部存在直流和交流高压

3. 动力电机或控制器高电压具有的特点是（　　）。

A. 一直持续有高电压　　B. 关闭点火开关后高压消失

C. 高压仅有 25V 左右　　D. 内部仅有直流电

**工匠精神**

### 精心钻研的喷漆工

邓顺才，在吉利集团工作二十余载，从一名普通的员工成为喷漆能手，付出的不仅仅是宝贵的时间和不懈的努力，更是自己对一份工作的执着与热爱。在工作期间，他吃得苦，耐得烦，对于喷漆技艺更是精心钻研，在这样的艰苦付出下，全年为公司节省能耗及补漆成本达 18 万余元。

无数个高光时刻的背后是巧到极致的技艺，是毫厘之间的精密喷漆，是废寝忘食的精心钻研。如今的邓顺才利用自身技艺已经给吉利集团培养出了更多优秀的技术能手。

榜样力量

精心钻研的喷漆工

## 任务 3　新能源汽车安全设计

### 任务描述

因为新能源汽车使用高压电，所以一旦发生事故会对驾乘人员造成伤害。现在有一辆吉利帝豪 EV450 刚刚从生产线下线，你作为测试人员需要对该车的高压安全性进行测试，你需要正确区分该车哪些部位是安全的，哪些部件存在高压。

本项目主要介绍新能源汽车中高压系统的主要安全隐患、安全设计特点等相关知识。

### 相关知识

相较于传统燃油车，新能源汽车内装有动力电池，其安全系统设计较为复杂。车辆在运行过程中一旦发生碰撞事故，可能造成漏电自燃、爆炸等极端情况。因此新能源汽车必须在设计之初就考虑到可能对驾乘人员造成的伤害等。

## 一、新能源汽车安全隐患

新能源汽车的电气系统主要分为低压电气系统、CAN 网络通信系统和高压电气系统。低压电气系统是指 12V 电源及其车身电气系统，CAN 网络通信系统是指整车控制器、BMS 和电机控制器，高压电气系统是指动力电池、驱动电机及其控制器。

新能源汽车可能造成的安全隐患主要有人员高压触电、动力电池泄漏与燃烧以及功能安全等，因此要确保高压系统安全和动力电池安全。

### （一）高压系统安全

纯电动汽车的动力电池电压一般为 300 ～ 600V，我国民用安全电压多用 36V，人体允许的安全电流大约为 30mA，这要求人体可接触的新能源汽车两个带电部位的电压小于 36V。图 2－41 为人体常见的触电形式。

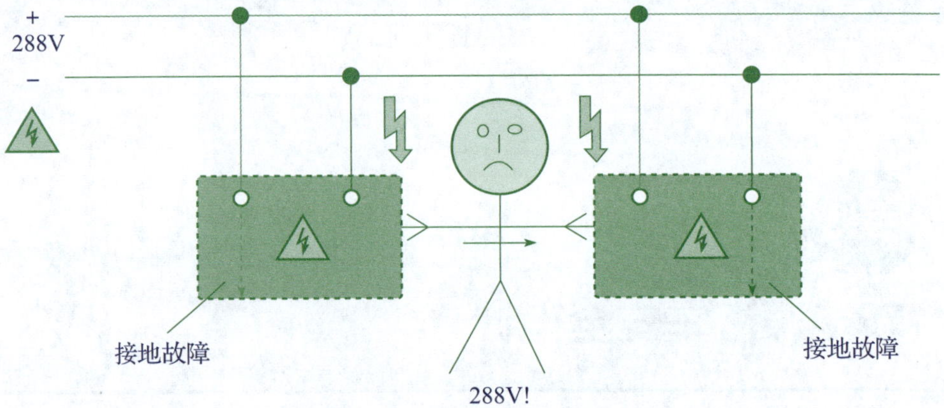


**图 2－41　人体常见的触电形式**

人体没有任何感觉的阈值为 2mA，这就要求泄漏的电流不得超过 2mA，即流经人体的电流要小于 2mA 时车辆绝缘才算合格。

### （二）动力电池安全

目前，新能源汽车将动力电池安装在车辆底板上，既可以节省空间，也可以提高车辆操纵稳定性。图 2－42 为特斯拉 MODEL S 动力电池，电池单体采用容量约 2.2Ah 的 18650 钴酸锂电池，由 69 节并联组成一组、9 组串联组成一层、11 层串联组成动力电池，动力电池的电压为 375V 左右，电量为 53kW·h，质量约为 450kg，因此单体电池为 6 831 节，一般充电时间为 3 ～ 5 小时。

图 2－42　动力电池

18650 钴酸锂电池也有其缺点：（1）由 18650 钴酸锂电池组成的电池包连同双电机和电控系统，占整车售价的 60% ～ 70%，成本较高；（2）安全性差、热稳定性差，遇到高温或者撞击会释放氧气及大量热。基于以上缺点，钴酸锂电池主要用于中小型电芯，广泛应用于笔记本电脑、手机等小型电子设备中，电动汽车中只有特斯拉采用该类型动力电池。

动力电池作为新能源汽车的核心部件，是分析新能源汽车安全性的前提。目前车载动力电池采用锂离子电池，主要为磷酸铁锂电池和三元锂电池。锂离子电池在正常充放电过程中不会产生问题，但在极端情况下，某些化学反应会导致锂离子电池产生热失控，过充电或者过放电都会给电池造成损害，严重时造成电池着火（见图 2－43）。目前，新能源汽车安全性已经成为公众关心的热点话题，这需要我们加深对新能源汽车安全性的了解与认识。

图 2－43　新能源汽车自燃

## 二、新能源汽车安全系统设计

新能源汽车的安全风险主要包括高压系统短路、高压系统绝缘、高压系统脱落、高压充电风险等。因此，新能源汽车安全系统设计主要包括维修安全、碰撞安全、电气安全和功能安全（见图 2 - 44）。

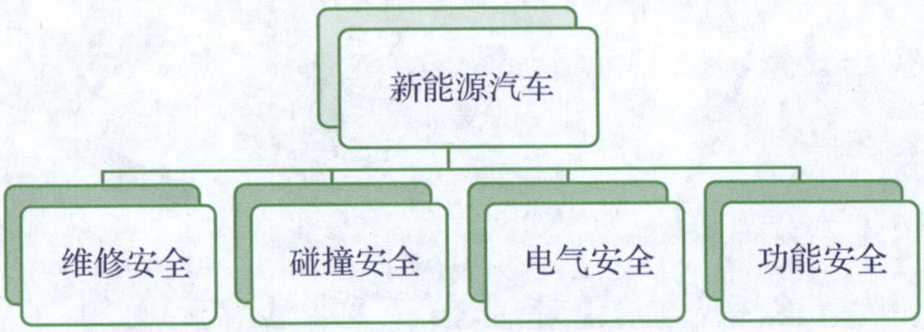


图 2 - 44　新能源汽车安全系统设计

### （一）维修安全

新能源汽车的维修安全主要是在维修过程中防止触电。为此大多数新能源汽车上都设有维修开关（见图 2 - 45）。当断开维修开关后，动力电池的电能输出立马停止，在操作中断开维修开关后，需等待 5mins 后才能解除高压部件。

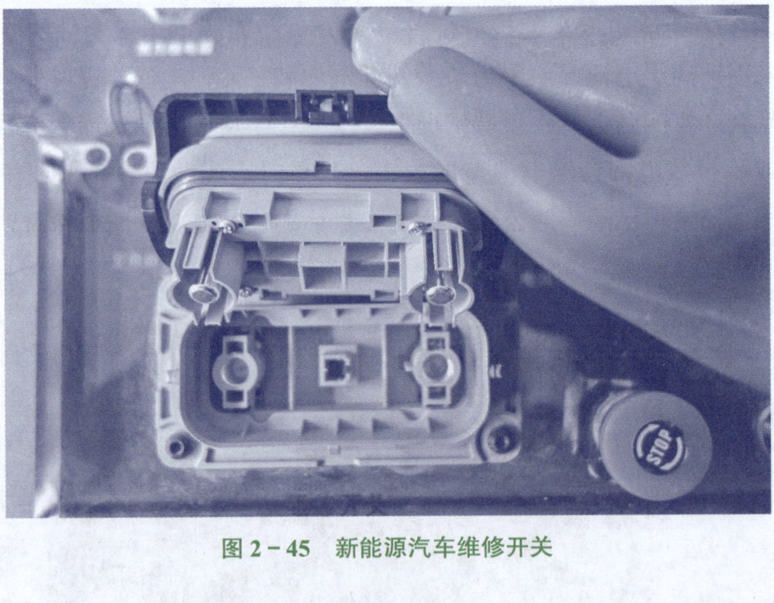

图 2 - 45　新能源汽车维修开关

### （二）碰撞安全

当车辆发生碰撞后，新能源汽车安全系统应当首先保证驾乘人员的生命安全，因此应当遵循以下原则：

（1）碰撞过程中避免乘员和行人遭受触电危险，保证驾乘人员安全的情况下尽量保护关键部件不受损害。

（2）碰撞后保证维护和救援人员没有触电风险。新能源汽车针对碰撞事故有特殊的设计，惯性开关串联到高压接触器的供电回路中（见图2-46）。当发生碰撞后，惯性开关断开，切断高压电源，此时动力电池的高压被切断，保证了驾乘人员的安全。

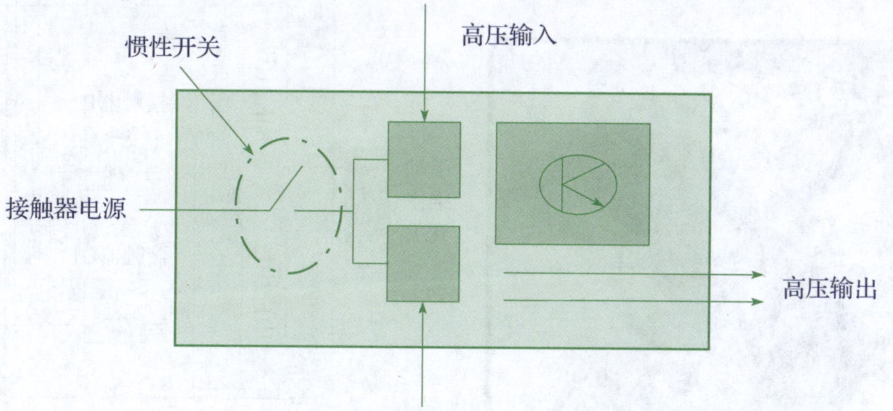


图2-46 新能源汽车惯性开关电路

## （三）电气安全

新能源汽车的车身需要针对电气安全进行单独设计，主要考虑以下因素：

（1）高压零部件插拔件。为了保证插拔件安装稳定与安全，高压零部件采用专用接口，达到防水、防尘以及绝缘目的（见图2-47）。

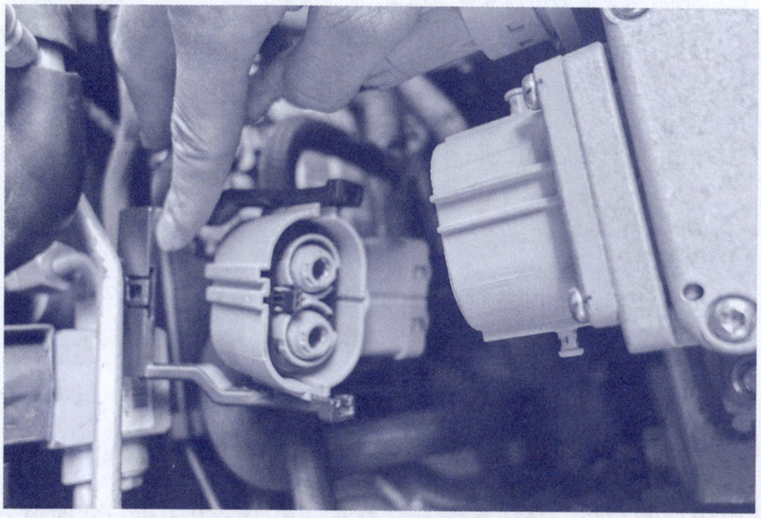

图2-47 新能源汽车安全插头

（2）动力蓄电池与外部高压回路之间设计有高压接触器。为了保证驾驶员在不驾驶车辆时，动力电池的电能处于中止状态，当驾驶员将钥匙拨到运行挡位，在仪表盘上显示“READY”或者车辆处于充电状态时，接触器闭合（见图 2 - 48）。

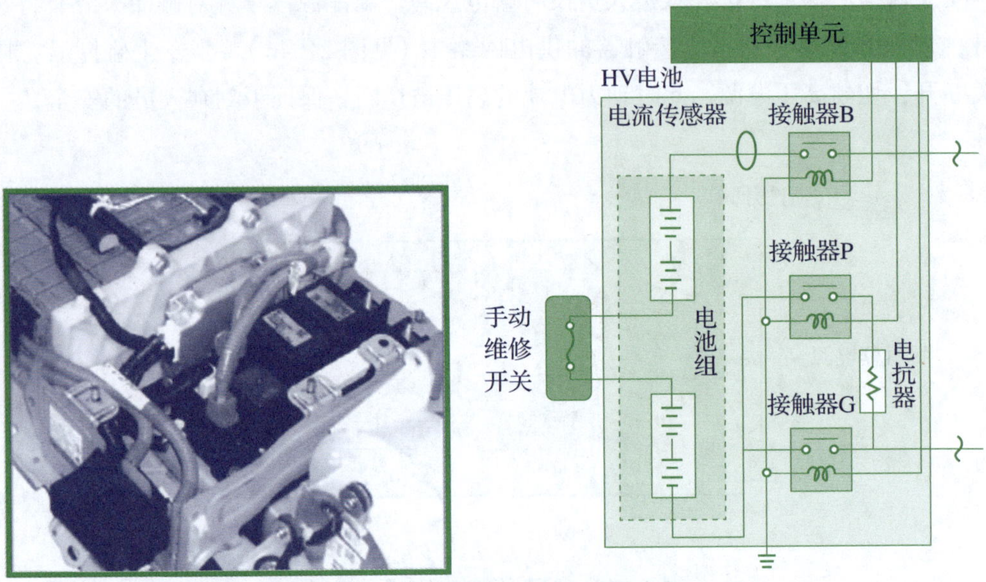


图 2 - 48　新能源汽车高压接触器及电路

（3）高压系统中设计预充电回路。在动力电池向外输出高压电时，先通过预充电回路对动力电池外部高压系统进行预充电。预充电回路中设计有预充电阻，防止在高压上电瞬间将补偿电容烧毁。图 2 - 49 为新能源汽车高压预充电电路。

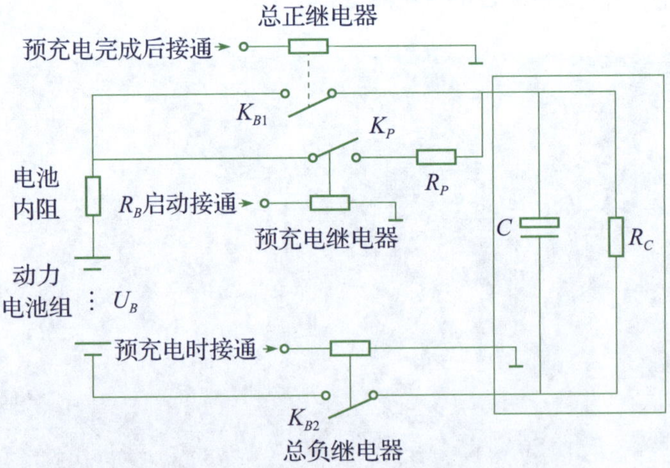


图 2 - 49　新能源汽车高压预充电电路

（4）绝缘电阻检测系统。高压系统会对整车通电绝缘电阻进行实时监测，当检测到绝缘电阻过小时，系统判断回路处于短路等异常状态，整车控制器会及时发送接触器断开指令，有效保护驾乘人员及关键零部件。

（5）短路保护器。当高压系统出现短路等危险情况时，为了保护驾乘人员和关键零部件，在高压接触器回路中设计有短路保护器，当电流过大时会及时切断回路。

（6）高压互锁（HVIL）装置（见图2－50）。当高压互锁回路断开时，驾乘人员或者维修制造人员会接触到高压电而发生危险，此时电池管理系统在检测到断开信号后会立即切断对应的高压接触器，以中断高压电输出。高压回路内以动力电池包作为电源，低压回路也需要一个检测用电源，让低压信号沿着闭合的低压回路传递。一旦低压信号中断，说明某个高压连接器有松动或者脱落。在高压互锁信号回路的基础上，按照整体策略，设计监测点或者监测回路，负责将高压互锁信号回路的状态传递给VCU或BMS（见图2－51）。

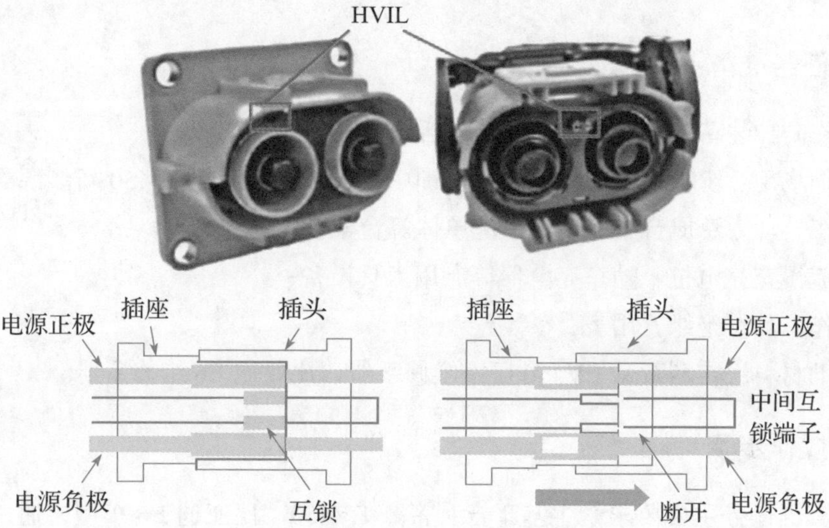


图2－50　新能源汽车高压互锁装置

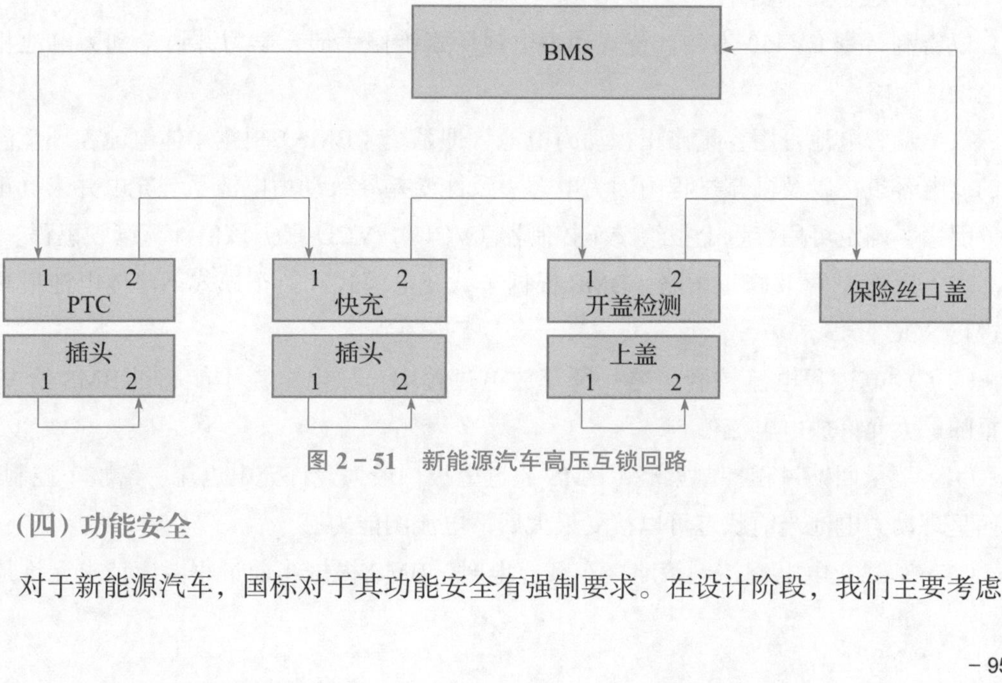


图2－51　新能源汽车高压互锁回路

## （四）功能安全

对于新能源汽车，国标对于其功能安全有强制要求。在设计阶段，我们主要考虑以下两个方面：

（1）驱动电机转矩安全控制。为了防止车辆出现失控等运动，需要在整车控制器中加入安全控制策略。

1）整车控制器负责计算整车的转矩需求；

2）切断动力蓄电池的动力输出。

（2）充电安全。新能源汽车在充电时，需要防止车辆移动以及避免快充、慢充、行驶模式之间冲突。

## 任务实施

### 一、任务准备

1. 操作防护装备：绝缘防护套装（包括护目镜、绝缘胶鞋等）；

2. 实训场地（新能源汽车智能制造实训中心）：吉利帝豪 EV450 新能源汽车或其他新能源汽车、动力总成台架、动力电池单体等台架；

3. 交流慢充充电桩、随车充电器等专用工具设备；

4. 操作工具：绝缘万用表；

5. 辅助材料：吉利帝豪 EV450 厂家维修手册、比亚迪 E6 维修手册。

### 二、操作步骤

本次实训任务主要要求学生基于吉利帝豪 EV450、比亚迪 E6 车型，通过检索资料和维修手册，学习新能源汽车的安全设计特点，并开展小组内讨论。

**1. 动力电池安全设计**

以吉利帝豪 EV450 为例，查找动力电池厂家维修手册，学习并讨论动力电池相关安全设计策略。

（1）动力电池可用容量修正：动力电池管理系统（BMS）根据单体电池在环境温度下的放电容量，以及慢充过程中因为电芯一致性变差导致动力电池系统充电并未真正充满等因素，确定可用容量上报给整车控制器（VCU），VCU 根据该值计算续驶里程。

（2）SOC 估算及修正策略：BMS 根据车载充电模式和行车模式下单体电池最高电压进行 SOC 修正。

（3）放电过程电流控制策略：行车放电过程中，放电电流不能超过 BMS 给 VCU 上报的最大允许放电电流值。

（4）能量回馈过程控制策略：BMS 通过上报“最大允许充电电流”给整车控制器，从而呈现动力电池当前状态可以接受最大回馈电流的能力。

（5）车载充电电流控制策略：车载充电时，BMS 根据当前最小温度请求允许最大充电电流。

（6）地面充电控制策略：快充时，BMS 与地面充电桩之间的交互信息及工作流程严格按照国标执行。

（7）保温过程控制策略：车载充电完成之后，BMS 根据电池的温度判断是否需要保温，如果需要保温，则进入保温过程。

（8）动力电池故障处理策略：动力电池 BMS 系统在行车模式 / 车载充电模式 / 地面充电模式下诊断、上报出现的故障，以及处理措施及恢复条件。

**2. 车辆安全设计**

以吉利帝豪 EV450 为例，主要从碰撞防护、高压互锁、电源极性反接保护、开盖检测、主动泄放、被动泄放进行安全设计。

2020 年 5 月 12 日，工业和信息化部组织制定的《电动汽车安全要求》(GB 18384—2020)、《电动客车安全要求》（GB 38032—2020）和《电动汽车用动力蓄电池安全要求》（GB 38031—2020）三项强制性国家标准由国家市场监督管理总局、国家标准化管理委员会批准发布，并于 2021 年 1 月 1 日起开始实施。

国家标准规定，纯电动汽车动力电池的防护等级必须达到 IP67。IP67 是指防护级别。衡量电池防尘防水性能的指标是侵入保护（Ingress Protection，IP)，是由国际电工委员会（IEC）制定的防护安全等级标准。IP 防护等级见表 2 - 2。

**表 2 - 2　IP 防护等级**

| 防尘等级说明 | | 防水等级说明 | |
|---|---|---|---|
| 等级 | 防护范围 | 等级 | 防护范围 |
| 0 | 无防护 | 0 | 无防护 |
| 1 | 防止直径大于 50mm 的固体外物侵入 | 1 | 防止水滴浸入 |
| 2 | 防止直径大于 12.5mm 的固体外物侵入 | 2 | 倾斜 15° 时，仍可防止水滴侵入 |
| 3 | 防止直径大于 2.5mm 的固体外物侵入 | 3 | 防止喷洒的水侵入 |
| 4 | 防止直径大于 1.0mm 的固体外物侵入 | 4 | 防止飞溅的水浸入 |
| 5 | 防止外物及灰尘侵入 | 5 | 防止喷射的水浸入 |
| 6 | 完全防止外物及灰尘侵入 | 6 | 防止大浪浸入 |
| | | 7 | 防止浸水时水的浸入 |
| | | 8 | 防止沉没时水的浸入 |

（1）开盖检测（见图 2 - 52)。在高压部件的盖子上设有开盖检测开关（低压)，在检测开关打开（盖子被打开）时，高压控制系统（VCU、BMS）切断高电压。

（2）电源极性反接保护。如果意外接错电源正负极，BMS 将自动切断高电压（见图 2 - 53)。

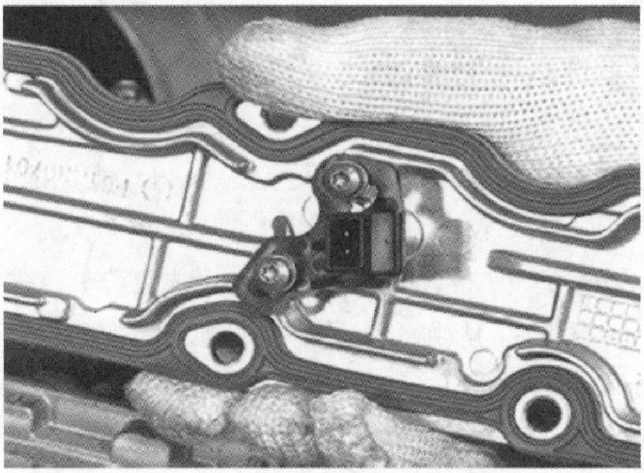

图 2－52　开盖检测

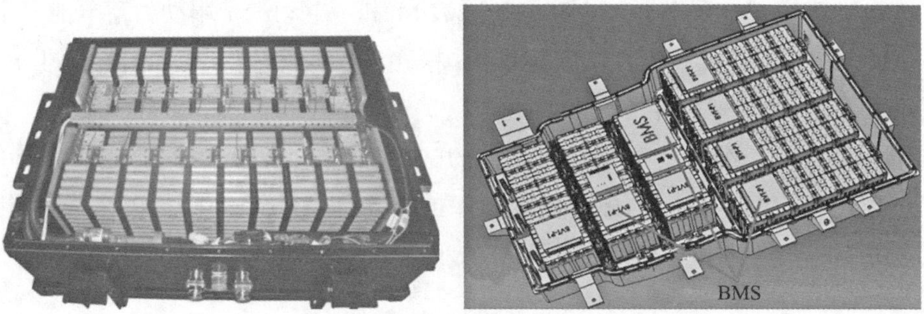


（a）　　　　　　　　　　（b）

图 2－53　动力电池 BMS 模块

此外，高压系统的每一个高压回路均有短路保护器做过流保护。动力电池总成内部增加了多个高压接触器和短路保护器（见图 2－54）进行保护，动力电池的每根采样线也有单独的保护器保护。

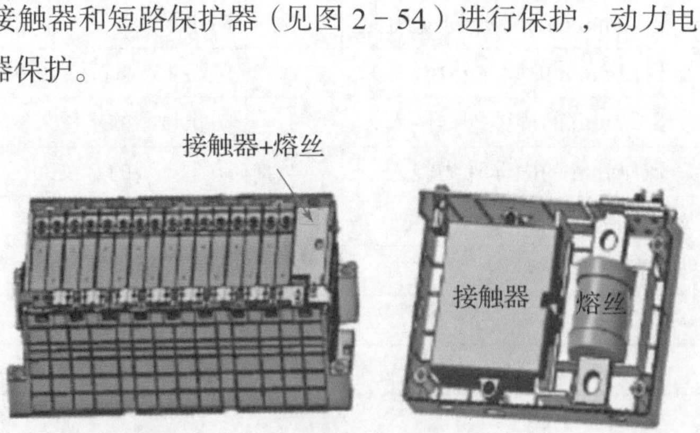


（a）　　　　　　　　　　（b）

图 2－54　短路保护器

3. 高压维修安全设计

以吉利帝豪 EV450 为例，电动汽车对于维修人员有一定的安全操作要求，主要体现在以下四个方面：

（1）电学知识：熟悉新能源汽车高压回路及各类高压电器。

（2）安全防护：能够正确使用专用防护用具，包括橡胶手套、护目镜、绝缘鞋、绝缘垫等。

（3）工作态度：秉持安全第一的工作理念，工作前、工作中、工作后坚持防水要求，一旦发生起火事件，要冷静处理，及时使用干粉灭火器等进行现场处理。

（4）操作规范：熟记断开关、拉电闸、正负极分拆等操作要领。

此外，新能源汽车的维修开关（见图 2－56），其作用主要是在检修整车高压模块、动力蓄电池相关零部件等有可能涉及高压电时直接断开高压回路，保证操作人员的安全。

图 2－55　维修开关

## 任务评价

本任务权重分配表

| 项目 | 分数 | 评分标准 | 过程分析 | 实得分数 | 备注 |
|---|---|---|---|---|---|
| 动力电池相关安全设计策略 | 20 | 1. 说出常见汽车动力电池安全设计策略；<br>2. 车辆安全设计基本方法及在整车上的体现；<br>3. 常见自锁回路识图；<br>4. 实训室 6S 操作规范。 | | | 采取“口述+现场操作”结合方式 |
| 车辆安全设计 | 20 | | | | |
| 电学知识熟悉程度 | 20 | | | | |
| 安全防护意识 | 10 | | | | |
| 高压标示含义 | 20 | | | | |
| 实训室 6S | 10 | | | | |
| 总　分 | | | | | |

## 学习测试

### 一、填空题

1. 新能源汽车安全隐患包括________、动力蓄电池________与燃烧，以及其他风险。

2. 在给车辆进行充电时，充满后再长时间充电，就会出现________。

3. 过充、过放、过电流会导致电池________。

### 二、判断题

1. 我国民用电网中的安全电压多采用 220V。（　　）

2. 在给车辆进行充电时，充得越久越好。（　　）

3. 在断开电池的动力输出后，人就可以接触高压部件了。（　　）

### 三、选择题

1. 动力蓄电池在以下哪些状态下可能会存在风险？（　　）

A. 过充电　　B. 过放电

C. 温度过高　　D. 正常启动车辆

2. 以下哪些情况下，高压系统将关闭高电压？（　　）

A. 启动车辆　　B. 发生严重碰撞

C. 关闭点火开关　　D. 发生漏电

3. 为防止维修人员触电，在车辆高压系统上会设置以下哪个部件用于解除高压？（　　）

A. 维修开关　　B. 保险丝

C. 继电器　　D. 点火开关

## 项目小结

在本项目中，我们对新能源汽车高压系统的基本电学知识、结构组成、常见安全设计进行了学习。通过本项目的训练，大家掌握了新能源汽车高压部件的认知、检查与维护，在今后对新能源汽车进行检查、维护、保养、维修时要格外注意高压系统及部件，牢固树立“安全第一”的意识。

# 项目3 新能源汽车维修工具及检测设备的使用

## 项目导读

近几年，新能源汽车保有量不断提升，随之而来的便是新能源汽车的维修保养问题。由于新能源汽车与燃油汽车在许多方面存在很大的差异，维修方法和维修工具也大不相同，因此新能源汽车的维修人员应掌握维修工具及检测设备的正确使用方法。本项目分为两个学习任务：新能源汽车维修工具及检测设备的认知和常用新能源汽车维修工具及检测设备的使用。

## 项目目标

### 知识目标

1. 熟知新能源汽车维修工具的类型和作用；
2. 掌握新能源汽车检测设备的类型和作用。

### 技能目标

1. 能够正确使用新能源汽车维修工具；
2. 能够正确使用新能源汽车检测设备。

### 素养目标

1. 提高用电安全意识；
2. 培养独立思考和分析能力。

## 学习导图

**新能源汽车维修工具及检测设备的使用**

**新能源汽车维修工具及检测设备的认知**

1.能够描述新能源汽车维修工具的类型和作用；
2.能够描述新能源汽车检测设备的类型和作用；
3.能够正确辨别新能源汽车维修工具；
4.能够正确识别新能源汽车检测设备。

**常用新能源汽车维修工具及检测设备的使用**

1.能够描述绝缘拆装工具的使用条件与注意事项；
2.能够描述钳形电流表、绝缘电阻测试仪的使用方法；
3.能够正确使用万用表、钳形电流表测试；
4.能够使用绝缘电阻测试仪测量绝缘电阻。

## 项目实施

本项目主要学习新能源汽车维修工具及检测设备的使用，分为 2 个任务：任务 1 为新能源汽车维修工具及检测设备的认知，任务 2 为常用新能源汽车维修工具及检测设备的使用。通过这 2 个任务的学习，读者可以掌握新能源汽车检修时常用维修工具及检测设备的使用方法。

# 任务 1 新能源汽车维修工具及检测设备的认知

### 任务描述

小王是一家新能源汽车 4S 店维修人员，目前还在实习阶段，维修主管为了检验小王的实习效果，让他做一份新能源汽车维修工具及检测设备的配置清单，你知道他是如何准备的吗？

## 相关知识

除了传统的汽车维修工具和检测设备以外，新能源汽车因为存在高压电路，需要专用的维修工具和检测设备。常用的新能源汽车维修工具及检测设备见表 3 - 1。

表 3 - 1　常用的新能源汽车维修工具及检测设备

| 序号 | 类型 | 工具设备名称 | 规格要求 | 单位 |
|---|---|---|---|---|
| 1 | 绝缘拆装工具 | 绝缘工具套装 | 高压电维修绝缘工具，耐压 1 000V | 套 |
| 2 | 检测仪表 | 数字式万用表 | 符合 CAT Ⅲ要求 | 个 |
| 3 | | 钳形电流表 | 符合 CAT Ⅲ要求 | 个 |
| 4 | | 绝缘电阻测试仪 | 符合 CAT Ⅲ要求 | 个 |
| 5 | | 示波器 | 符合 CAT Ⅲ要求 | 台 |
| 6 | 故障诊断设备 | 专用车型解码仪 | 对应车型 | 套 |
| 7 | 绝缘防护用品 | 绝缘垫 | 耐压≥ 10kV | 个 |
| 8 | | 绝缘服 | 耐压≥ 10kV | 套 |
| 9 | | 绝缘手套 | 耐压≥ 10kV | 副 |
| 10 | | 绝缘鞋 | 耐压≥ 10kV | 双 |
| 11 | | 护目镜 | 耐压≥ 10kV | 副 |

CAT 等级说明：根据国际电工委员会 IEC1010 - 1 的定义，将电工工作的区域分为四个等级，分别称作 CAT Ⅰ、CAT Ⅱ、CAT Ⅲ和 CAT Ⅳ。CAT 等级是向下单向兼容的，也就是说，一块 CAT Ⅳ的万用表在 CAT Ⅰ、CAT Ⅱ、CAT Ⅲ的环境下使用是完全安全的，但是一块 CAT Ⅰ的万用表在 CAT Ⅱ、CAT Ⅲ和 CAT Ⅳ的环境下使用就不保证安全了。

本任务只对绝缘拆装工具、检测仪表、故障诊断设备进行介绍，绝缘防护用品将在项目 4 任务 1 中进行详细介绍。

### 一、绝缘拆装工具

#### （一）绝缘的概念

绝缘是指用不导电的物质（绝缘材料）将带电体隔离或包裹起来，以对触电起保护作用的一种安全措施。

#### （二）绝缘的必要性

良好的绝缘是保证设备和线路运行的必要条件，也是防止触电事故、漏电、短路的重要措施。

#### （三）绝缘材料的作用

绝缘材料的作用包括：散热冷却、机械支撑和固定、储能、灭弧、防潮、防霉以及保护导体等。

### （四）绝缘工具

绝缘工具是采用绝缘材料进行加工并适用于电气系统拆装等操作的工具。一般而言，绝缘工具都会经过严格的高强度拉拔、阻燃、绝缘橡胶硬度压痕、冲击、高低温和介电强度试验，以充分保证作业人员的人身安全。新能源汽车涉及高压的部分零部件拆装必须使用绝缘拆装工具。绝缘拆装工具必须装有耐压 1 000V 以上的绝缘柄。

与传统普通型拆装工具相比，专用绝缘拆装工具绝缘面积大，除了与零部件接触点没有绝缘外，其他地方均进行了相应的绝缘处理，一般绝缘层通常用红色和黄色进行标识（见图 3－1）。绝缘防护胶柄等均使用耐高压、耐燃材料制作，同时具有防滑功能。

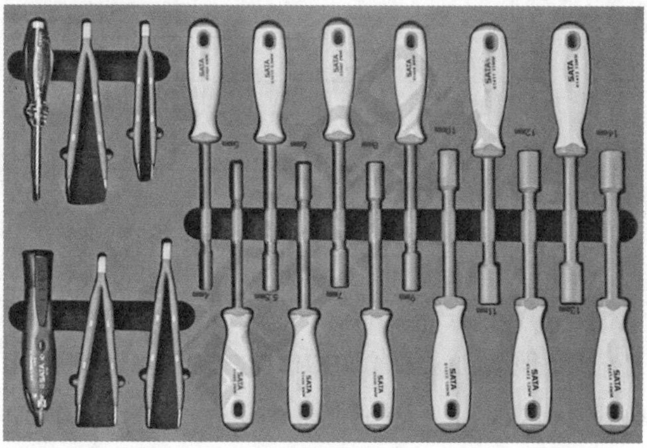

图 3－1　专用绝缘拆装工具

在新能源汽车维修保养过程中，常用的绝缘拆装工具有绝缘套筒、绝缘接杆、绝缘棘轮扳手等。通常情况下，为了方便使用和规范管理绝缘拆装工具，维修人员都会将工具放置在新能源汽车拆装工具专用车上（见图 3－2）。

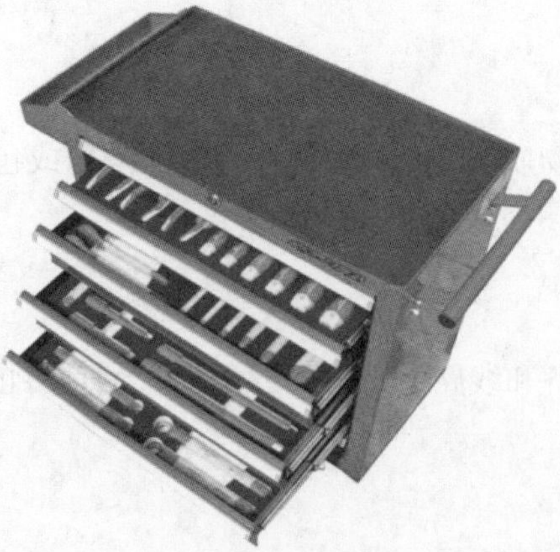

图 3－2　新能源汽车拆装工具专用车

## （五）绝缘工具的种类

维护高电压类车辆时，维修人员必须使用具有CAT Ⅱ类要求以上同时带有绝缘功能的工具，并注意绝缘等级及电压（见图3-3）。这些工具包括常用的绝缘套筒扳手、绝缘梅花扳手、绝缘开口扳手、绝缘螺丝刀、绝缘钳等。

图3-3　绝缘等级及电压

### 1. 绝缘套筒扳手

绝缘套筒扳手执行VED和DIN EN/IEC60900—2004标准，经过10 000V高压测试，耐压1 000V，属于CAT Ⅱ类绝缘工具，冲击强度测试、绝缘附着力测试、阻燃测试安全可靠（见图3-4）。绝缘套筒扳手主要用于拆卸动力电池包固定在车辆上的螺栓及电机固定支架螺丝使用的高压部件螺栓。

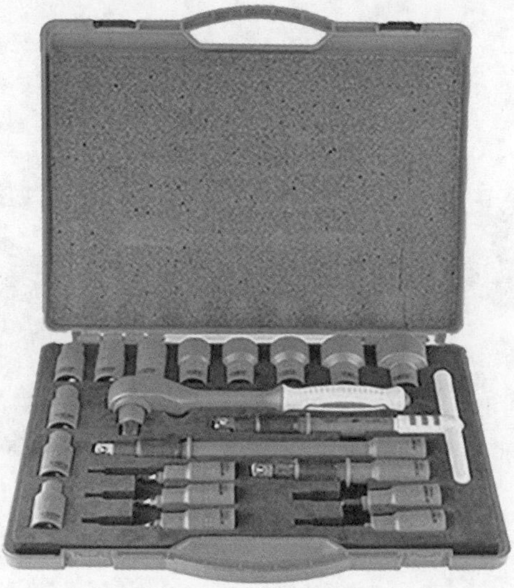

图3-4　绝缘套筒扳手

### 2. 绝缘梅花扳手

双色耐高压绝缘梅花扳手（见图3-5）的表面经镍镀铬工艺处理，具有耐腐蚀、耐磨损、耐高压等优点，属于CAT Ⅱ类绝缘工具，耐高压1 000V，专用于拆卸新能源汽车高压母线、高压电池包螺栓、维修开关以及DC/DC转换器等高压部件螺栓。

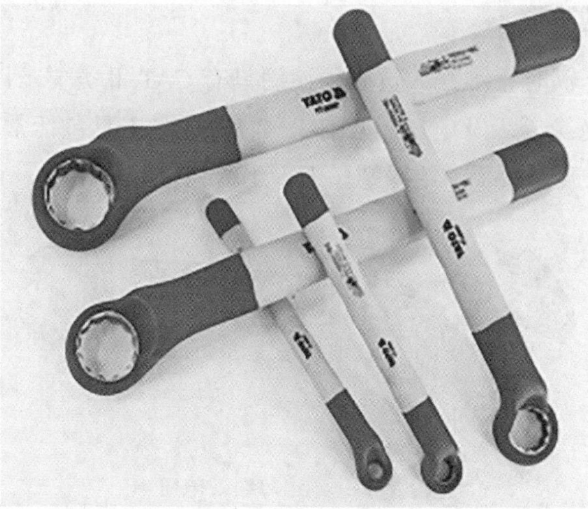

图 3-5　绝缘梅花扳手

**3. 绝缘开口扳手**

双色耐高压绝缘开口扳手（见图 3-6）为铬钒钢锻造，耐压 1 000V，属于 CAT Ⅱ类加强绝缘工具，其优点为硬度高、扭矩大、韧性好、高度绝缘，适用于 PDU、电机控制器、制动器的紧固任务，可以在新能源车辆狭小的空间中进行大力矩的拆装任务。

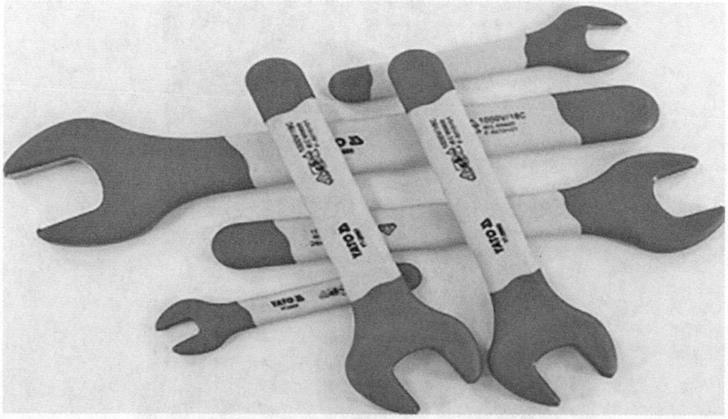

图 3-6　绝缘开口扳手

**4. 绝缘螺丝刀**

绝缘螺丝刀（见图 3-7），耐压 1 000V，属于 CAT Ⅱ类绝缘工具，其优点为抗高压、实用方便、高压绝缘，适用于新能源汽车高压部件螺钉或内饰板的拆卸。

**5. 绝缘钳**

绝缘钳（见图 3-8），耐压 1 000V，属于 CAT Ⅱ类加强绝缘工具，其优点为耐高温及高压绝缘，适用于高压车辆的线束插头拆装工作。

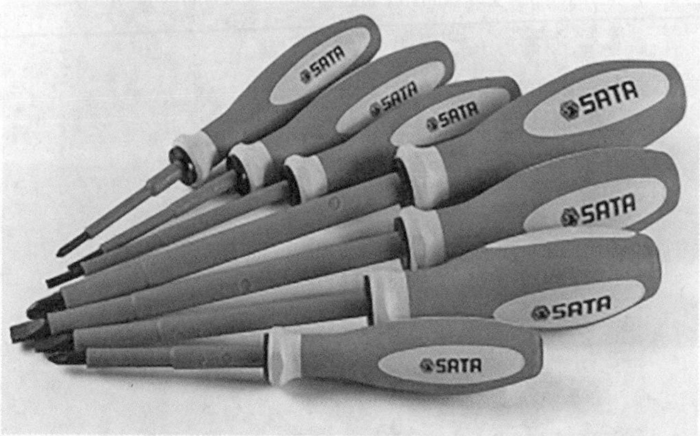


图 3－7　绝缘螺丝刀

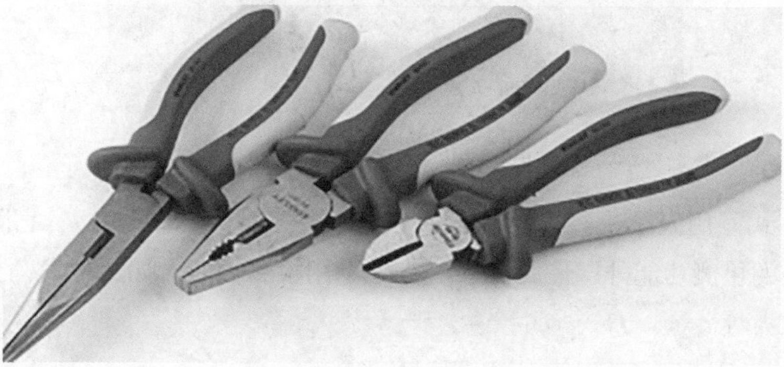

图 3－8　绝缘钳

## 二、检测仪表

新能源汽车维修过程中常使用的检测仪表有数字式万用表、钳形电流表、绝缘电阻测试仪、示波器等。

### （一）数字式万用表

数字式万用表，又称万用计、多用计、多用电表或三用电表，是一种多用途电子测量仪器。数字式万用表一般包含安培计、电压表、欧姆计等功能，主要是对电流、电压和电阻进行测量。常见的数字式万用表见图 3－9。

数字式万用表通常具备以下检测功能：

（1）交流 / 直流电压、电流的检测；

（2）电阻的检测；

（3）二极管的检测；

（4）电容的检测；

（5）频率的检测。

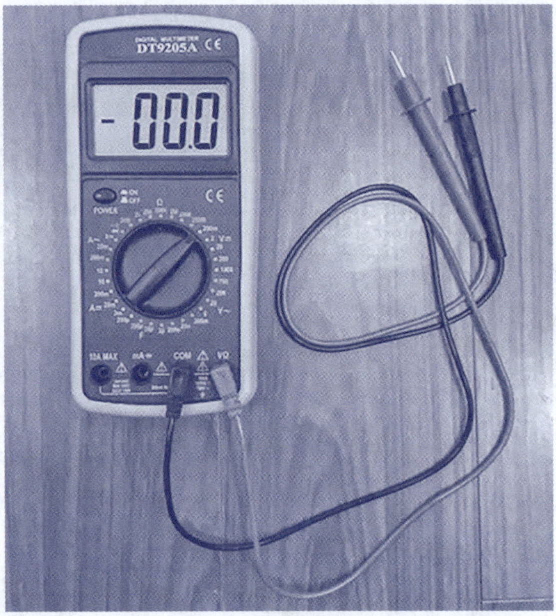


图 3 - 9　数字式万用表

车用数字式万用表是一种多功能的数字式万用表（见图 3 - 10）。它除了具有一般数字式万用表的检测功能外，还具有一些汽车专用检测功能，如测量发动机转速、闭合角、频率、压力等。

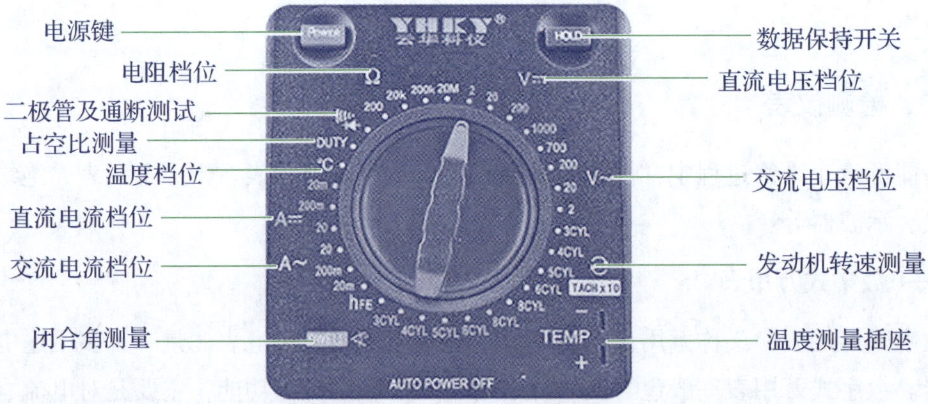


图 3 - 10　车用数字式万用表

万用表不仅是传统汽车电器维修的必备测量仪器，在新能源汽车维修作业中也是十分重要的测量仪器。

## （二）钳形电流表

交直流数字钳形表由一只电流表和穿心式电流互感器组成，穿心式电流互感器的铁芯制成活动开口，且成钳形，故又名钳形电流表（见图 3 - 11）。

图 3－11　钳形电流表

使用普通电流表测量电流时，需要将电路切断停机后，才能将电流表接入进行测量，有时正常运行的电动机不允许这样做。此时，使用钳形电流表就显得方便多了，可以在不切断电路的情况下来测量电流。它是一种不需要断开电路就可以直接测量电路交流电流的携带式仪表。

在新能源汽车检修过程中，常用的钳形电流表为 FLUKE317，它的产品特性如下：

（1）独特的 40A 小量程、高准确度电流测试，达到 0.01A 高分辨率以及 1.6% 高精度测量；

（2）钳头纤薄，体型轻便，更加适合在狭窄空间内使用；

（3）大型的背光显示，便于在黑暗的环境下使用；

（4）启动电流功能，可以测量诸如电动机和照明等设备的启动电流；

（5）电流频率测量；

（6）精确度高于 0.01A 和 0.1V；

（7）交流 / 直流电流、电压测量；

（8）电阻测量。

### （三）绝缘电阻测试仪

绝缘体有阻止电流通过的特性，但若加上高压电，会有少许的漏电流流过绝缘体的内部或表面。绝缘电阻是表征绝缘体阻止漏电流通过能力的大小，阻值越大越好，通常以百万欧计。

绝缘电阻测试仪是一种用于测量高电阻的直读数式仪表，一般用来测量电路、电动机绕组、电缆和电气设备等的绝缘电阻。常见的有手摇式绝缘电阻测试仪、数字式绝缘电阻测试仪（见图 3－12）。

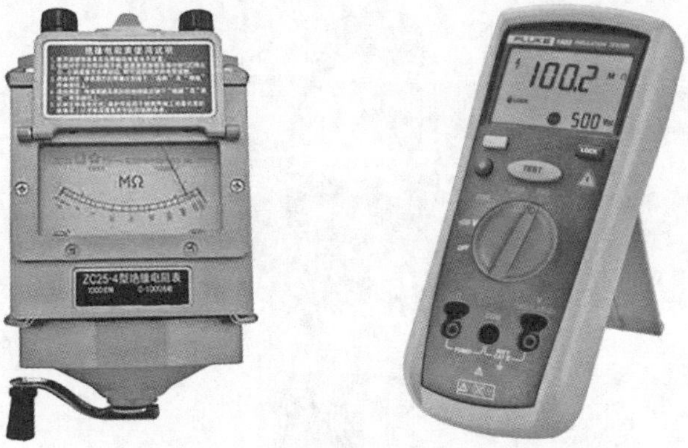


（a）手摇式　　　　　　（b）数字式

图 3－12　绝缘电阻测试仪

选用绝缘电阻测试仪时，规定测试仪输出的电压等级应高于被测物的绝缘电压等级。测量额定电压在 500V 以下的设备或线路的绝缘电阻时，可选用 500V 或 1 000V 绝缘电阻测试仪；测量额定电压在 500V 以上的设备或线路的绝缘电阻时，应选用 1 000 ～ 2 500V 绝缘电阻测试仪；测量绝缘子时，应选用 2 500 ～ 5 000V 绝缘电阻测试仪。

### （四）示波器

示波器是一种用来测量交流电或脉冲电流波的形状的仪器，由电子管放大器、扫描振荡器、阴极射线管等组成。它能将肉眼看不见的电信号变换成看得见的图像，便于人们研究各种电现象的变化过程。利用示波器能观察各种不同信号幅度随时间变化的波形曲线，还可以用它测试各种不同的电量，如电压、电流、频率、相位差、调幅度等。

常见的示波器有台式和便携式两种（见图 3－13）。便携式示波器除了具备普通示波器的示波功能以外，还具有万用表的功能，更有小巧、便携的优点，这也使其在某些特殊场合的应用更加广泛。

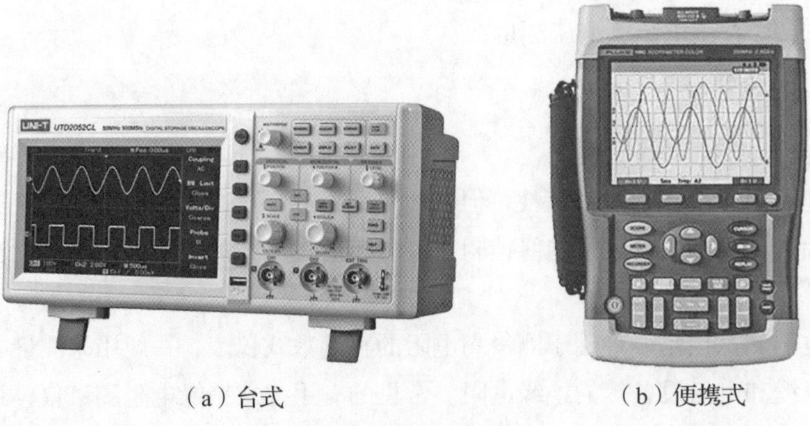


（a）台式　　　　　　（b）便携式

图 3－13　常见的示波器

## 三、故障诊断设备

汽车维修时常用的故障诊断设备有汽车诊断仪，它是车辆故障自检终端，又称为汽车解码仪，是用于检测汽车故障的便携式智能汽车故障自检仪，用户可以利用它迅速地读取汽车电控系统中的故障，并通过液晶显示屏显示故障信息，迅速查明发生故障的部位及原因。

汽车诊断仪具有读取故障码、清除故障码、读取动态数据流、执行元件动作测试、系统匹配等功能。

（1）读取故障码。可将存储在车用电脑中的故障码和含义显示在屏幕上，以便阅读。

（2）清除故障码。清除存储在车用电脑中的故障码。

（3）读取动态数据流。可对传感器和执行器的动态参数进行实时监测。动态参数如车速、变速器挡位状态等。

（4）执行元件动作测试。可通过车用电脑向执行元件发出指令，并执行相应动作，如散热器风扇运转。

（5）系统匹配。利用诊断仪可对汽车电子控制系统进行基本调整和设置，如匹配钥匙。

（6）其他功能。某些诊断仪具有万用表、示波器、汽车维修资料库、打印输出和网络升级等功能。

注意：诊断仪的功能随测试软件的版本而异，也随被测车系和年款不同而不同。

在传统汽车电控系统维修工作中，诊断仪是必不可少的。新能源汽车尤其是纯电动汽车上的电控系统更多、更复杂，因此在新能源汽车的维修工作中，诊断仪同样具有十分重要的作用。

有三种类型的解码仪可供技术人员使用，分别是常规车载自动诊断解码仪（OBD-II解码仪）、涵盖范围更广的通用解码仪（道通、元征等品牌）、原厂解码仪（由汽车厂家开发和授权，给经销商使用）。常见的元征X431解码仪见图3－14。

图3－14　元征X431解码仪

欧克勒亚 S8 EV 新能源汽车诊断仪主要包括诊断仪主机、诊断盒、测试主线 3 部分。如图 3－15 所示，诊断盒上有 4 个指示灯，分别是 Power（电源指示灯）、Wireless（蓝牙连接指示灯）、USB（USB 连接指示灯）和 Vehicle（车辆诊断指示灯）。诊断仪主机与诊断盒既可通过 USB 有线连接，也可通过蓝牙无线连接。

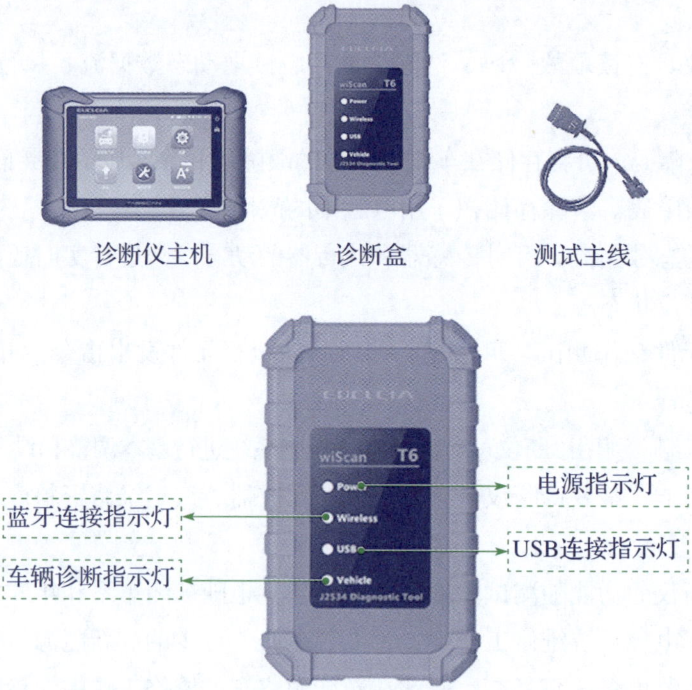


图 3－15　诊断盒指示灯

## 任务实施

### 一、任务准备

1. 操作防护装备：绝缘防护套装（包括护目镜、绝缘胶鞋等）；

2. 实训场地（新能源汽车智能制造实训中心）：新能源汽车、动力总成台架、动力电池单体；

3. 操作工具：绝缘拆装工具、钳形电流表、绝缘电阻测试仪、示波器、吉利帝豪 EV450 专用解码仪；

4. 辅助材料：无。

### 二、操作步骤

实训任务主要为识别新能源汽车维修工具和检测设备，并说明其用途。

1. 分别认识各种绝缘拆装工具的外观、型号、规格和用途。

2. 分别认识数字万用表、钳形电流表、绝缘电阻测试仪、示波器的外观、型号、规格和用途。

3. 认识吉利帝豪 EV450 专用解码仪的外观、型号、规格和用途。

## 任务评价

本任务权重分配表

| 项目 | 分数 | 评分标准 | 过程分析 | 实得分数 | 备注 |
| --- | --- | --- | --- | --- | --- |
| 识别绝缘拆装工具 | 30 | 1. 能正确识别绝缘拆装工具及检测设备；<br>2. 能正确说出检测设备的用途；<br>3. 能做到工具的 6S 管理。 | | | |
| 识别检测设备 | 30 | | | | |
| 说出检测设备的用途 | 30 | | | | |
| 设备的 6S 管理 | 10 | | | | |
| 总　分 | | | | | |

## 学习测试

### 一、填空题

1. 汽车解码仪主要有________、________和________3 种。

2. 数字式万用表通常具备________________、________、________、________和________检测功能。

3. 示波器是一种用来测量________或________________的仪器。

### 二、判断题

1. 绝缘拆装工具只要有塑料柄就能使用。（　　）

2. 新能源汽车所有的零部件拆装都必须使用绝缘拆装工具。（　　）

3. 绝缘测试只能在通电的电路上进行。（　　）

### 三、单选题

1. 绝缘拆装工具必须装有耐压（　　）以上的绝缘柄。

A. 220V　　B. 500V　　C. 1 000V　　D. 10 000V

2. 以下仪器设备中，电动汽车维修特有的是（　　）。

A. 数字式万用表

B. 绝缘电阻测试仪

C. 示波器

D. 汽车诊断仪

3. 汽车诊断仪通常具备的检测功能是（　　）。

A. 读取 / 清除故障码

B. 读取动态数据流

C. 执行元件动作测试

D. 以上都正确

**工匠精神**

## 成功不是偶然，是一点一滴的积累

榜样力量

成功不是偶然

王光挣，目前是浙江豪情汽车制造有限公司模具班班长，从事模具行业已经 28 年，2000 年加入浙江豪情汽车制造有限公司。他刚进入公司的时候，模具基本都依靠人员的手工操作。那时候他的模具维修经验还不够，与别的老员工相比，返工更多。他觉得做汽车模具又苦又累，曾一度想过放弃，但在师傅的开导下，渐渐明白做模具是一门手艺、是个技术活儿，把技术学好了，自然就不觉得辛苦了。

从那时起，王光挣开始加强对模具的学习和研究，多读书、多实践是他的秘诀。其次就是反复的实操练习。特别在 2010 年，为获得全国模具工技能大赛的参赛资格，王光挣利用一切业余时间进行学习训练。在实操训练时，为了又快又好地完成工件制作，他对自己提出了更高的训练要求，手心多次练到起泡；理论上有遇到不懂的问题，他晚上查找资料，研究到深夜。天道酬勤，全国模具工技能大赛中的工差要求是 0.02 毫米内，而他却以“0.01 毫米”极高的精准度一举夺魁，并被授予“全国机械工业技能标兵”的称号。

在一切荣誉面前，王光挣并没有停止前进的脚步，而是多了份责任和担当，想着将技能和经验传授给他人。他先后成立了“模具钳工技能大师工作室”“王光挣技能大师工作室”等班组，利用这些平台更好地组织和培养团队，为企业解决困难，同时通过不断的学习交流、技艺传授来提高员工的自身素质和创新能力，影响并激发他们的敬业精神、工匠精神和学习热情。

任务 2

# 常用新能源汽车维修工具及检测设备的使用

## 任务描述

小王是一家新能源汽车 4S 店维修实习人员，现如今实习期已满，维修主管对小王进行实习考核，其中一项任务就是让他使用新能源汽车维修工具及检测设备，他能完成这个任务吗？

## 相关知识

作为一名新能源汽车维修人员，熟练使用各种维修工具、检测设备是进行新能源汽车维修的必要前提，也是在实际工作中必备的专业技能。

### 一、绝缘拆装工具的使用

在新能源汽车维修过程中，绝缘拆装工具的使用方法与传统汽车拆装工具相同，但绝缘拆装工具使用时需注意以下事项：

绝缘拆装工具应存放在良好、清洁、干燥的环境下，使用时如果发现绝缘拆装工具损伤或受潮，应及时进行检修和干燥处理，经试验合格后才能继续使用。按照规定，绝缘拆装工具应定期进行绝缘性能试验，不符合要求的，禁止使用。

### 二、检测仪表的使用

#### （一）数字式万用表

**1. 数字式万用表的使用方法**

使用数字式万用表前应认真阅读有关的使用说明书，熟悉电源开关、量程开关、普通插孔、特殊插孔的作用。

开机时，应先打开数字式万用表的电源开关（电源开关置于“ON”位置），再将量程转换开关置于电阻档，对数字式万用表进行使用前的检查：将两表笔短接，显示屏应显示“0.00”；将两表笔开路，显示屏应显示“1”。如果以上两个显示都正常，则表明该表可以正确使用，否则将不能使用。

检测前应估计被检测的范围，尽可能选用接近满度的量程，这样可提高检测精度。

如果预先不能估计被检测值的大小，可从最高量程档开始测，逐渐减小到合适的量程位置。当检测结果只显示“1”，其他位均消失时，表明被测值超出所在档范围，应选择更高一档量程。

数字式万用表在刚检测时，显示屏的数值会有跳数现象，属于正常现象。应当待显示数值稳定后，才能读数。不能以最初跳动变化中的某一数值当作检测值读取。

使用结束后，对于没有自动关机功能的数字式万用表应将电源开关拨至“OFF”（关闭）状态。若长期不用，应取出电池。

常见数字式万用表的操作面板说明见图 3－16。

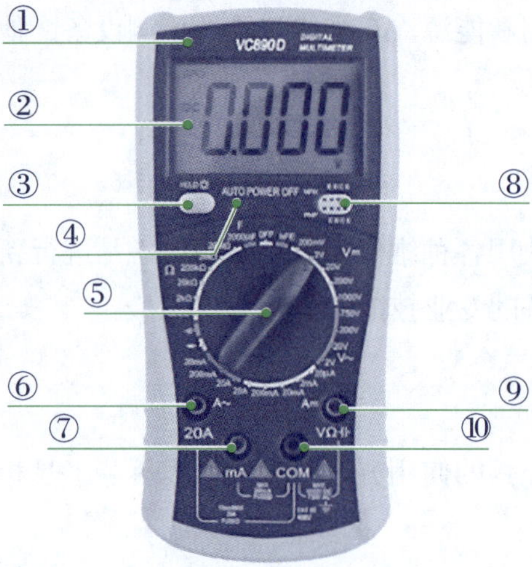


操作面板说明：
①型号栏
②液晶显示屏：显示仪表测量的数值
③背光灯/自动关机开关及数据保持键
④发光二极管：断开检测时报警用
⑤旋钮开关：用于改变测量功能及量程
⑥20A电流测试插孔
⑦20mA电流测试插孔
⑧三极管测试孔：测试三极管输入口
⑨电压、电阻、二极管“+”极插孔
⑩电容、温度、“–”极插孔

图 3－16　常见数字式万用表的操作面板说明

### 2. 数字式万用表测量电阻

将数字式万用表开关转到电阻档的适当位置并校零后，即可测量电阻值。测试前应将被测电路的电源切断，然后将表笔接至被测电阻两端（见图 3－17）。

汽车上很多电气设备的技术状态可通过检测其电阻值的方法来判断，可检查电气元件和线路的断路、短路等故障。检测时应注意以下两点：

（1）不要用手触及元件裸露的两端，以免人体电阻与被测电阻相并联，使测量结果不准确。

（2）如果两笔短接，“Ω”调零旋钮旋至最大，指针仍达不到 0 位，这种现象常是表内电池量不足造成的，应换上新电池方能准确测量。

### 3. 数字式万用表测量直流电压

将数字式万用表开关转到直流电压档，将表笔并联于被测电路中，将测试表笔接至被测件两端（见图 3－18）。用测电压的方法可以检查电路上各点的电压（信号电压或电源电压）以及电气部件上的电压降。需要注意的是，测直流电压时，要分清表笔正极与负极。

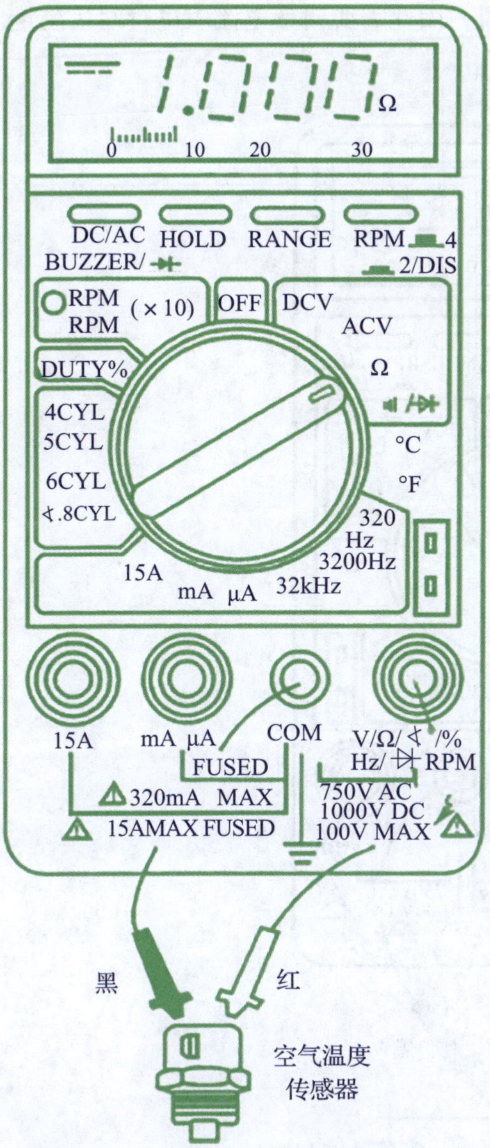


图 3－17 数字式万用表测量电阻

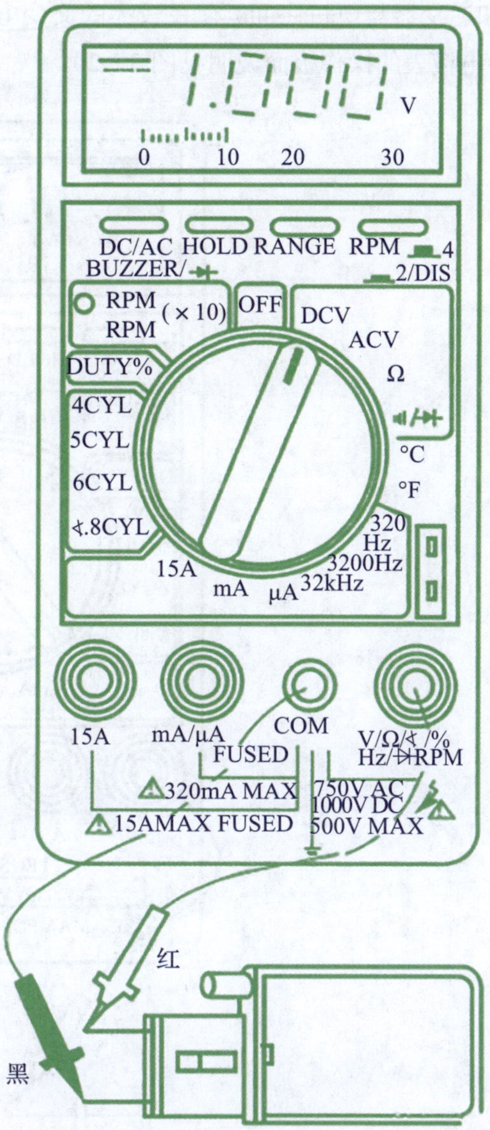


图 3－18 数字式万用表测量电压

**4. 数字式万用表测量直流电流**

将数字式万用表串联于被测电路中，其中红色（+）表笔接电流输入端、黑色（–）表笔接电流输出端，注意不能反接。将转换开关转到“电流”档，并选择测试量程，为避免数字式万用表超负荷，可选稍大点的量程，但也不能使用量程过大，一般应使测试值达到全量程的 1/2 ～ 3/4，以减少测试误差（见图 3－19）。

**（二）钳形电流表**

在电动汽车维修与诊断时，经常会需要测量导线中的电流。由于驱动系统的导线

（如逆变器与电机之间）存在较大的交变电流，因此需要钳形电流表进行间接测量。钳形电流表的操作板面说明见图 3－20。

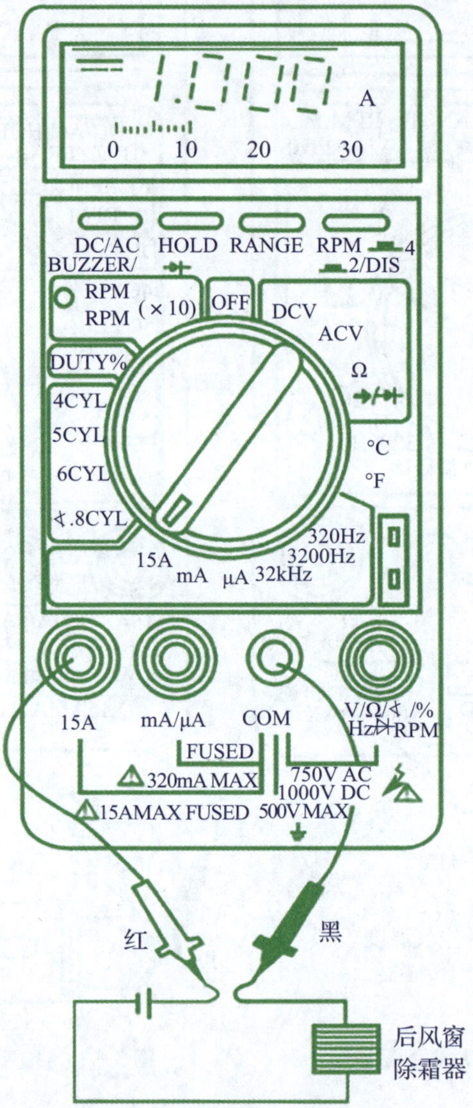


图 3－19　数字式万用表测量电流

在测量电流时，可以按以下步骤进行：

（1）估算电流大小，选择正确档位与电流类型。例如，如果需要测量三相电机的一相电流，选择交流电流档（见图 3－21）。

（2）打开电流钳，将被测量线路放入电流钳口之中。注意：测量时应该保持钳口闭合，否则将测量出不正确的电流（见图 3－22）。

（3）接通被测量装置，读取电流值。

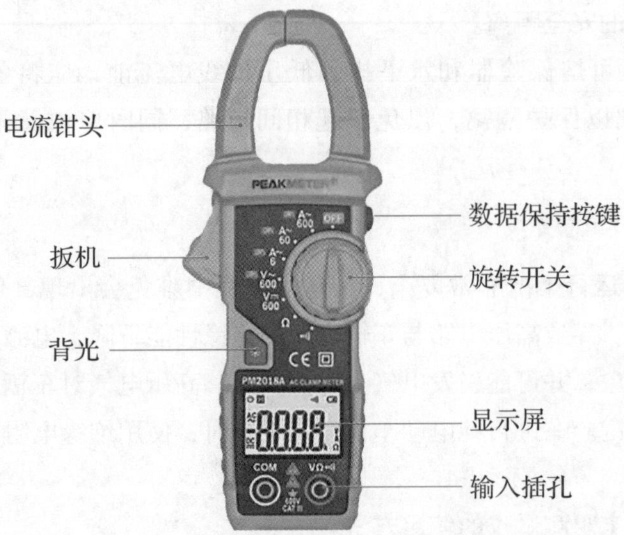


图 3－20　钳形电流表的操作面板说明

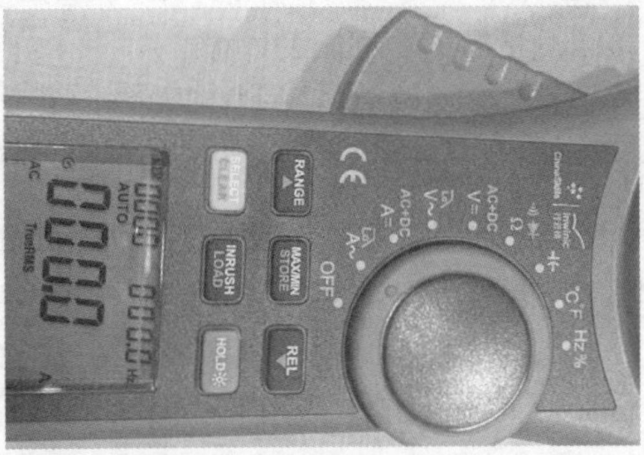


图 3－21　档位选择

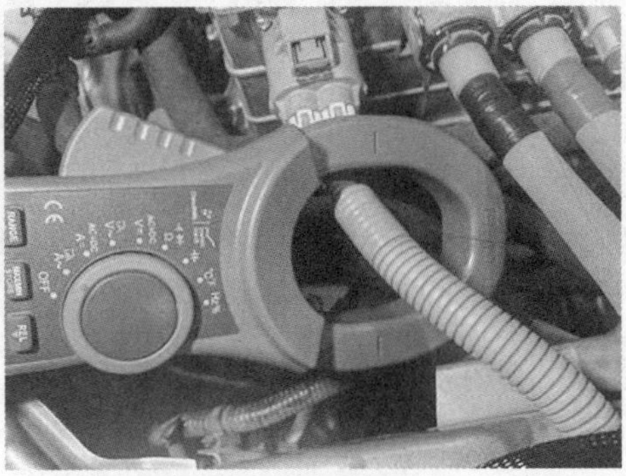

图 3－22　钳口闭合测试

在使用钳形电流表时需要注意以下事项：

（1）使用前根据被测对象是交流电还是直流电，选择交流钳形电流表或交直流两用钳形电流表。

（2）被测导线应置于钳口的中央，每次只能测量一相导线的电流，不可将多相导线同时置于钳口进行测量。

（3）测量前应先估计被测电流的大小，以选择合适的量程档位；若无法估计则可先选用最大量程，然后逐渐减小至准确档位，不能使用小档位去测量大电流，以免造成损坏。

（4）钳形电流表的钳口接合面必须清洁光亮，否则应擦拭干净，测量时应使钳口紧闭，使用后钳形电流表应保存在清洁、干燥的室内。

（5）使用钳形电流表应注意电压等级，测量时戴绝缘手套，穿绝缘胶鞋，人身不得触及其他设备或墙体等，以防发生安全事故。观察测量结果时要特别注意周围环境，保持头部与带电部分的安全距离。

（6）测量低压可熔保险器和水平排列低压母线电流前，应将各相可熔保险器和母线用绝缘材料加以保护隔离，以免引起相间短路，同时应注意不得触及其他带电部分。

### （三）绝缘电阻测试仪

新能源汽车的运行工况非常复杂，在运行过程中难免会出现部件和导线之间的摩擦、碰撞、挤压等，导致高压电路与车辆之间的绝缘性能下降，电源正负极通过绝缘层和底盘造成漏电现象，并可能引发电气火灾。因此，高压电气对车辆底盘的绝缘性是新能源汽车的技术关键。在进行纯电动车检查和维护时，使用绝缘电阻测试仪检测绝缘性能也是至关重要的。

#### 1. 手摇式绝缘电阻测试仪的使用方法

手摇式绝缘电阻测试仪有三个接线端子：第一个标有“线路”或“L”的端子（也称相线）接于被测设备的导体上；第二个标有“地”或“E”的端子接于被测设备的外壳或接地；第三个标有“屏蔽”或“G”端子接于测量时需要屏蔽的电极。

检修人员使用手摇式绝缘电阻测试仪前，应戴好绝缘手套，并要检查指针的“0”与“∞”位置是否正确。检查方法是：先使“L”“E”两端子开路，将绝缘电阻测试仪放在适当的水平位置，摇动手柄至发电机额定转速（一般为120r/min）后，指针应指在“∞”位置上。如果不能达到“∞”，则说明测试用引线绝缘不良或绝缘电阻测试仪本身受潮。应用干燥清洁的软布，擦拭“L”端与“E”端子间的绝缘，必要时将绝缘电阻测试仪放在绝缘垫上，若还达不到“∞”值，则应更换测试引线。然后将“L”“E”两端子短路，轻摇发电机，指针应指在“0”位置上。如指针不指零，则说明测试引线未接好或绝缘电阻有问题。

手摇式绝缘电阻测试仪的测试引线应选用绝缘良好的多股软线，“L”“E”两端子引线应独立分开，避免缠绕在一起，以提高测试结果的准确性。

在摇测绝缘时，应使绝缘电阻测试仪保持额定转速，一般为120～150r/min。测试开始时先将“E”端子引线与被测设备外壳和地相连接，待转动摇柄至额定转速后再将“L”端子引线与被测设备的测试极相碰接，等指针稳定后（一般为1min），读取并记录电阻值。在整个测试过程中，摇柄转速应保持恒定匀速，避免忽快忽慢。测试结束时，应先将“L”端子引线与被测设备的测试极断开，再停止摇柄转动。这样做主要是防止被测设备的电容对绝缘电阻测试仪的反充电而损坏表针。

绝缘电阻测试仪测量绝缘电阻接线和方法见图3－23。

测量照明或电力线路对地的绝缘电阻，E接线端可靠接地，L接线端与被测线路相连［见图3－23（a）］。

测量电动机的绝缘电阻，将绝缘电阻表的接地端 E 接机壳，L 接线端接电机的绕组，然后进行摇测［见图 3 - 23（b)］。

测量电缆的线芯和外壳的绝缘电阻时，除将外壳接 E，线芯接 L 外，中间的绝缘层还需和 G 相接［见图 3 - 23（c)］。

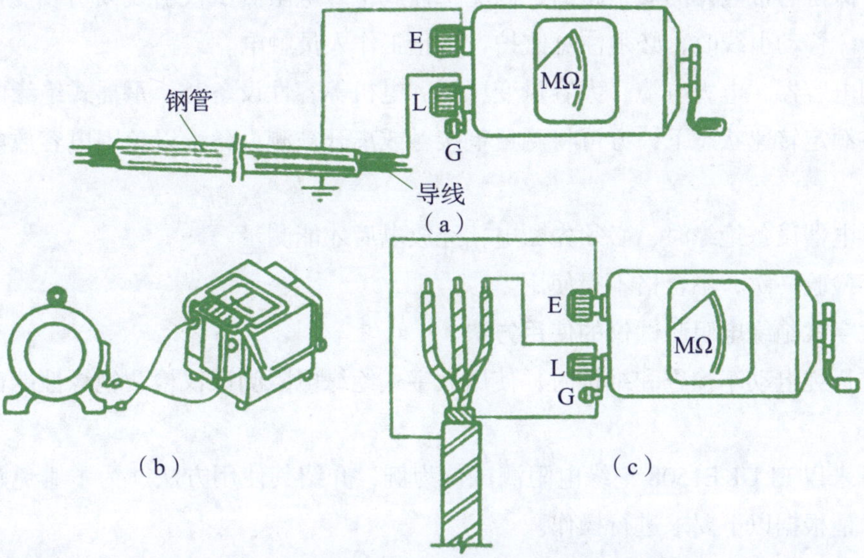


图 3 - 23　绝缘电阻测试仪测量绝缘电阻接线和方法

测量时，转动手柄要平稳，应保持 120r/min 的转速。电气设备的绝缘电阻随着测量时间的长短不同，通常以 1min 后的指针指示为准。测量中如果发现指针指向 0，应停止转动手柄，以防表内线圈过热而烧坏。

只有在绝缘电阻测试仪停止转动和被测设备放电以后，才可用手拆除测量连线。

使用绝缘电阻测试仪记录读数时，应同时记录当时的环境温度和湿度，以便于比较不同时期的测量结果，分析测量误差的原因。

绝缘电阻测试仪接线柱的引线，应采用绝缘良好的多股软线，同时各软线不能绞在一起。

**2. 手摇式绝缘电阻测试仪使用注意事项**

手摇式绝缘电阻测试仪的发电机电压等级应与被测设备的耐压水平相适应，以避免被测物的绝缘击穿。

禁止摇测带电设备，当摇测双回路架空线路或母线时，若一路带电，则不得测量另一路的绝缘电阻，以防高压的感应电危害人身和仪表的安全。

严禁在有人工作的线路上进行测量工作，以免危害人身安全。雷电时禁止用绝缘电阻测试仪在停电的高压线路上测量绝缘电阻。

在手摇式绝缘电阻测试仪没有停止转动或被测设备没有放电之前，切勿用手触及被测设备或绝缘电阻表的接线柱。

使用手摇式绝缘电阻测试仪摇测设备绝缘时，应由两人负责。

摇测用的导线应使用绝缘线，两根引线不能绞在一起，其端部应有绝缘套。

在带电设备附近测量绝缘电阻时，测量人员和手摇式绝缘电阻测试仪的位置必须选择适当，保持与带电体的安全距离，以免手摇式绝缘电阻测试仪引线或引线支持物触碰带电部分。移动引线时，必须注意监护，防止工作人员触电。

摇测电容器、电力电缆、大容量变压器、电机等容性设备时，手摇式绝缘电阻测试仪必须在额定转速状态下，方可将测量笔接触或离开被测设备，以免因电容放电而损坏仪表。

测量电器设备绝缘时，必须先断电，经放电后才能测量。

每年检验一次，不合格不得使用。

**3. 数字式绝缘电阻测试仪的使用方法**

在进行纯电动车检查和维护时，使用数字式绝缘电阻测试仪检测绝缘性能也是至关重要的。

接下来以 FLUKE1508 绝缘电阻测试仪为例，介绍其使用方法。为了避免触电或人身伤害，请根据以下要求进行操作。

在将测试仪与被测电路连接之前，始终记住选用正确的端子、开关位置和量程档。

使用测试仪测量已知电压来验证测试仪操作是否正常。

使用测试导线时，手指应保持在保护装置的后面。

使用测试仪前应先检查测试导线的连通性，如果读数过高或有噪声，则不宜使用。

端子之间或任何一个端子与接地点之间施加的电压不能超过测试仪上标明的额定值。

测试电阻、连通性、二极管或电容以前，必须先切断电源，并将所有的高压电容器放电。

切勿在爆炸性气体或蒸汽附近使用测试仪。

打开测试仪的机壳或电池盖以前，必须先把测试导线从测试仪上取下，不能在测试仪后盖打开的情况下使用测试仪。

如果测试仪或测试导线已经损坏，或者测试仪无法正常操作，则勿使用。

FLUKE1508 绝缘电阻测试仪的操作面板说明如图 3－24 所示。

在使用时，按照以下步骤进行：

（1）使用绝缘电阻测试仪须佩戴绝缘手套、护目镜。

（2）测量前，须进行开路测试与短路测试。

开路测试：将档位调至 1 000V，将两表笔分开并按下“测试”按钮，绝缘电阻值为 0Ω，则正常（见图 3－25）。

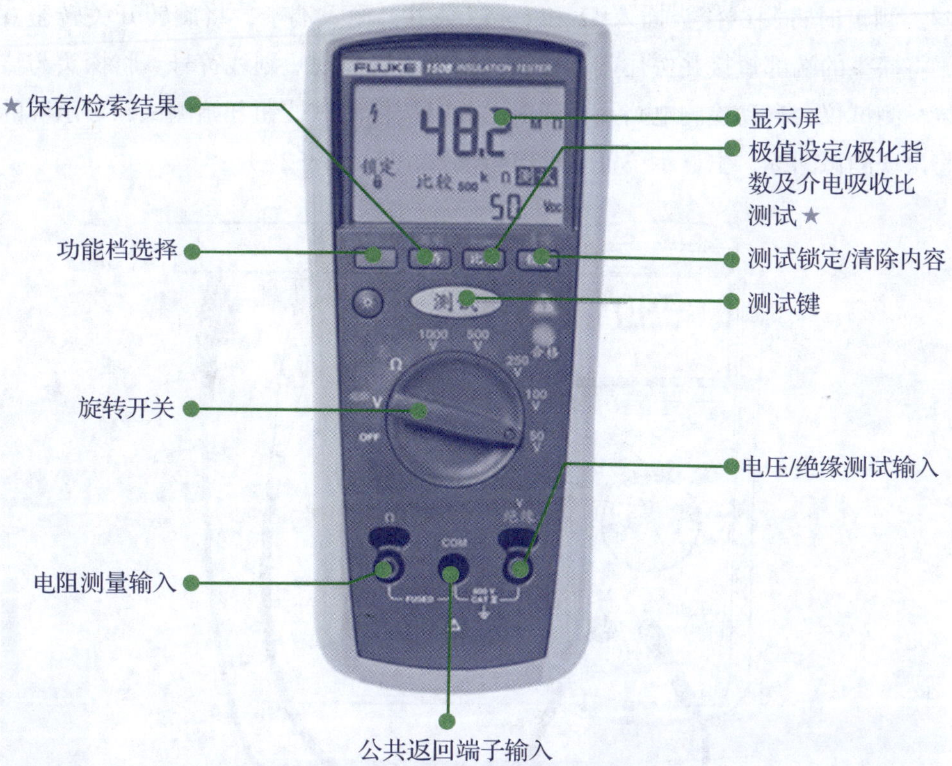


注：标★功能为 FLUKE1508 独有。

**图 3－24　FLUKE1508 绝缘电阻测试仪的操作面板**

短路测试：将档位调至 1 000V，将两表笔交叉接触并按下“测试”按钮，绝缘电阻值为 11GΩ，则正常（见图 3－26）。

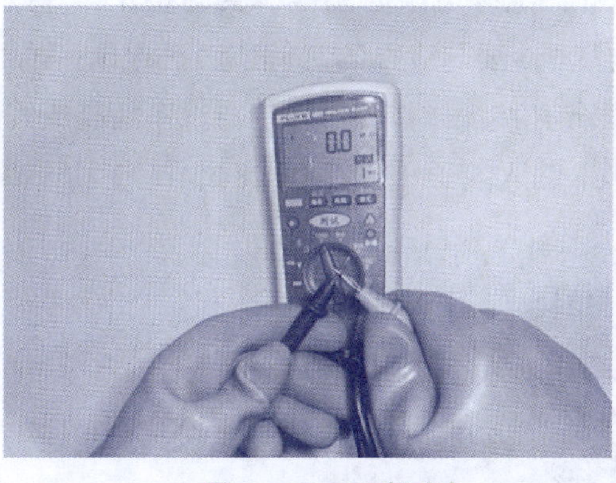

**图 3－25　开路测试**

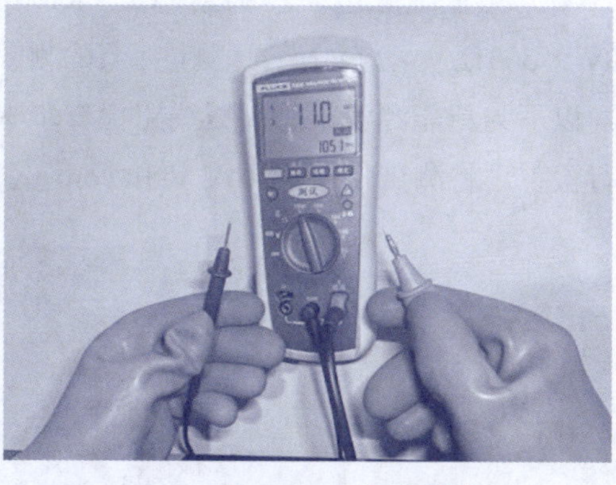

**图 3－26　短路测试**

（3）可以进行绝缘测试作业：根据欧洲经济委员会电动汽车安全法规（ECE－R100）标准，绝缘电阻必须至少为 500Ω/V，将红表笔连接测量点，黑表笔连接搭铁点，绝缘阻值应大于或等于“测量出的电压”×500Ω/V。

（4）测量接地耦合电阻。电阻测试只能在不通电的电路上进行。测试之前，先检查保险丝。测量时将测试探头插入 Ω 和 com（公共）输入端子，将旋转开关转至 0Ω 档位置，将探头的端部短接并按住蓝色按钮等到显示屏出现短划线符号。将探头与待测电路连接，测试仪会自动检测电路是否通电。此时按住测试按钮开始测试，显示屏的下端位置将出现测试图标，主显示位置显示电阻读数（见图 3 - 27）。

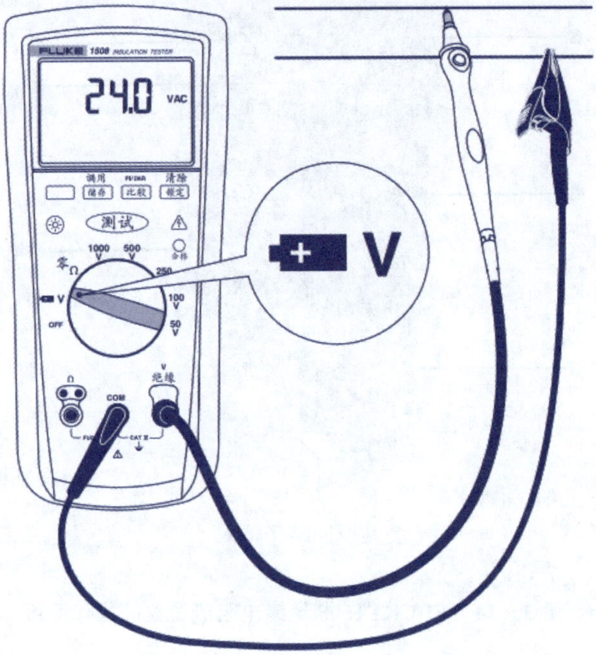


图 3 - 27　测量接地耦合电阻

（5）测量绝缘电阻。根据 ECE - R100 标准，绝缘电阻必须至少为 500Ω/V。例如：288V × 500Ω/V = 0.144MΩ，测量工具的测量电压至少要与检测部件的常规工作电压一样高。

以下为新能源汽车的高压线路检查步骤，务必按操作步骤对新能源汽车的高压线路进行检查。将测试仪探头插入 V 和 com（公共）输入端子（见图 3 - 28）。

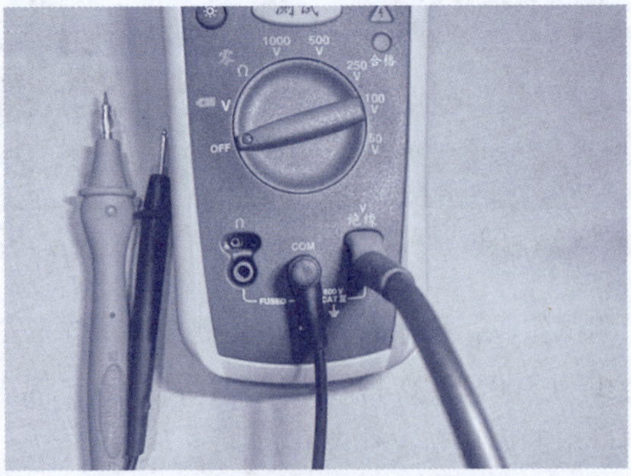

图 3 - 28　V 和 com（公共）输入端子

进行开路测试、短路测试。

将旋钮开关转至所需的测试电压。

明确被测电路工作电压，并确认已断电。

连接测量位置，按压“测试”按钮和红表笔上的“测试”按钮（见图 3－29），此时将获得一个有效的绝缘电阻值读数。

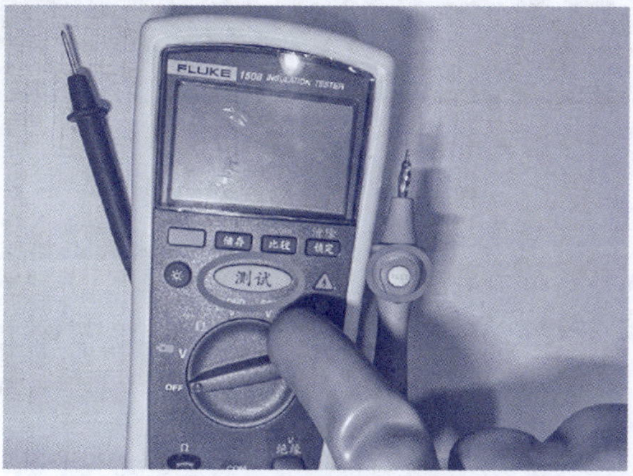


图 3－29　测试按钮位置

### （四）示波器

以 Hantek BTHP101 便携式示波器为例，介绍示波器的使用及注意事项。示波器在使用过程中应注意通风，可在产品的两端以及顶部留出 5cm 以上空间以便使示波器散热正常。使用前应按以下步骤对示波器进行快速功能检查。

#### 1. 打开示波器

按下“打开 / 关闭”按键，按下“ CH1”按键，探头选项默认的衰减设置为 1X（见图 3－30）。

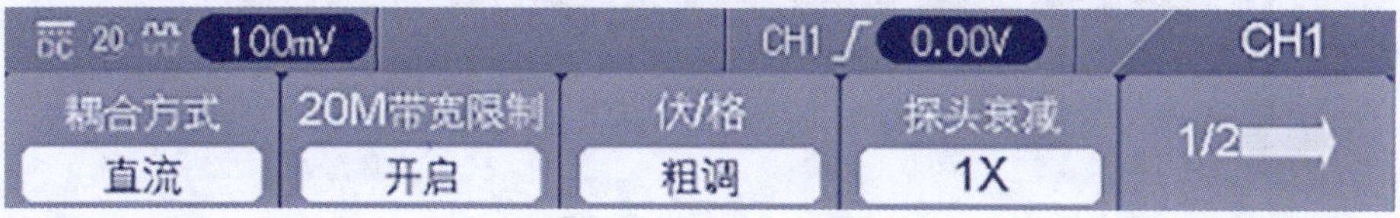


图 3－30　默认探头参数

#### 2. 示波器接入信号

在探头上将开关设定到 1X 并将探头连接到示波器的通道 1 上（见图 3－31）。要进行此操作，将探头连接器上的插槽对准 CH1 BNC 上的凸起，按下去即可连接，然后向右转动将探头锁定到位，将探头端部和基准导线连接到“探头元件”连接器上，其面板上的标注为：探头补偿～ 2V@1KHz。

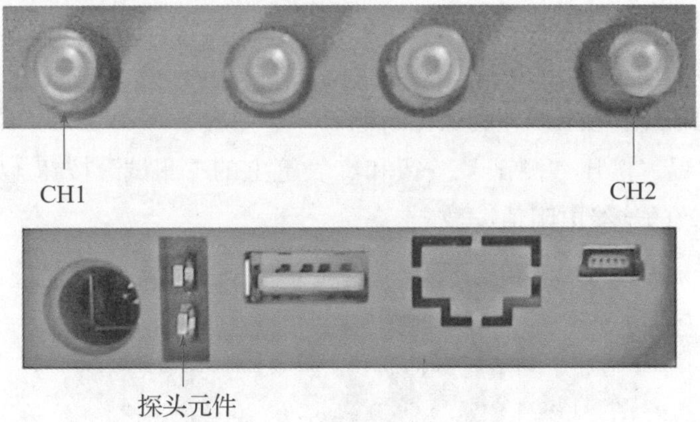


图 3 - 31　示波器接入信号

**3. 观察波形**

按下“自动设置”按键。在数秒钟内，会看到频率为 1kHz、电压为 2V 峰-峰值的方波。按两次“CH1 菜单”按键删除通道 1，按下“CH2 菜单”按键显示通道 2，再重复 2、3 步，就可以观察第二通道（见图 3 - 32）。

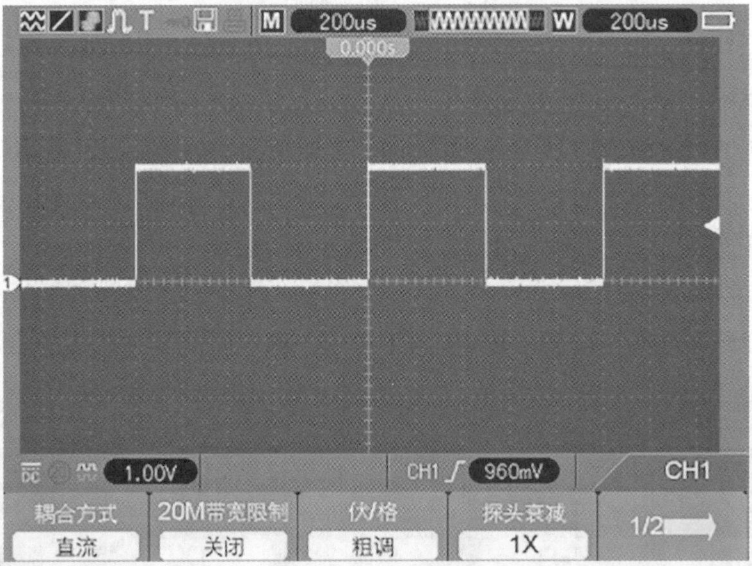


图 3 - 32　观察波形

当完成示波器快速功能检查后，可以按以下步骤进行波形测量：

（1）将示波器探头的开关设定为 10X；

（2）按下 CH1 MENU（CH1 菜单）按键，调节探头菜单为 10X；

（3）将通道 1（CH1）的探头连接到电路的测试点上；

（4）按下“AUTO”按钮，将会显示波形（见图 3 - 33）。

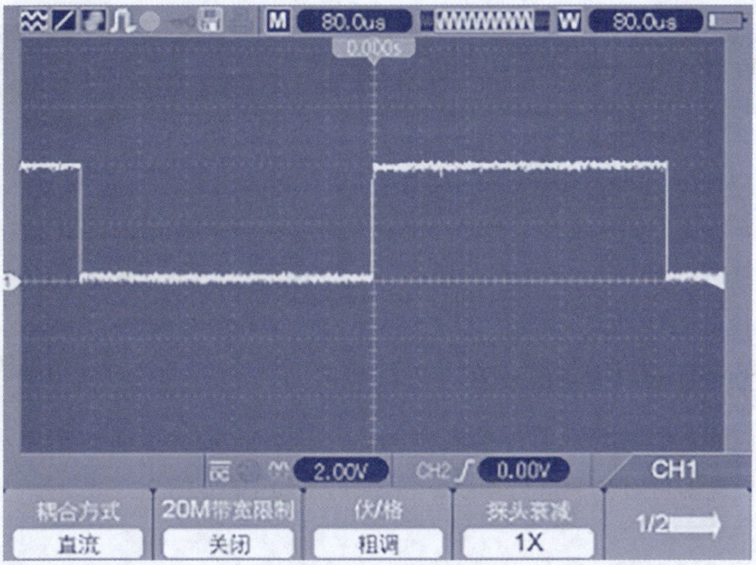


图 3-33　显示波形

在使用示波器时，应注意以下使用事项：

（1）请勿在潮湿、易燃易爆环境下操作；

（2）请保持产品表面的清洁和干燥；

（3）在探头连接到被测量电路之前，先将探头连接示波器，在探头与示波器断开之前，请先将探头和被测电路断开；

（4）电源接通后，请勿接触外露的接头和元件。

## 三、解码仪的使用

以 BTXD001 解码仪为例，介绍解码仪的使用及注意事项。

### （一）主机外观及接口示意

BTXD001 解码仪主机外观见图 3-34，接口示意见图 3-35。

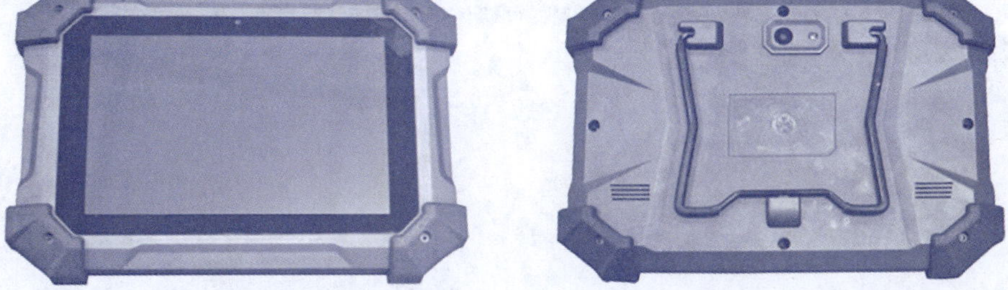

（a）主机正面　　（b）主机背面

图 3-34　主机外观

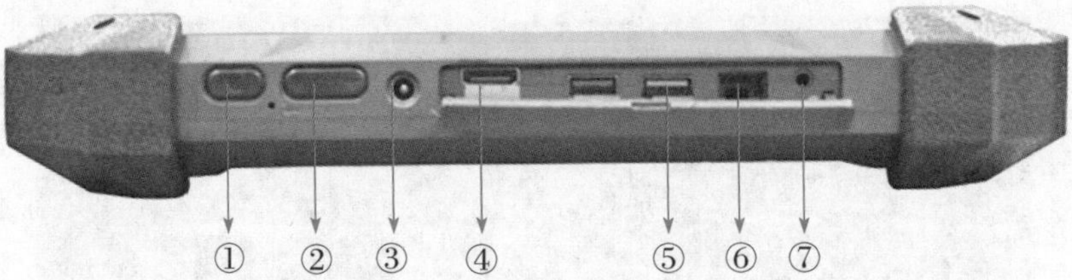


主机上方接口说明：①电源键开关；②音量键加减；③电源充电口；④ HDMI 接口；⑤ USB 接口；⑥网线接口；⑦耳机接口。

图 3－35　接口示意

## （二）BTXD001 解码仪操作步骤

（1）用主测试线将主机通过诊断盒与汽车进行连接，接通汽车点火开关，按下 BTXD001 开机键即可对车辆进行诊断，主界面及子菜单见图 3－36。

图 3－36　主界面及子菜单

（2）点击想要诊断车辆的图标，便可执行诊断，诊断界面见图 3－37。

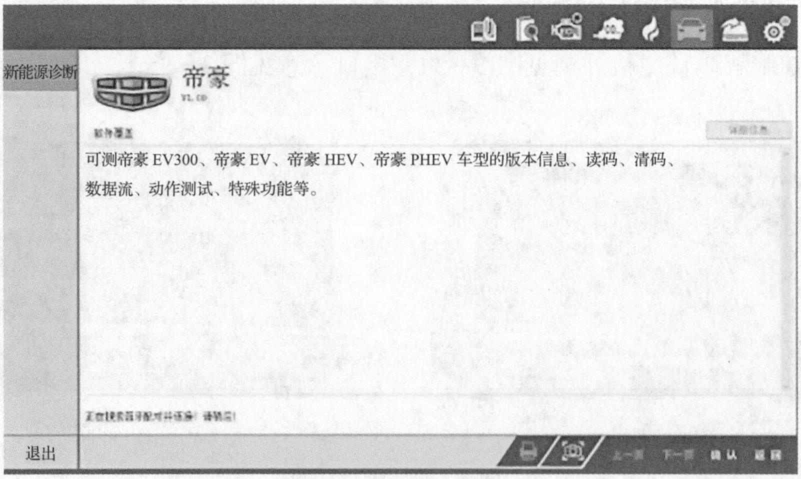


图 3－37　诊断界面

（3）点击“确认”进入车型的选择，界面见图 3－38。

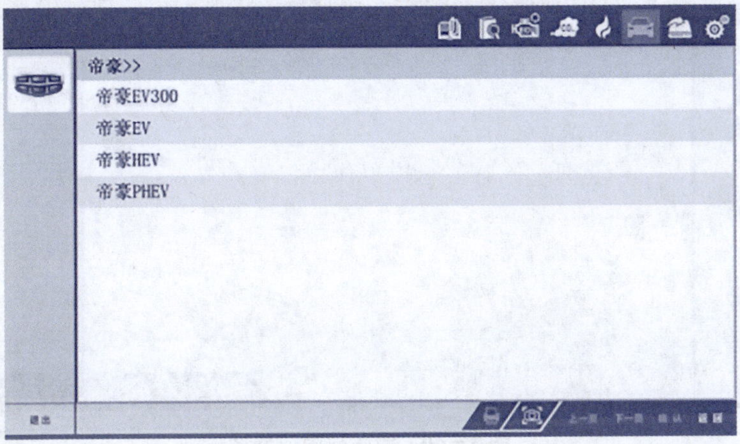


图 3－38　车型选择界面

（4）确认好车型，便可以进行诊断操作，常见的诊断有以下内容。

读取故障码：读取电控 ECU 中存储的故障码（见图 3－39）。

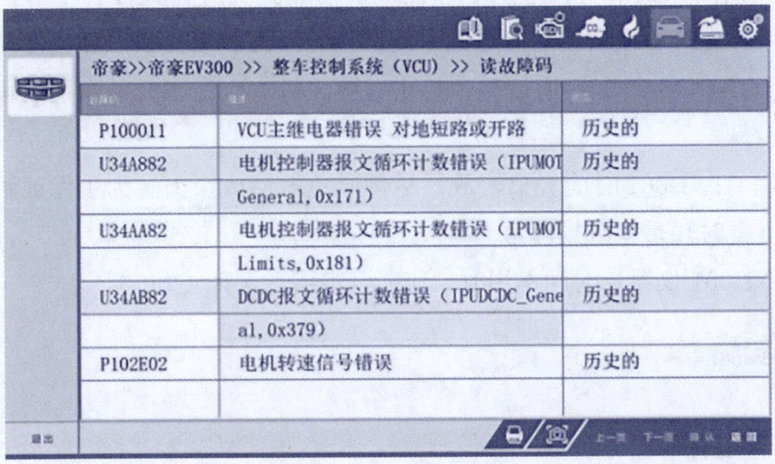


图 3－39　故障码界面

清除故障码：清除 ECU 中存储的当前和历史故障码记忆，只有在故障全部排除完了之后才能够清除（见图 3－40）。如果有故障没有排除，就不能成功清除故障码，故障码就始终保存在 ECU 中，诊断仪一直能读取该故障码。

读取数据流：即读取现在车辆正在运行的参数，如 CC、CP 自锁开关开启与关闭及轮速等。通过这些参数，维修人员就可以直接判断哪些方面出现了问题，这样有助于缩小维修范围。

（5）完成诊断工作后，退出诊断程序，回到诊断仪主机界面，关闭诊断仪主机电源，并将车辆下电，整理好诊断仪及相关线束。

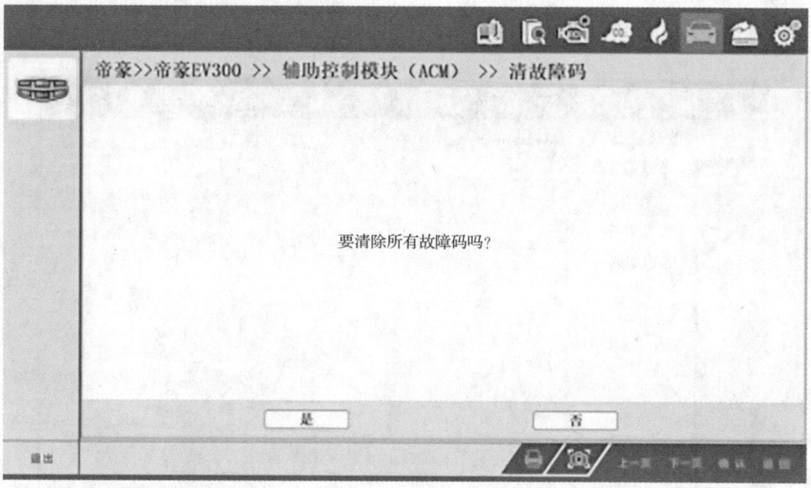


图 3－40　清除故障码界面

### （三）BTXD001 解码仪使用注意事项

（1）车上电源必须达到正常工作电压 DC4.8 ～ 5V。

（2）在拔插测试线束时，应用手捏住线束前端大头进行拔插，不可拉扯线束中间段，插接线束时先查看接口的对应方向平着插接，不可斜着插接以免损坏端子。

（3）在 BTXD001 与车辆通信时，禁止直接关机，应先将任务取消后再返到主界面关机。

（4）使用 BTXD001 时应轻拿轻放，尽量避免振动或撞击。为了保证触摸屏的使用寿命，点击屏幕时轻柔地触摸即可。

（5）BTXD001 仪器长时间不用时，应断开电源并关闭主机。

## 任务实施

### 一、任务准备

1. 操作防护装备：绝缘防护套装（包括护目镜、绝缘胶鞋等）；

2. 实训场地（新能源汽车智能制造实训中心）：新能源汽车、动力总成台架、动力电池单体；

3. 操作工具：绝缘拆装工具、钳形电流表、绝缘电阻测试仪、示波器、吉利帝豪 EV450 专用解码仪；

4. 辅助材料：无。

### 二、操作步骤

实训任务主要为使用新能源汽车维修工具和检测设备。

1. 分别使用各种绝缘拆装工具对动力总成台架进行拆装。

2. 分别使用数字式万用表、钳形电流表、绝缘电阻测试仪、示波器对相应的设备进行检测。

3. 使用 BTXD001 解码仪对吉利帝豪 EV450 进行故障诊断。

## 任务评价

本任务权重分配表

| 项目 | 分数 | 评分标准 | 过程分析 | 实得分数 | 备注 |
|---|---|---|---|---|---|
| 使用绝缘工具拆装动力总成 | 20 | 1. 能正确拆装；<br>2. 能使用检测设备进行正确测量；<br>3. 能使用解码仪进行故障检测；<br>4. 实训室 6S 操作规范。 | | | 采取“口述+现场操作”结合方式 |
| 使用数字式万用表测量保险丝电阻 | 20 | | | | |
| 使用钳形电流表测量电流 | 20 | | | | |
| 使用解码仪读取 EV300 故障码 | 30 | | | | |
| 实训室 6S 管理 | 10 | | | | |
| 总　分 | | | | | |

## 学习测试

### 一、填空题

1. 绝缘拆装工具的一般绝缘层通常使用________、________两色进行标识。

2. 使用绝缘电阻测试仪进行测试前，需要完成________和测试________。

3. 连通性测试是利用蜂鸣器的声音来表示________。

### 二、判断题

1. 既然使用了绝缘拆装工具，就没有必要切断维修开关。　（　　）

2. 用仪表测量已知电压来验证仪表操作是否正常。　（　　）

3. 测量电流之前，先检查仪表的熔断丝。　（　　）

### 三、选择题

1. 绝缘工具在使用前，必须注意的事项是（　　）。

A. 正确地选择、检查及使用绝缘手套、护目镜、防护服

B. 去除所有金属物品

C. 设立安全警戒标志，确保工作区域的安全性

D. 以上都正确

2. 仪表上的“AC”表示（　　）。

A. 平均值　　B. 直流　　C. 交流　　D. 电压

3. FLUKE1508 是（　　）。

A. 故障诊断仪　　B. 绝缘测试仪

C. 数字式万用表　　D. 绝缘拆装工具

## 项目小结

本项目主要对新能源汽车维修工具及检测设备的认知、常用新能源汽车维修工具及检测设备的使用两个任务进行了学习。

新能源汽车具有高电压，在维护、检修高压系统时会有高电压触电的风险，必须采用安全防护装备。另外，高压系统检修也需要专用的工具设备，如绝缘拆装工具、钳形电流表、绝缘电阻测试仪等。通过两个任务的学习，大家将掌握新能源汽车维修工具及检测设备的类型和使用方法。

# 项目4 高压车间作业要求

## 项目导读

混合动力汽车及纯电动汽车都具有高压电，在使用、维护、维修中需要防止高压电对人体的伤害，因此新能源汽车维修人员要能够正确使用高压防护工具、维修工具和检测工具，能够规范进行新能源汽车高压作业前场地准备工作，能够进行安全防护与规范操作，以免发生触电事故。

## 项目目标

### 知识目标

1. 高压防护工具认知；
2. 新能源汽车高压作业前场地准备；
3. 针对新能源汽车电压安全的设计。

### 技能目标

1. 能够正确识别高电压车辆警示标识；
2. 能够做好新能源汽车高压作业前场地准备工作；
3. 能够正确使用新能源汽车检测工具。

### 素养目标

1. 提高用电安全意识；
2. 培养独立思考和分析能力。

## 学习导图

**高压车间作业要求**

**车间安全防护要求**

1.能正确使用高压防护工具、维修工具和检测工具；
2.能规范进行新能源汽车高压作业前场地准备工作；
3.能够描述区别高压与低压的方法；
4.能够描述识别高电压车辆警示标识的方法。

**新能源汽车高压电气维修操作规范**

1.能够描述新能源汽车维修流程图；
2.能够描述新能源汽车典型的操作标准流程；
3.能够解读并根据高压维修操作标准流程操作。

## 项目实施

本项目由“车间安全防护要求”“新能源汽车高压电气维修操作规范”两个任务构成。学会了车间安全防护要求、新能源汽车高压电气维修操作规范方法之后，便可对新能源汽车维修作业要求有较为全面的了解与认知，并学会在实际工作中避免高压电对人体的伤害。

# 任务 1 车间安全防护要求

### 任务描述

小李是一家新能源汽车 4S 店维修人员，需要对一辆新能源汽车（吉利帝豪 EV450）进行维护，需要进行新能源汽车高压作业前场地准备工作。你知道他是如何准备的吗？

## 相关知识

### 一、新能源汽车维修车间管理制度

（1）在车辆维修过程中，高压部件必须立即标识明显的“高压勿动”的警示，并禁止将带有高压电的部件放置在无人看管的环境下。

（2）在车辆充电过程中，不允许对高压部件进行拆装、维修等工作。

（3）未经高压安全培训并取得特种作业操作证（低压电工证）的维修技师，不允许对高压部件进行拆装、维修等操作。

（4）高压部件拆装、维修前，维修技师必须检查及穿戴个人安全防护装备，并使用绝缘工具进行拆装操作。

（5）在高压部件拆装、维修过程中，维修技师禁止带有手表、金属笔等金属物品在身上。

（6）高压部件拆卸、维修前，必须进行高电压中止操作，即根据车型切断低压电源和拆卸高压维修开关，并检验确认相关部件没有高压电。

（7）进行车身焊接前，应清理周围易燃物品，做好车身的保护，预防飞溅及着火，并严格按照焊接及钣金维修工艺进行操作。

（8）维修完毕后上电前，确认车辆无人操作。

（9）更换高压部件后，高压电缆接口必须按照标准扭矩拧紧，并确保线路绝缘性能正常。

（10）在执行车辆维修期间，必须同时有两名持有上岗证的维修技师进行工作，其中一名技师作为工作的监护人，监督维修的全过程。如果发生触电事故，监护人应该立即采取有效措施执行急救。

### 二、新能源汽车维修车间火灾预防管理制度

（1）电动汽车涉及高压电路，发生电气火灾的概率及危害远大于燃油汽车，因此必须预防车辆自燃等火灾的发生，及时处理机舱内的油污、接插件松动或线束老化等隐患。

（2）火灾发生后不要惊慌，要及时采取正确的方法来灭火。首先要切断电源，所有人员立即离开车辆并站在远离车辆的上风方向。在采取救火措施的同时立刻报警（电话：119、110）。

（3）每天检查车上的灭火器是否在固定的位置，是否在有效期内。要充分了解灭火器的性质和正确使用方法。常用的车载灭火器都是干粉灭火器，灭火时手提干粉灭火器快速奔赴火点，站在上风方向，在距离燃烧处 1 米左右，先将开启把上的保险销拔下，然后将喷嘴迅速对准火焰的根部扫射灭火。当干粉喷出后，手始终压下压把不能放开，

否则会中断喷射。

（4）当电动汽车发生火灾时，如果只是线束冒烟着火，或小范围明火，推荐使用干粉灭火器灭火。如果发生大面积火灾，最有效的灭火方式是采用大量的水灭火。因为电动汽车起火原因多为电路短路，这种情况下为了保证人员安全，使用大量的水会快速对短路产生的热量降温，并使电能耗尽，达到有效灭火的目的。但是如果使用少量的水，例如只用一桶，则更加危险，将会加剧高压电池火灾的程度。

## 三、新能源汽车维护操作人员要求

### （一）个人防护要求

维护人员操作高压系统前需要做到：

（1）穿好绝缘防护服，穿好绝缘鞋，戴好防护眼镜。

（2）戴好绝缘手套，根据工作情况选择相应的防高压电手套或防电池电解液的耐酸碱手套。

（3）使用前必须检查绝缘工具，保证其无破损、破洞和裂纹，内外表面清洁、干燥，不能带水进行操作，以确保安全。

（4）高压系统下电（断开直流母线），需要等待 5min 以上，待电机控制器、充电机等内部有电容元件的部件充分放电。

（5）在车辆上电前，注意确认是否还有人员在进行高压维修操作，避免发生危险。

### （二）作业前人员素质要求

（1）操作人员不得佩戴金属饰物（如手表、戒指等），工作服口袋内不得有金属物件（如钥匙、金属壳笔、手机、硬币等）。

（2）操作人员必须佩戴必要的防护工具。

（3）严禁非专业人员对高压部件进行拆卸。

（4）操作人员必须经过低压电工安全培训，并持有应急管理部颁发的《特种作业操作证（低压电工证）》（见图 4－1）。

图 4－1　特种作业操作证

### （三）新能源汽车监护人员和操作人员的岗位职责

（1）监护人员：引导车辆进入专用维修工位。

（2）操作人员：在维修工位设置高压警示标识。

（3）监护人员：监督并协调具有维修资质的人员维修车辆。

（4）操作人员：检查个人安全防护装备，按正确要求穿戴。

（5）监护人员：监督维修操作人员规范操作流程。

（6）操作人员：需要维修高电压系统前，必须先执行高压中止与检验。

### （四）新能源汽车监护人员的监护内容

电动汽车维修监护人员的技术技能等级应高于操作人员，监护人员应具有丰富的实际工作经验并熟悉现场及设备情况（见图4－2）。

（1）进行高电压切断时，监护所有操作人员的活动范围，使其与带电设备保持规定的安全距离。

（2）带电作业时，监护所有操作人员的活动范围，使其与高压部件保持规定的安全距离。

（3）监护所有操作人员的工具使用是否正确、工作位置是否安全，以及操作方法是否正确等。

（4）工作中监护人员因故离开工作现场时，必须另指派了解有关安全措施的人员接替监护并告知操作人员，使监护工作不致间断。

（5）监护人员发现操作人员中有不正确的动作或违反规程的行为时，应及时提出纠正，必要时可令其停止工作，并立即上报。

（6）所有操作人员不准单独留在维修保养中的专用工位区域内，以免发生意外触电或电弧灼伤。

（7）监护人员应自始至终、不间断地进行监护，在执行监护时，不应兼做其他工作。但在动力电池与新能源汽车断开的情况下，监护人员可参加班组的工作。

（8）其他新能源汽车维修安全监督工作。

图4－2 监护人员

## 四、高压防护工具的认知

对新能源汽车进行维修作业时，必须按照原厂家维修手册的要求开展各项作业任务。为了保障人身安全，顺利地完成工作任务，工作人员必须使用相应的安全防护工具。

新能源汽车高压电安全防护更需要注意绝缘安全用具的使用。绝缘安全用具是指带电作业或使用电气工器具时，维修作业中为防止工作人员触电，必须使用的绝缘工具。通常包括：防静电工作台、绝缘垫、放电工装、隔离带、绝缘手套、劳保手套、安全帽、护目镜、绝缘鞋、绝缘服、绝缘维修工具、高压安全警示标识等。

### （一）防静电工作台

防静电工作台适用于对静电有严格要求的地方，通过使用防静电工作台能够保证静电敏感元器件的安全性，主要用于检测新能源汽车总成或电力电子部件（见图 4－3）。

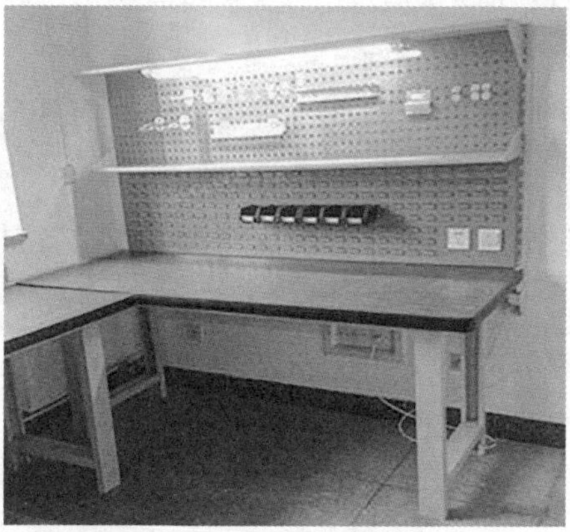

图 4－3　防静电工作台

### （二）绝缘垫

绝缘垫是具有较大的电阻率和耐电击穿的橡胶垫，主要用于电动汽车维护时铺在地面，起到绝缘作用。在雨季湿度大或者地面潮湿时，绝缘垫会更加重要（见图 4－4）。

图 4－4　绝缘垫

## （三）放电工装

新能源汽车上有许多大电容，断电后电容中储存的电能还没有得到释放，此时进行高压操作会有触电危险，需要使用放电工装放电后才能进行操作（见图 4-5）。

## （四）隔离带

隔离带，又称伸缩隔离带、警戒线、移动护栏杆等，主要为了防止其他成员随意进入作业区域，起提示和隔离作用（见图 4-6）。

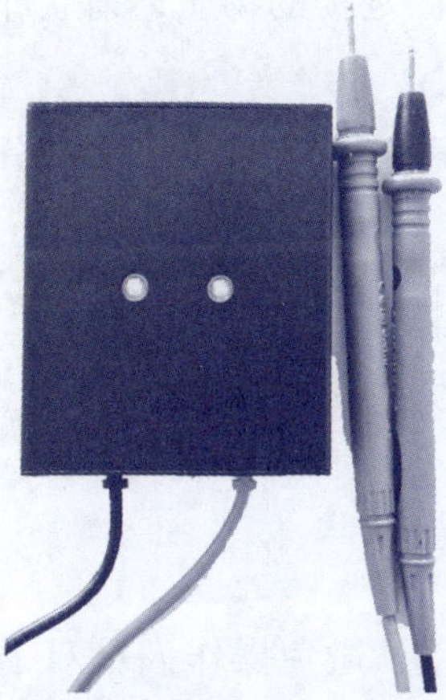

图 4-5　放电工装

图 4-6　隔离带

## （五）绝缘手套

### 1. 作用

绝缘手套（见图 4-7）由天然橡胶制成，起到对人体保护的作用，具有防水、防电、防油、耐化学品、耐酸碱等功能。绝缘手套是操作高压电气设备时重要的绝缘防护装备，使用 6 个月必须进行预防性试验，每次使用前均须按照要求检查。

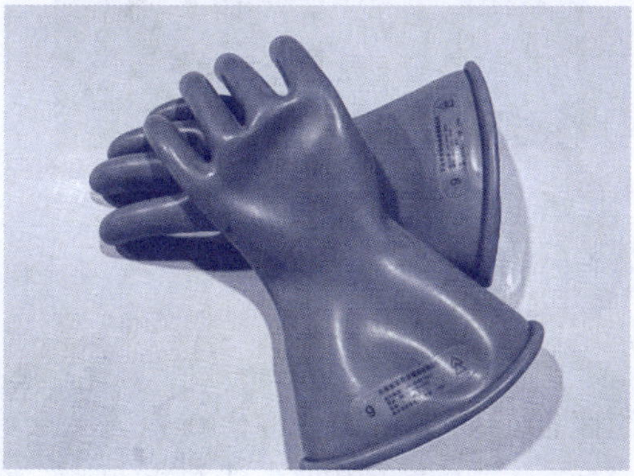

图 4-7　绝缘手套

### 2. 检查

（1）外观检查。观察绝缘手套有无油垢、灰尘、划痕、开裂。

（2）耐压等级检查。根据相关规定，高压绝缘手套上必须有明显且持久的标记，内容包括标记符号、使用电压等级、规格型号、最大使用电压、制造单位或商标、检验合格印章、贴有经试验单位定期试验的合格证等信息。其中，使用电压等级按照国家标准《带电作业用绝缘手套》(GB/T 17622—2008）规定共分为5级。

（3）脏污检查。当手套变脏时，要用肥皂和水温不超过65℃的清水冲洗，然后彻底干燥并涂上滑石粉。洗后如发现仍然黏附有像焦油或油漆之类的物质，请立即用清洁剂清洗此部位（但清洁剂不能过多)，然后立即冲洗掉。

（4）气密性检查。将手套从口部向上卷，稍用力将空气压至手掌及指头部分检查上述部位有无漏气。如果有漏气，则不能使用。

### 3. 使用注意事项

使用时，注意防止尖锐物体刺破手套。

使用绝缘手套时，应将上衣袖口套入手套筒口内。

## （六）劳保手套

劳保手套（见图4-8）在拆除及安装低压部件时使用，避免操作人员双手受到腐蚀性液体侵蚀。

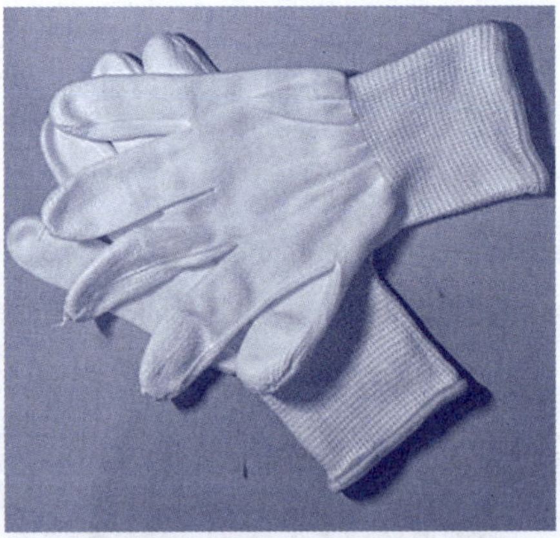

图4-8 劳保手套

## （七）安全帽

### 1. 作用

绝缘帽是指具备绝缘性能要求的安全帽，在帽子上会有字母“D”标记（见图4-9)。绝缘帽作为一种个人头部防护用品，能有效地防止和减轻操作人员在生产作业中遭受坠落物体或自己坠落时对人体头部的伤害。

**2. 检查**

检查有无裂痕、是否磨损严重、有无受过重击变形；下颚带是否完好、牢固，佩戴时适当调整并系好下颚带；对于新领用的安全帽，应检查是否有劳动部门允许生产的证明及产品合格证；使用时，选择正确电压等级的绝缘帽。

## （八）护目镜

**1. 作用**

发生高压电事故时，防止电弧灼伤眼睛；在新能源汽车动力蓄电池维修过程中，防止电池电解液溅入眼睛。

**2. 检查**

观察护目镜面有无破损、刮花。护目镜的宽窄和大小要适合使用者的脸型。

检查和维护新能源汽车时需要佩戴护目镜（见图4-10）。护目镜主要防止电弧伤眼，操作人员使用前应检查防护眼镜是否有裂痕、损坏。

图4-9 安全绝缘帽

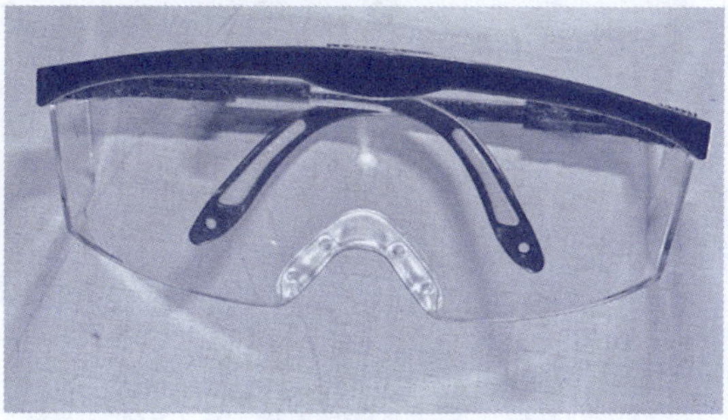

图4-10 护目镜

## （九）绝缘鞋

**1. 作用**

绝缘鞋是在高压操作时使人与大地绝缘的防护工具，一般在较为潮湿的场地使用（见图4-11）。

图4-11 绝缘鞋

**2. 检查**

检查绝缘鞋（靴）的表面是否外观清洁、有无油垢、有无灰尘、鞋（靴）底有无扎伤、底部花纹是否清晰明显、有无磨平现象、有无受潮现象、是否超过绝缘检测周期。

**3. 使用注意事项**

产品严禁与锐器、高温、酸、碱类或其他腐蚀性物品接触。

凡帮底有腐蚀、破损之处，均不能以电绝缘鞋使用。

### （十）绝缘服

**1. 作用**

绝缘服（见图 4－12）的主要作用是高压操作时对维修人员的身体进行保护。绝缘服不仅是维修技师所穿的衣服，而且它在给新能源汽车操作人员提供安全保障的同时，还能反映员工的精神风貌，体现企业的文化内涵，提升企业形象。

图 4－12　绝缘服

维修高电压系统时，操作人员必须穿非化纤类（纯棉等非化工合成材质）的工作服。化纤类工作服会产生静电，并且当发生火灾事故时，化纤会在高温环境下粘连人体皮肤，导致操作人员产生严重的二次伤害。

**2. 选择**

（1）面料选择。应当选择防静电、耐摩擦的面料。

（2）工服要求。工服要求是收口，下摆、袖口、裤腿都可以扣起来，能有效减少衣服卡入车辆缝隙中的概率，提高作业安全性。

（3）颜色选择。工服色泽以较深为宜。

### （十一）绝缘维修工具

与传统维修工具相比，绝缘维修工具（见图 4－13）增加了抗高压的绝缘层，从而保证了维修人员的人身安全。

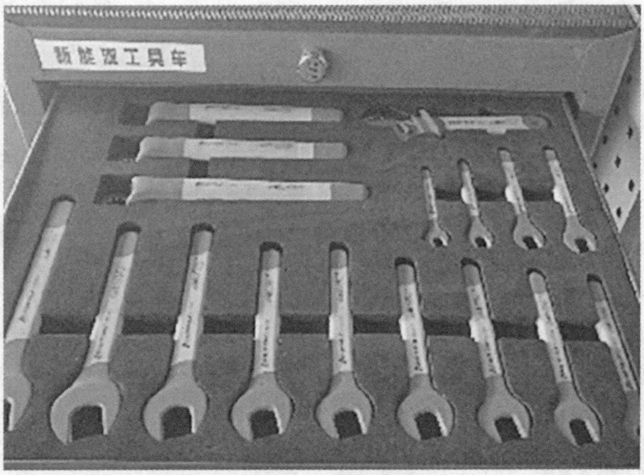


图 4－13 绝缘维修工具

### (十二）高压安全警示标识

在高压维修工位或车辆、高压部件附近放置明显的高压安全警示标识（见图 4－14），防止无关人员进入工位或触摸高压部件，发生触电事故。

图 4－14 高压安全警示标识

## 五、吉利帝豪 EV450 的高压作业前场地准备

新能源汽车高压维修车间有高电压安全风险，场地设施必须符合安全管理及相关标准。同时，除了普通维修车间的安全要求外，高压维修车间必须制定相关的管理制度，加强安全管理，杜绝触电、火灾等安全事故的发生。

### (一) 新能源汽车专用维修车间要求

作为高电压车辆的维护与检修场所，新能源汽车专用维修车间有特殊的场地要求和工位要求（见图 4 - 15）。

图 4 - 15　新能源汽车专用维修车间

（1）工位数量及面积。至少具备 3 个标准工位（7m × 4m），至少一台双柱龙门举升机。

（2）采光。应符合《建筑采光设计标准》（GB 50033—2013）的有关规定。注意光的方向性，应避免对工作产生遮挡和不利的阴影。对于需要识别颜色的场所，应采用不改变自然光光色的采光材料。

（3）照明。当天然光线不足时，应配置人工照明，人工照明光源应选择接近天然光色温的光源。高压维修车间的照明要求应符合《建筑照明设计标准》（GB 50034—2013）的有关规定。

（4）干燥。高压维修车间必须保持干燥。场地应避免积水或暴雨、漏雨的情况发生。保持干燥的要求是为了降低维修人员的触电风险。

（5）通风。高压维修车间的通风应符合《建筑设计防火规范》（GB 50016—2014）和工业企业通风的有关要求。车间保持通风有利于在维修车辆期间产生的有害物排出，并在发生触电事故的情况下，通风的环境能够更加有利于伤者呼吸到更多的氧气。

（6）防火。高压维修车间的防火应符合国标《建筑设计防火规范》(GB 50016—2014）有关厂房、仓库防火的规定以及《汽车库、修车库、停车场设计防火规范》（GB 50067—2014）的有关规定。

（7）卫生。应符合《工业企业设计卫生标准》(GBZ 1—2010)、《生产过程安全卫生要求总则》(GB/T 12801—2008）的有关要求。

（8）安全标志。应符合《安全标志及其使用导则》（GB 2894—2008)、《安全色》（GB 2893—2008）的有关要求。当工位上有高电压车辆进行维修时，必须布置明显的警示标识，避免他人未经允许进入高电压工位而发生危险。

## （二）新能源汽车维修规范

（1）高压部件必须立即标识明显的高压勿动警示；

（2）维护人员禁止戴手表、金属物品等在身上；

（3）严禁非专业人员对高压部件进行移除及安装；

（4）未经过高压安全培训的维修人员，不允许对高压部件进行维修操作；

（5）车辆在充电过程中不允许对高压部件进行拆装、维修等工作；

（6）维修前必须进行高压禁用操作；

（7）维修完毕后上电前，确认车辆无人操作；

（8）更换高压部件后，测量搭铁是否良好；

（9）电缆接口必须按照标准力矩拧紧；

（10）在电动汽车维护与维修期间，必须设有监护人，工作职责为监督维修的全过程。

## （三）检修车辆高压系统时的注意事项

（1）所有橙色的线均带高压，可能危及生命。

（2）不得将喷水软管和高压清洗装置直接对准高压部件。

（3）高压接头上不可使用机油、润滑脂和触点清洗剂等。

（4）在高压导电部件附近进行检修工作时，必须先让系统下电。

（5）在进行焊接、用切削工具加工以及用尖锐工具进行操作时，必须先让系统下电。

（6）所有松开了的高压接头必须严防进水和污物。

（7）损坏的导线必须予以更换。

（8）佩戴有电子 / 医学生命和健康维持装置的人（比如带心脏起搏器）不得检修高压系统。

（9）必须使用合适且经过认可的测量仪器。

（10）检修进水的高压系统时要非常小心（潮湿的部件，尤其是带有融雪盐的部件是非常危险的）。

# 任务实施

## 一、任务准备

FLUKE 数字式万用表 1 块、0 ～ 30V 直流电压源 1 只，330Ω、2kΩ 和 100kΩ 电阻各 1 只。

## 二、操作步骤

（1）电阻测量。测量 330Ω、2kΩ 和 100kΩ 电阻，将数据填入表 4－1。

表 4－1 电阻测量数据

| 被测量电阻 | 正确读数 |
|---|---|
| 300Ω | |
| 2kΩ | |
| 100kΩ | |

（2）直流电源电压的测量。测量电压时，将表置于电压档，将两根表笔按并联的方式与被测电路相接，将测量数据填入表 4－2。

表 4－2 直流电压测量数据

| 被测量电压 | 正确读数 |
|---|---|
| 5V | |
| 12V | |
| 24V | |

（3）电流测量。电压为 12V，电阻为 330Ω、2kΩ 和 100kΩ，将表置于电流档，且必须串联在被测电路中，将数据填入表 4－3。

表 4－3 直流电流测量数据

| 电阻 | 正确读数 |
|---|---|
| 330Ω | |
| 2kΩ | |
| 100kΩ | |

## 任务评价

本任务权重分配表

| 项目 | 分数 | 评分标准 | 过程分析 | 实得分数 | 备注 |
|---|---|---|---|---|---|
| 电阻测量 | 30 | 1. 操作正确无误；<br>2. 正确读数。 | | | 以吉利帝豪 EV450 作为实训车辆进行操作 |
| 直流电源电压的测量 | 40 | | | | |
| 电流测量 | 30 | | | | |
| 总　分 | | | | | |

## 学习测试

### 一、填空题

1. 当手套变脏时，要用肥皂和水温不超过________℃的清水冲洗，然后彻底干燥并涂上滑石粉。

2. 目前国际对安全电压规定是直流________V 以下，交流________V 以下。

3. 在执行高压中止以后，每个端子对车身的电压，以及端子正负极之间至少应该小于________V。

### 二、判断题

1. 新能源汽车维修操作一定都涉及高压，必须做好高压安全防护。（　　）

2. 所有的新能源车型都装备有维修开关。（　　）

3. 拆卸高压部件的互锁开关也能切断高压电路。（　　）

### 三、选择题

1. 新能源汽车高压维修专用车间配备的举升机应该是（　　）。

A. 四柱举升机　B. 液压双柱举升机　C. 双柱龙门举升机　D. 剪式举升机

2. 新能源汽车检测仪表应满足的电工工作等级是（　　）。

A. CAT Ⅰ　B. CAT Ⅱ　C. CAT Ⅲ　D. CAT Ⅳ

3. 检测逆变器与电机之间的交变电流，必须使用的仪表是（　　）。

A. 万用表　B. 绝缘测试仪

C. 示波器　D. 钳形电流表

**工匠精神**

### “零缺陷”标准

汪明锁，吉利杭州湾公司涂装厂钣金工。他严于律己，不断提高专业技能，2002 年入职吉利以来，参与修复的车辆达上万台。由于突出表现，他连续多年被评为“质量零缺陷标兵”。大家问他能够做到这样的原因时，他说道：“不能仅追求差不多就好，在产品质量面前必须追求零缺陷。”也正是因为这样“零缺陷”的标准，使得吉利出厂的产品让用户使用放心。

榜样力量

“零缺陷”标准

任务 2

# 新能源汽车高压电气维修操作规范

## 任务描述

你知道新能源汽车（电动汽车）维修需要遵守哪些标准操作流程吗？

## 相关知识

### 一、高压维修作业标准

#### （一）新能源汽车维修流程图及说明

新能源汽车维修操作并不一定都涉及高压电。分三种情况：不涉及高压电，由维护技师操作；高压系统维修（运行时有高压电），由维修技师操作；动力电池系统（一直有高压电），由高级维修技师操作（见图 4－16）。

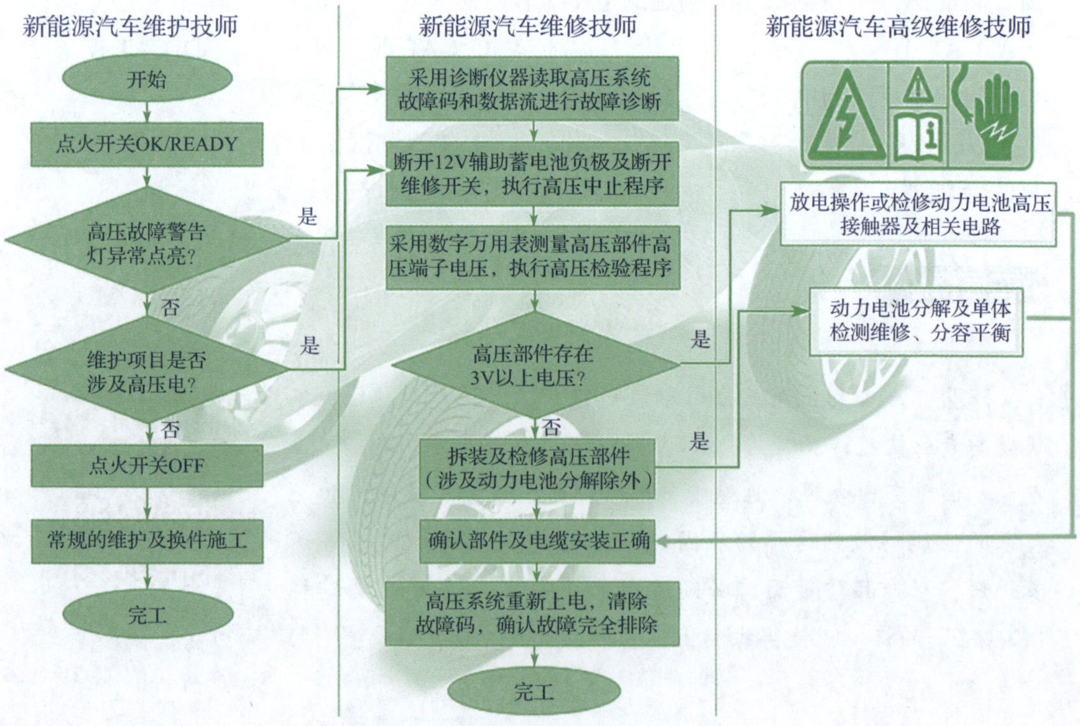


图 4－16　新能源汽车维修流程图

### （二）常规维护与检修操作

进行新能源汽车常规的维护与检修操作时，如制动系统维护与检修，由于不涉及高压电，只需要常规的安全防护（普通劳动保护）即可，不需要特殊的高压安全防护。但是，操作前必须先检查高压系统是否正常：

（1）组合仪表的绿色 OK/READY 指示灯以及高压系统相关的警告灯是否点亮（见图 4－17）。

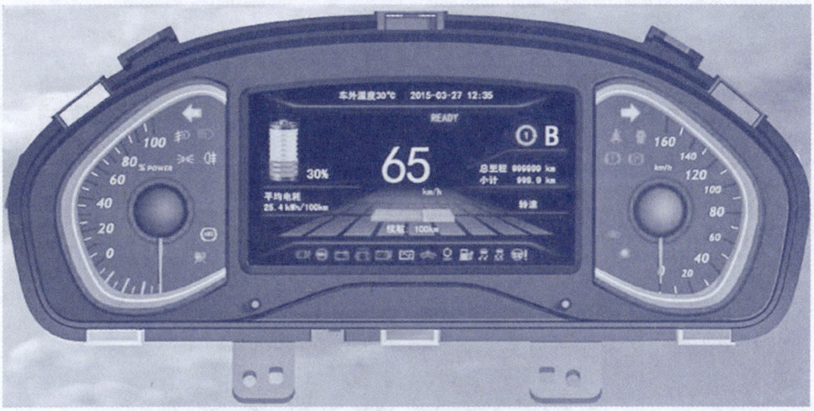


图 4－17　组合仪表

（2）如果只有绿色 OK/READY 指示灯点亮，本次操作也不涉及高压部件，则根据传统车型的操作方法执行。

（3）如果高压系统相关的指示灯点亮，或者本次操作需要更换高压部件，则根据“高压系统维修”执行。

### （三）高压系统、动力电池系统维修

如果组合仪表红色动力系统相关的故障警告灯点亮，则说明高压系统存在故障，必须使用故障诊断仪器进行故障码和数据流诊断。如果维修中需要拆装涉及高压的部件，则必须执行高压中止与检验程序。如果维修中需要分解动力电池，或检修高压接触器及相关电路，由于一直存在高电压，必须由经过专业培训并且具有操作资质证书的维修技术人员进行。

### （四）专职监护人员持证上岗

高压电气部件的维护和检修作业，建议设立专职监护人员。由监护人员监督工、量具设备的检查，劳保用品等是否符合要求，监督作业全过程，并对作业结果进行检查，指挥供电。监护人员和操作人员要持证上岗，持有特种作业操作证－电工作业－低压电工作业证。操作人员上岗不得佩戴金属饰物，如戒指、手表、项链等（见图 4－18）；工作服衣袋内不得有金属物件，如钥匙、金属壳、笔、手机、硬币等（见图 4－19）。

图 4－18　金属饰物

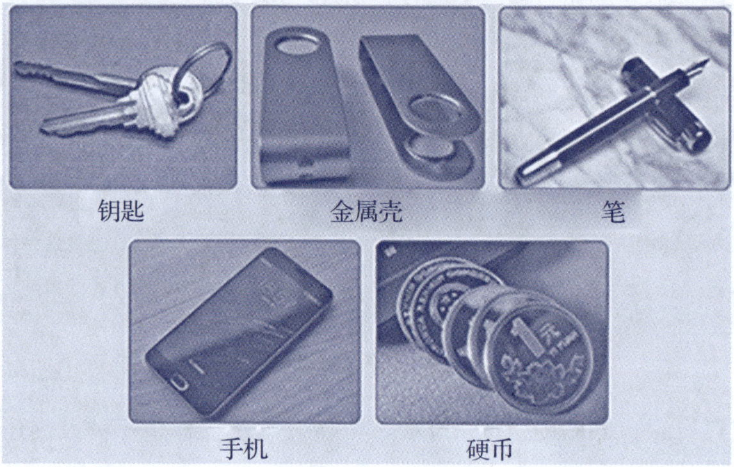


图 4－19　金属物件

## （五）新能源汽车维修作业安全防护规定

### 1. 应使用个人防护装备

（1）应向维修人员提供合适的个人安全防护装备，以便在涉及高压系统的工作场所作业。

（2）所提供的个人安全防护装备必须符合安全标准。

### 2. 高压维修应遵循五条安全规定

（1）断开高压电路；

（2）防止重新接通高压电路；

（3）确定维修部件处于无电压状态；

（4）检查是否接地和短路；

（5）遮盖或阻隔相邻的带电部件。

### 3. 应遵循维修场地的要求

为避免发生危险或造成损坏，车辆的停放位置必须干净、干燥、无油脂，且不会接触到飞溅的火星，要避免与车辆清洁工位和其他车辆维修工位过近。

## 二、高压电气维修操作规范

### (一) 作业前检查

**1. 场地准备**

(1) 检查设置隔离栏、安全警示牌（见图 4－20）。

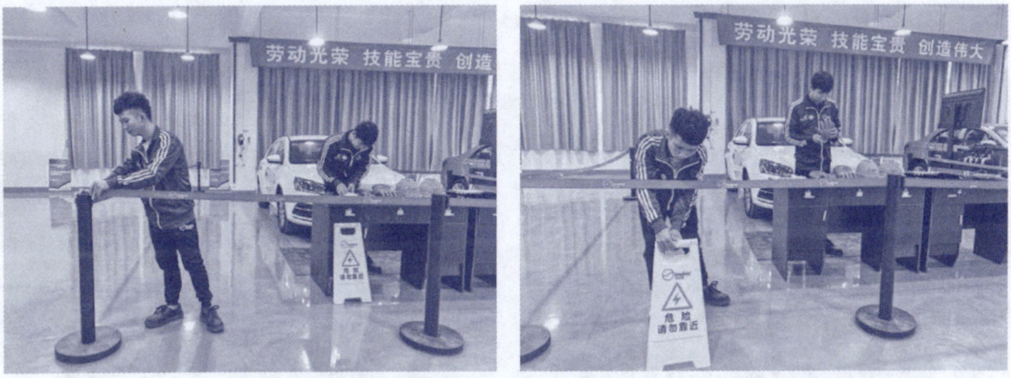


图 4－20 设置隔离栏和安全警示牌

(2) 检查灭火器压力值（绿色区域为正常）和生产日期（见图 4－21）。

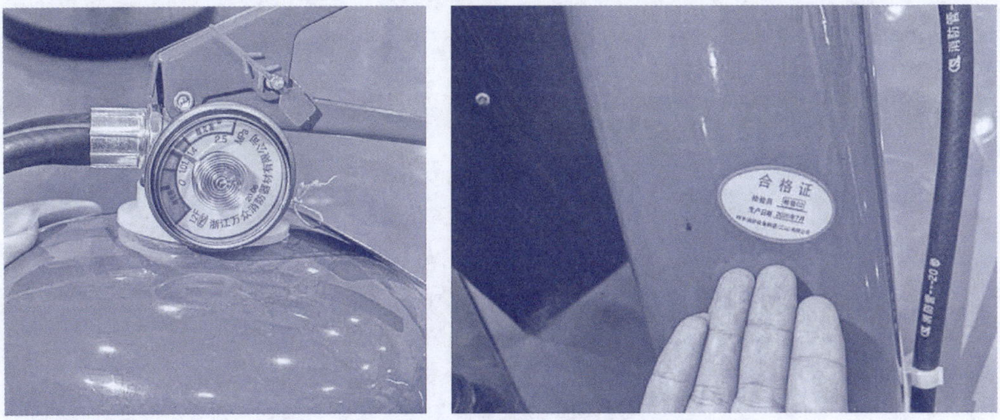


图 4－21 检查灭火器压力值和生产日期

(3) 正确安装车辆挡块。

**2. 检查防护套装**

(1) 检查绝缘防护手套的耐压等级、外观和气密性（见图 4－22）。

(2) 检查防电池电解液耐酸碱手套、护目镜（见图 4－23）、安全帽外观损伤（见图 4－24）。

(3) 进入工位前提前穿戴好绝缘鞋（见图 4－25）。

(4) 检查是否佩戴戒指或手表等物品，如佩戴须摘取。

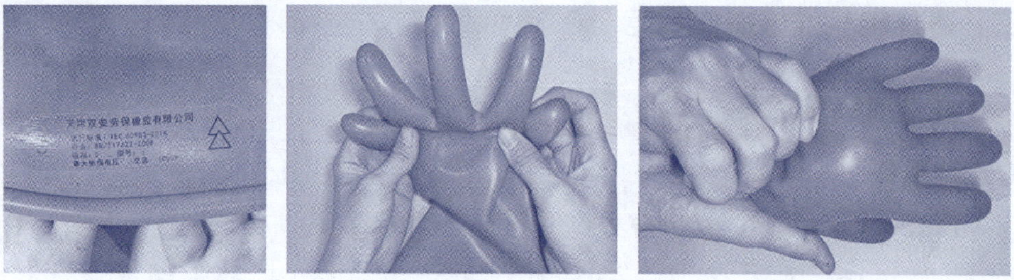

检查耐压等级　　检查外观　　检查气密性

图 4－22　检查绝缘防护手套

图 4－23　检查护目镜

图 4－24　检查安全帽

图 4－25　穿戴绝缘鞋

### 3. 检查工具套装

（1）进行数字绝缘测试仪开路检测并确认电阻无穷大（见图 4－26）。

（2）进行数字绝缘测试仪短路检测并确认电阻＜ 1Ω（见图 4－27）。

（3）确认数字绝缘测试仪上“TEST”功能正常。

（4）选择四点检测绝缘垫绝缘性且佩戴绝缘手套与护目镜（见图 4－28）。

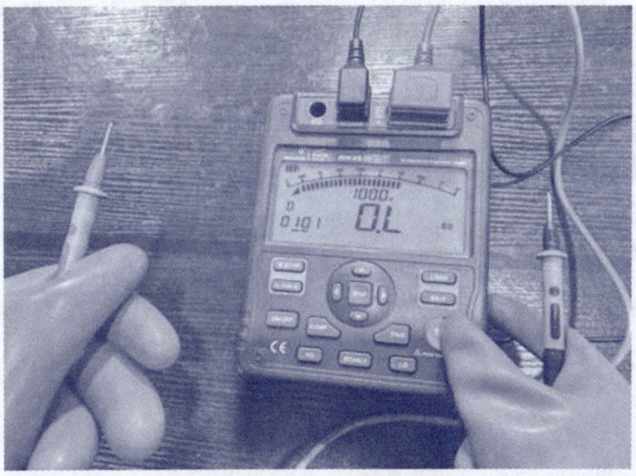

图 4－26 开路测试

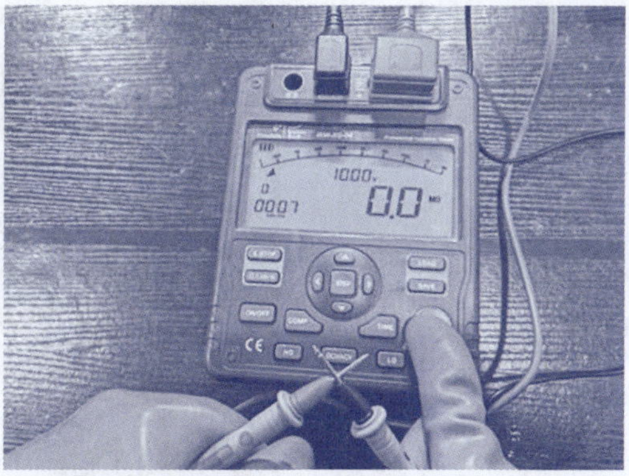

图 4－27 短路测试

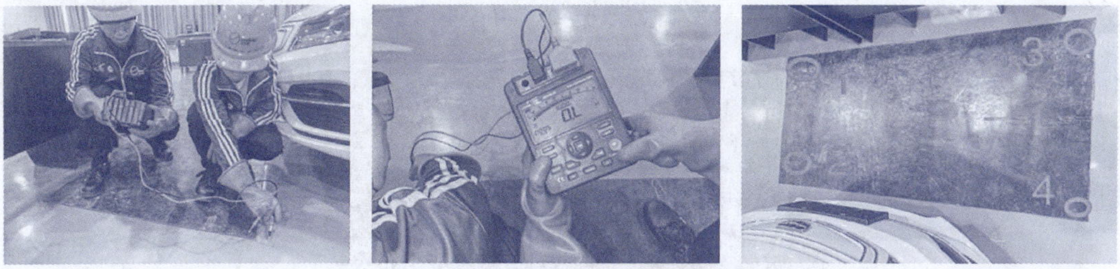

图 4－28 测试绝缘垫四点法

（5）进行接地电阻测试仪开路检测并确认电阻无穷大（见图 4－29）。

（6）进行接地电阻测试仪短路检测并确认电阻 <1Ω（见图 4－30）。

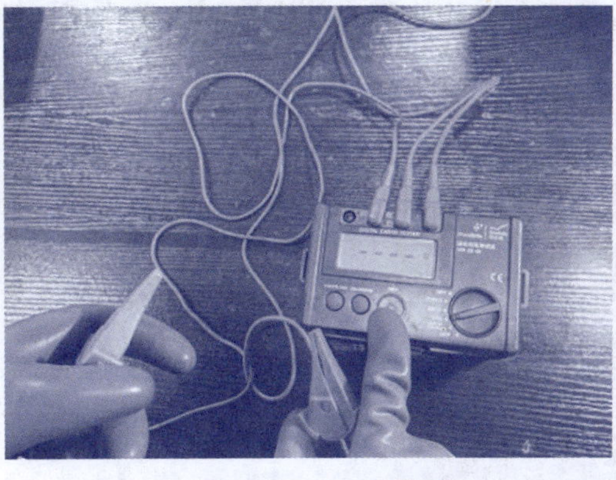

图 4－29 开路检测

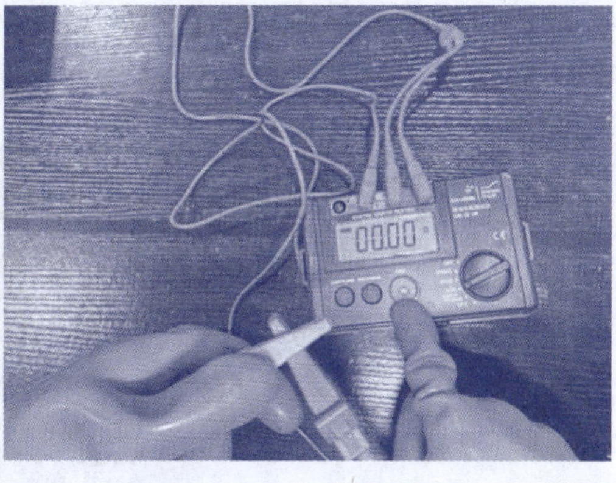

图 4－30 短路检测

（7）确认接地电阻测试仪上“TEST”功能正常。

（8）进行数字式万用表校零（见图 4－31）。

**4. 记录车辆信息**

主要记录车辆铭牌信息（见图 4－32）。

图 4－31　数字式万用表校零

图 4－32　车辆铭牌信息

**5. 安装车外三件套**

车外三件套，具体包括左翼子板布、右翼子板布、前格栅布，主要起防护作用（见图 4－33）。

图 4－33　车外三件套

**6. 安装车内三件套**

为保证车内干净整洁，安装车内三件套，具体包括方向盘套、座椅套、脚垫（见图 4－34）。

图 4 - 34　车内三件套

**7. 外检作业**

（1）正确检查车身状况。

（2）正确检查并记录轮胎胎压（见图 4 - 35），若胎压不足应及时复位。

图 4 - 35　检查胎压

**8. 安全准备**

（1）完全落下驾驶员侧车窗。

（2）检查确认电子手刹（见图 4 - 36）和挡位（见图 4 - 37）。

图 4 - 36　确认电子手刹

图 4 - 37　确认挡位

9. 检查仪器仪表（放电工装、万用表、兆欧表）

（1）检查放电工装（见图 4－38）。当被测物体有电时，灯会亮，无电则不亮。

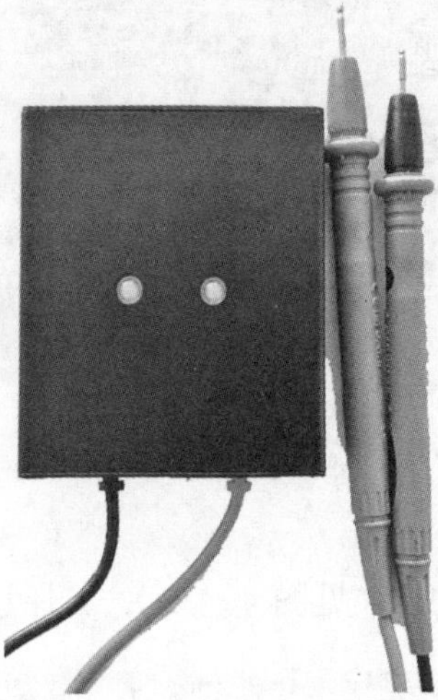

图 4－38　放电工装

（2）检查万用表。万用表线束和表面应无破损，然后进行校零。

（3）检查兆欧表。通常检查绝缘的工具有绝缘测试仪（兆欧表）。绝缘测试仪有数字式和指针式 2 种，现在一般使用数字式兆欧表。兆欧表线束和表面应无破损。戴好绝缘手套，然后进行放电，检查兆欧表性能。绝缘测试只能在不通电的电路上进行。要测量绝缘电阻，按照图 4－39 所示设定测试仪。

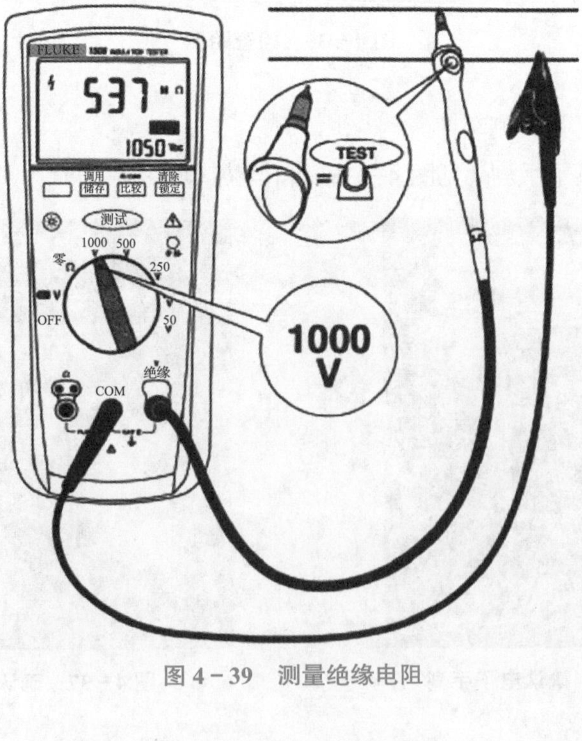


图 4－39　测量绝缘电阻

## （二）维修作业

### 1. 关闭电源开关，将钥匙放在安全处

操作人员应首先关闭电源开关，并拔下安全开关钥匙，将其妥善保管。

### 2. 断开低压蓄电池负极线

断开低压蓄电池负极线，负极电缆接头用绝缘胶布包好。蓄电池负极桩头用盖子盖好或用绝缘胶布包好。

### 3. 断开维修开关并妥善保管

一般而言，新能源汽车设置有维修开关，断开维修开关（见图4－40）才可对新能源汽车进行维修。断开维修开关时，需要穿戴好绝缘防护用品，并用盖子将接口封好或用绝缘胶布将维修开关接口封好。放置车辆5～10min（不同厂家有不同要求），对新能源汽车的高压电容器进行放电。

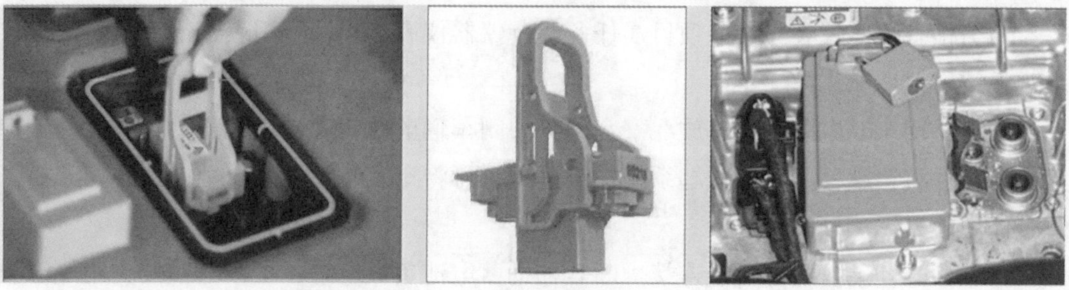

图4－40　维修开关

### 4. 断开动力蓄电池高低压线束

穿戴好绝缘防护品，先断开动力蓄电池低压线束，再断开高压线束（母线）。例如，对于北汽新能源汽车EV200来说，断开低压线束后，可以分3步将高压线束断开。

（1）将蓝色的卡子向车辆前方扳动；

（2）将棕色套子向前部扳动；

（3）将棕色卡子向内用力按住，然后将线束向车辆前方拔出。

### 5. 验电和放电操作

（1）验电过程。用万用表直流电压档测试电池接口端是否还有电压（这是在车下方操作的，此时车辆在举升机上，如动力电池更换项目）。如果在PDU接插件处断开的，就对电池的高压电缆插头进行直流电压档检测。

（2）放电过程。使用放电工装对负载端进行放电，如果在车的下方就对高压电缆插头放电（因为这时另一段连接的是PDU——负载侧，如动力电池更换项目）。

如果是在前机舱里放电，就拔掉PDU端给空调压缩机供电的接插件，在此给高压负载放电既可（这是在前机舱里进行的，如高压绝缘故障）。

**6. 高压断电流程**

（1）设监护人持证上岗。高压电气部件的维护和检修作业必须设立专职监护人。由监护人监督工、量具设备的检查，劳保用品等是否符合要求，监督作业全过程，并对作业结果进行检查，指挥供电。

实操人员原则上要求持有由应急管理部颁发的特种作业电工操作证。若实操人员暂无证书，则实训教师必须在场指导操作，以确保人身安全。

（2）检查现场环境，设置隔离栏、警示标识。检查现场操作环境，周边不得有易燃物品及与工作无关的金属物品，并在维修车辆周围设置隔离，无关人员不得进入现场。与工作无关的工具不得带入工作场地，必须使用的金属工具的手持部分要做绝缘处理。在地面或车辆附近明显位置放“高压危险”警示牌。

（3）检查绝缘辅助用具。参照项目 4 任务 1 选择、检查正确耐压等级的绝缘鞋、绝缘帽、绝缘手套以及护目镜，放置并检查绝缘垫，确保其绝缘性能。

（4）检查仪器仪表。参照项目 3 任务检查仪器仪表，确认万用表、绝缘电阻测试仪外观无破损，功能正常。

（5）关闭车辆电源，钥匙放在安全处。关闭车辆电源，确保点火开关背景灯处于熄灭状态，并将钥匙移开智能钥匙系统探测范围，可将车钥匙锁入维修柜或由实操人员保管，保证他人无法接触。

（6）断开辅助蓄电池负极连接。断开辅助蓄电池负极电缆，负极电缆接头用绝缘胶布包好。蓄电池负极桩头用盖子盖好或用绝缘胶布包好。

（7）断开维修开关并妥善保存。一般而言，新能源汽车设置有维修开关，断开维修开关才可对新能源汽车进行维修。断开维修开关后用盖子将接口封好或用绝缘胶布将维修开关接口封好。放置车辆 5min（不同厂家有不同要求），对新能源汽车的高压电容器进行放电。将维修开关锁入维修柜安全存放，并在拆除后的相应位置放置“有电危险”警示牌。

（8）断开动力蓄电池高、低压插件。穿戴好绝缘防护品，先断开动力蓄电池低压插件，再断开动力蓄电池高压插件。

（9）验电、放电。断开动力蓄电池高压插件后，需要对动力蓄电池的母线进行验电，测量动力母线正、负极电压应小于 1V；如果母线有残余电荷，需用放电设备进行放电，确保动力蓄电池母线无电。

安全重于泰山，在维修新能源汽车之前一定要采取正确的安全防护措施。一般而言，只有完成了以上几个步骤，才可以对新能源汽车高压电气系统进行维修。

当高压电气系统在维护或检修完成后，需由监护人员检查确定能否上电。监护人员要仔细检查电路是否符合要求，并且检查现场人员是否在安全距离。

**7. 电驱动系统（高压系统）维修注意事项**

（1）操作前注意高压系统。

（2）高压插接器端子处理注意。

（3）高压插接器安装螺母紧固注意。

（4）拆卸冷却液软管和其他相关维修操作时注意。

（5）维修完成启动车辆前注意。

高压系统维修后，在重新安装手动维修开关前，应再次检查高电压部件的插接器连接正确并稳固安装，车内没有遗留工具和零件。

启动车辆前，应确保手动维修开关已经正确安装。

### （三）新能源汽车作业十不准

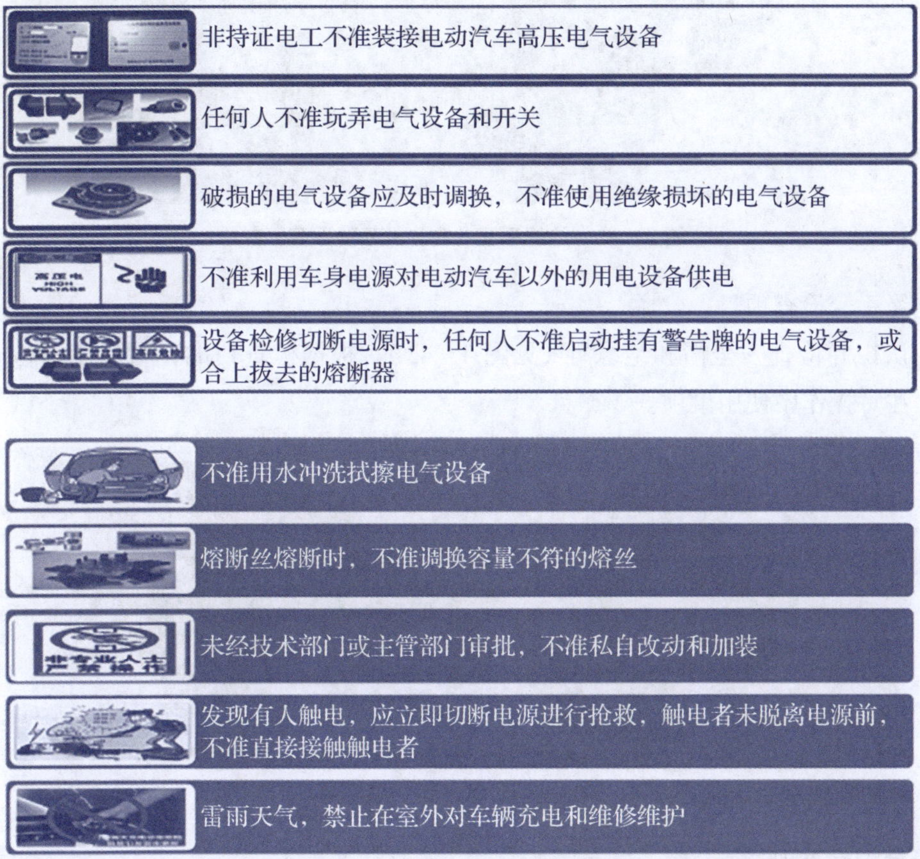


**图 4－41　新能源汽车作业十不准**

## 任务实施

## 一、任务准备

1. 操作防护装备：警示标志、警示隔离带、遮拦；绝缘手套（等级 1 000V/300A 以上)、工作服、绝缘帽、护目镜。

2. 实训场地(新能源汽车智能制造实训中心):培训用车、绝缘地垫。

3. 操作工具:绝缘专用工具、举升机、检测仪表、故障诊断仪、汽车专用万用表。

4. 辅助材料:防静电工作台、灭火器、放电工装、绝缘杆等。

## 二、操作步骤

1. 认识并检查绝缘手套和劳动手套(见图 4-42)。根据检查目的,写出用前检查相关项目,注意操作中使用事项。

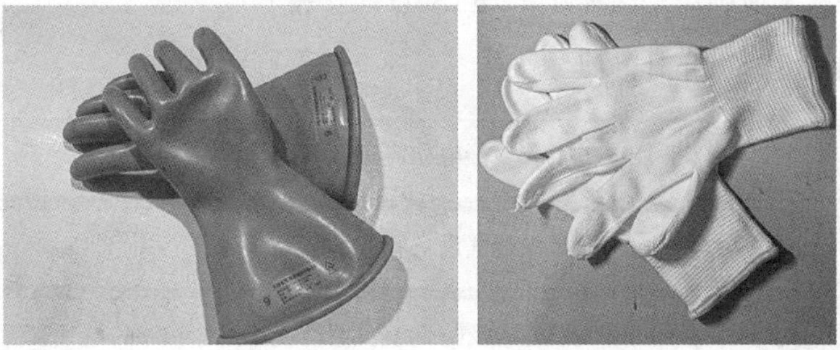

图 4-42 绝缘手套(左)和劳动手套(右)

绝缘手套检查项目:______________________________

2. 认识并检查安全帽和绝缘鞋(见图 4-43)。根据检查目的,写出用前检查相关项目,注意操作中使用事项。

图 4-43 安全帽和绝缘鞋

安全帽检查项目:______________________________

绝缘鞋检查项目:______________________________

3. 认识标识牌和隔离带(见图 4-44),并进行场地内规范安放。

标识牌含义:______________________________

隔离带检查项目:______________________________

图 4－44　标识牌和隔离带

4. 认识护目镜（见图 4－45）并写出用前检查及操作中使用注意事项。

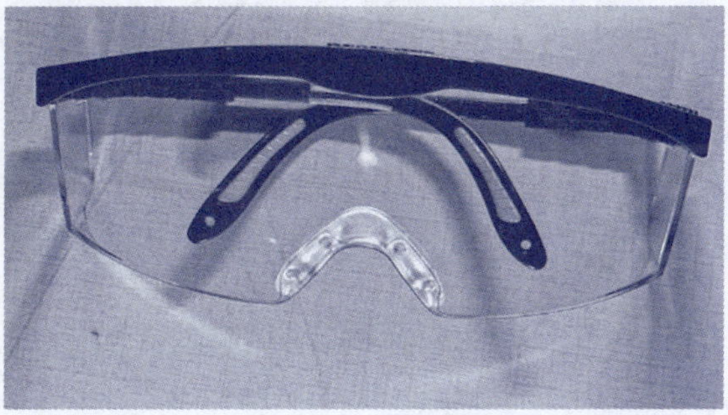

图 4－45　护目镜

护目镜检查项目：________________________________________

5. 写出绝缘垫的用前检查及操作中使用注意事项。

绝缘垫检查项目：________________________________________

## 任务评价

本任务权重分配表

| 项目 | 分数 | 评分标准 | 过程分析 | 实得分数 | 备注 |
|---|---|---|---|---|---|
| 认识并检查绝缘手套和劳动手套 | 20 | 1. 操作正确无误；<br>2. 基本认识包括名称、功能。 | | | 以吉利帝豪 EV450 作为实训车辆进行操作 |
| 认识并检查安全帽和绝缘鞋 | 20 | | | | |
| 认识标识牌和隔离带 | 20 | | | | |
| 认识护目镜并写出用前检查及操作中使用注意事项 | 20 | | | | |
| 绝缘垫的用前检查及操作中使用注意事项 | 20 | | | | |
| 总　分 | | | | | |

## 学习测试

### 一、填空题

1. 经高压安全培训并取得________的维修技师，才允许对高压部件进行拆装、维修等操作。

2. 充电结束后，应先________。

3. 放置车辆________min 后，对新能源汽车的高压电容器进行放电。

### 二、判断题

1. 新能源汽车不涉及高电压的维修，只需要常规的操作安全防护即可。 ( )

2. 新能源汽车操作前必须先检查高压系统是否正常。 ( )

3. 仪表中绿色 READY 灯点亮说明高压系统存在故障。 ( )

### 三、单选题

1. 对电动汽车以下哪个系统的拆装，不需要做高压安全防护？( )

A. 驱动电机控制器　　B. 制动系统

C. DC/DC 转换器　　D. 高压控制盒 BDU

2. 对电动汽车进行的以下操作中，触电危险性最大的是 ( )。

A. 直流快充操作　　B. 更换驱动电机控制器

C. 分解动力电池　　D. 故障码诊断

3. 以下不属于对动力电池使用要求的是 ( )。

A. 避免动力电池频繁使用快充充电

B. 长时间不使用车辆时，应每个月使用车辆一次并对车辆进行均衡充电

C. 尽量避免急加速和急减速

D. 车辆因事故需进行车身维修时，拆卸动力电池之后才能进行相关作业

## 项目小结

本项目主要对车间安全防护要求、新能源汽车高压电气维修操作规范两个任务进行了学习。

操作人员必须经过低压电工安全培训，并持有应急管理部颁发的《特种作业操作证(低压电工证)》。根据欧洲经济委员会 ECE－R100 标准，绝缘电阻必须至少为 500Ω/V，将红表笔连接测量点，黑表笔连接搭铁点，绝缘阻值应大于或等于“测量出的电

压”×500Ω/V。

绝缘防护工具包括：防静电工作台、绝缘垫、放电工装、隔离带、绝缘手套、劳保手套、安全帽、护目镜、绝缘鞋、绝缘服、绝缘维修工具、高压安全警示标识等。

维修开关的作用是在车辆维修时直接断开高压回路，从而保证操作人员的安全。

新能源汽车通常采用两种形式进行高压的标识警示，包括高压警示标识和导线颜色。

车辆自身高压防护措施包括等电位联结、电气隔离、自动断路功能、互锁监测及保护、过电流及短路保护。

新能源汽车维修时，在维修现场至少配备2名人员：维修操作人员、专职监护人员。

维修高压车辆时，必须遵循高压操作规范和机动车维修操作规范。

高压禁用操作程序：移、拔、关、断、取、等、查。

# 项目 5 新能源汽车事故急救

## 项目导读

新能源汽车保有量不断提升，随之而来的便是越来越多的新能源汽车事故，无论是驾乘人员还是救援人员，对事故发生后的救援都非常关心。本项目分为两个学习任务：触电急救处理和新能源汽车碰撞、起火、涉水后的救援，具体内容见学习导图。

## 项目目标

### 知识目标

1. 熟知电压等级划分和电流对人体的危害；
2. 掌握新能源汽车高压急救处理流程；
3. 掌握心肺复苏的急救方法。

### 技能目标

1. 能够分辨新能源汽车发生事故的种类；
2. 能够正确对事故伤员进行急救处理；
3. 能够正确使用绝缘手套、灭火器等器具进行事故处理。

### 素养目标

1. 具有良好的沟通交流能力，通过团队有效合作，提高工作效率；
2. 具有较强的自主学习能力，能够在工作岗位上有所革新和创新；
3. 具有较好的组织能力，并通过信息有效处理，具备解决问题的能力。

## 学习导图

**新能源汽车事故急救**

- **触电急救处理**
  1. 能够描述电压等级划分和电流对人体的影响；
  2. 能够正确辨别触电事故的种类和方式；
  3. 能够对触电伤员进行心肺复苏等急救处理。
- **新能源汽车碰撞、起火、涉水后的救援**
  1. 能够辨别新能源汽车发生事故的种类；
  2. 能够描述碰撞、起火、涉水事故救援流程；
  3. 能够正确使用灭火器扑灭火灾。

## 项目实施

本项目由“触电急救处理”“新能源汽车碰撞、起火、涉水后的救援”两个任务构成。学会了触电急救处理后，掌握新能源汽车高压急救理论与措施，便可在新能源汽车发生碰撞、起火、涉水等事故后，对伤员进行分类急救，对车辆开展救援。本项目将以理实一体化操作训练进行教学实践，培养学生高压安全及防护意识。

# 任务1 触电急救处理

### 任务描述

一名汽车维修技师在维修一辆涉水电动汽车时，没有完全按照安全操作规程进行操作，发生了触电事故，此时已经倒地不起。作为维修车间的安全员，请你第一时间对这名伤员进行现场急救处理。

## 相关知识

人体组织中含有大量水分，同时溶解有大量的导电物质，如阳离子 $K^+$ 和 $Na^+$、有机酸离子和蛋白质等。因此人体是良导体，能够导电。当有电压施加于人体并形成电流通路时，电流从人体各个脏器中流过，对人体造成不同类型的伤害。如果新能源汽车的消费者和工程师对高压系统缺乏了解，则在对车辆进行清洗或维护保养时，很有可能会因为操作不当从而引发触电伤害，严重的甚至导致死亡。触电是指人体触及带电体时，电流经过人体流入大地或是进入其他导体，进而构成导电回路，电流对人体造成伤害。

### 一、电流对人体的伤害

电流对人体的伤害与其他一些伤害不同，事先没有任何预兆，伤害往往发生在瞬息之间，而且人体一旦遭受电击，防卫能力迅速降低。因而，电流伤害更具有危险性，值得引起人们的高度重视。

#### （一）电流对人体的生物效应

电流对人体的生物效应有三类，分别是电热作用、电解作用、电机械作用。

**1. 电热作用**

电流通过任何物体都要散发热量，这就是电流的热效应。电流通过人体不同部位时，人体是良导体，一部分电能会转化为热能，会引起人体组织的烧伤、炭化等危害（见图 5-1）。同时触电的时间越长，流过的电流越大，机体的损伤就越严重。如果局部的温度过高，还可能使体液变为蒸气。

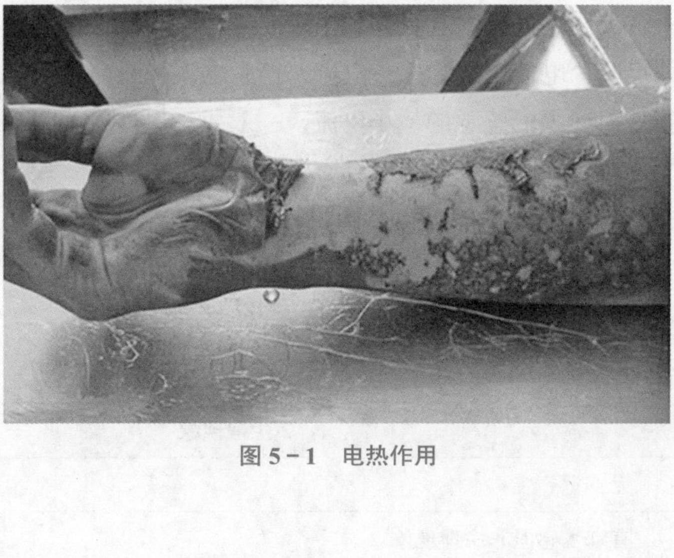

图 5-1 电热作用

**2. 电解作用**

电流通过人体的体液时，会使体液内的各种化合物发生电解。这其中，作为电解液的水是氢原子和氧原子化合产生的物质，在电流作用下，在阳极端的水会产生氧气泡，在阴极端的水会产生氢气泡，水电解为氧气和氢气。同时，电流通过组织还会使其他化合物分解，如皮脂可以分解为脂肪酸等。

**3. 电机械作用**

电流产生的蒸气或气体，以及电能转变为机械能，会引起组织的机械性损伤，如形成各种伤口、骨头折断等。电流很小时对人体无害。例如，用于诊断和治疗的某些医疗电器设备，接触人体时通过微量电流还能治病救人，这种电接触被称作微电接触。但通过人体的电流比较大，持续时间过长，可能使人体受到伤害甚至死亡，被称作电击。人体触电时，电流对人体造成的伤害有电伤和电磁场生理伤害两种类型。

（1）电伤是指电流的热效应、化学效用和机械效应对人体产生的伤害，包括电弧烧伤、熔化金属溅出烫伤等类型。尽管 85% 以上的触电死亡事故是电击造成的，但其中大约 70% 的含有电伤成分。对专业电工自身的安全而言，预防电伤具有更加重要的意义。

（2）电磁场生理伤害是指在高频磁场的作用下，人体出现头晕、乏力、记忆力减退、失眠、多梦等症状，长此以往将会促使人体各项机能下降，危害也十分严重。

### （二）电流对人体损伤的影响因素

电流通过人体内部，能使肌肉产生突然收缩效应，产生针刺感、压迫感、打击感、痉挛、疼痛、血压升高、昏迷、心律不齐、心室颤动等症状。数十毫安的电流通过人体即可引起呼吸停止。数十微安的电流直接流过心脏会导致心室纤维性颤动（简称心室纤颤）。电流对人体损伤的影响因素如下：

**1. 电流大小**

通过人体的电流大小不同，引起人体的生理反应也不同。按照通过人体的电流大小和人体呈现的不同反应，电流可分为感知电流、摆脱电流和致命电流。

感知电流是指能引起人的感觉的最小电流，一般成年男性约为 1.1mA，成年女性约为 0.7mA。

摆脱电流是指人体触电以后能够自己摆脱的最大电流。成年男性约为 13mA，成年女性约为 10.5mA，儿童的摆脱电流比成年人要小。触电后不能摆脱电源，后果是比较严重的。表 5－1 列出了摆脱电流范围内触电后人的生理反应。

**表 5－1　摆脱电流范围内触电后人的生理反应**

| 电流强度（mA） | 生理现象 |
|---|---|
| 0.0 ～ 0.9 | 无感觉 |
| 0.9 ～ 3.5 | 有麻木感但非病理现象 |

续表

| 电流强度（mA） | 生理现象 |
| --- | --- |
| 3.5 ～ 5.0 | 有不适的麻木痛楚，轻微痉挛，反射性的手指肌肉收缩 |
| 5.0 ～ 7.0 | 手感到有痛楚，且出现痉挛 |
| 7.0 ～ 8.0 | 手指、手腕等处有强烈痛感，手部痉挛 |
| 8.0 ～ 10.0 | 全手病态痉挛、收缩，且麻痹 |
| 10.0 ～ 12.0 | 肌肉收缩痉挛传至肩部，强烈疼痛（接触带电体时间不超过 30s） |
| 12.0 ～ 14.0 | 手全部自己抓紧，须用力才能离开带电体（接触带电体时间不超过 30s） |
| 14.0 ～ 15.0 | 手全部自己抓紧，不能离开带电体 |

致命电流是指在较短的时间内危及人的生命的最小电流。当电流持续时间超过心脏周期时，致命电流为 50mA 左右；当电流持续时间短于心脏周期时，致命电流为数百毫安。电击致死是电流引起心室纤颤造成的。

**2. 电流持续时间**

电流持续时间与机体的损伤程度有密切关系。通电时间越短，对机体的影响越小；通电时间越长，对机体的损伤就越大，危险性也越大，特别是电流持续流过人体的时间超过人的心脏搏动周期时对心脏的威胁更大，极易产生心室纤颤。人的心脏每收缩扩张一次约有 0.1s 的间隙，这 0.1s 的间隙期对电流特别敏感。

如果通过人体的电流只有 20 ～ 25mA，一般不会直接引起心室颤动或心脏停止跳动。但如果时间较长，仍可导致心室颤动或心脏停止跳动，这主要是由呼吸停止导致机体缺氧引起的，但当通过人体的电流超过数安时，由于刺激强烈，也可能先使呼吸停止。数安培的电流流过人体，还可能导致严重的烧伤甚至死亡。表 5 - 2 列出了电流与时间的关系。

表 5 - 2　电流与时间的关系

| 电流强度（mA） | 29 | 45 | 56 | 72 | 102 | 160 | 204 | 256 | 368 |
| --- | --- | --- | --- | --- | --- | --- | --- | --- | --- |
| 允许时间（s） | ∞ | 1.20 | 0.83 | 0.63 | 0.48 | 0.40 | 0.35 | 0.30 | 0.1 |

**3. 电流通过人体的途径**

通过人体的电流途径不同，对人体的损伤情况也不同。电流通过心脏、脊椎和中枢神经等重要部位时，电击的伤害最为严重。因此，从左手到胸部以及从左手到右脚是最危险的电流通过途径，从脚到脚一般危险性较小，但不代表没有危险。

**4. 电流种类**

直流电、交流电对人体都会造成伤害，25 ～ 300Hz 的交流电对人体损害最大，且极易引起心室纤颤；20 000Hz 以上的交流电对人体影响较小，故可用于理疗。平时使用的工频交流电源为 50Hz，人体对工频交流电要比直流电敏感得多，接触直流电时，即使强度达 250mA 也不会引起特殊损伤，而接触 50Hz 交流电时，只要有 50mA 的电流通过人体，持续数十秒，便可引起心室纤颤，甚至死亡。

**5. 电压与人体电阻**

通过人体的电流取决于外加电压和人体电阻。据测量，在带电体电压一定的情况下，触电时人体电阻越大，通过人体的电流就越小，危险程度也越低；反之，危险程度越高。人体触及带电体的面积越大，接触越紧密，则电阻越小，危险程度越大。同理，接触的电压越高，对人体的损伤也就越大。一般将 36V 以下的电压称为安全电压。但在特别潮湿的环境中即使接触 36V 的电源也有生命危险，所以在这种场所，一般宜使用 12V 安全电压。

虽然电流是让人受伤的罪魁祸首，但人体可等效成一个电阻，根据欧姆定律（$I = U/R$）可知，流经人体电流的大小与外加电压和人体的电阻有关。影响人体电阻的因素很多，通常流经人体电流的大小无法事先计算出来。因此，为确定安全条件，往往不采用安全电流，而是采用安全电压来进行估算。《信息技术设备的安全》（GB 4943—2001）规定：在干燥的条件下，相当于人的一只手的接触面积上，峰值电压高达交流 42.4V 或直流电压高达 60V 的稳态电压视为不具危险的电压，即安全电压。

**（三）人体电阻的组成**

**1. 皮肤电阻**

皮肤最外层表皮是角质层，厚度为 0.05 ～ 0.2mm。在干燥和干净的状态下，角质层的电阻率可达 $1\times10^5$ ～ $1\times10^6\Omega\cdot m$，表皮电阻高达 10 万欧姆。但表皮有很多微孔保持内外相通，而且容易受到机械破坏和电击穿，在计算人体电阻时一般不予考虑。人体皮肤电阻与皮肤状态有关，随条件不同在很大范围内变化。例如，皮肤在干燥、洁净、无破损的情况下，可高达几十千欧，而潮湿皮肤的电阻可能在 1 000Ω 以下。

**2. 体内电阻**

体内电阻由人体内部组织、血液、骨骼组成。由于血液、脂肪、器官等大量的蛋白分子的含水量可达体重的 70%，因此人体内部电阻的导电性能好。实践证明，人体内部电阻的平均值大约是 500Ω。一般情况下，人体电阻为 1 000 ～ 2 000Ω。

**（四）人体电阻的影响因素**

（1）人体电阻与接触电压有关。干燥电流经左手到右手，接触面积 50 ～ 100$cm^2$ 的条件下，人体电阻见表 5－3。

表 5－3 人体电阻（Ω）

| 接触电压（V） | 最低百分数（%） | | |
| --- | --- | --- | --- |
| | 5 | 50 | 95 |
| 25 | 1 750 | 3 250 | 6 100 |
| 50 | 1 450 | 2 625 | 4 375 |
| 75 | 1 250 | 2 200 | 3 500 |
| 100 | 1 125 | 1 875 | 3 200 |
| 125 | 1 000 | 1 350 | 2 125 |
| 220 | 750 | 1 100 | 1 550 |
| 700 | 700 | 1 050 | 1 500 |

表 5－3 说明，随着接触电压的升高，人体电阻急剧降低。究其原因，一是角质层和表皮被击穿，人体电阻下降，数十伏的电压即可击穿角质层；二是随着电流的增加，皮肤局部发热增加，汗腺增多，使人体电阻下降。

（2）人体电阻与皮肤状态有关。皮肤状态对人体电阻的影响很大。如果将皮肤与电极接触的表面用干净的水浸湿后测量，所得人体电阻比干燥条件下的低 15%～25%；如果改用导电性溶液浸湿，则人体电阻锐减为干燥条件下的 1/2；如果皮肤长时间湿润，则角质层变得柔软而饱含水分，皮肤电阻几乎完全消失。大量出汗后，人体电阻也明显降低。同时，人体电阻还与皮肤的粗糙程度有关。

（3）人体电阻与通电时间有关。电流持续时间延长，人体电阻由于出汗等原因而下降。在 20～30V 电压下的试验表明，电流持续 1～2min 后，人体电阻下降 10%～20%。

思考：根据欧姆定律，在高电压车辆上双手触电时，流经人体的电流为多少（见图 5－2）？

（4）人体状况。人体的健康状况和精神状态是否正常，对于触电伤害的程度是不同的。患有心脏病、结核病、精神病、内分泌系统疾病及酒醉的人，触电引起的伤害程度更加严重。

## 二、安全防护用具

电气安全用具按基本作用可分为绝缘安全用具和一般防护安全用具。

### （一）绝缘安全用具

绝缘安全用具包括：绝缘手套、绝缘靴、高压防护服、绝缘棒、验电器、绝缘夹钳、绝缘垫和绝缘台等。本文主要介绍前三类。

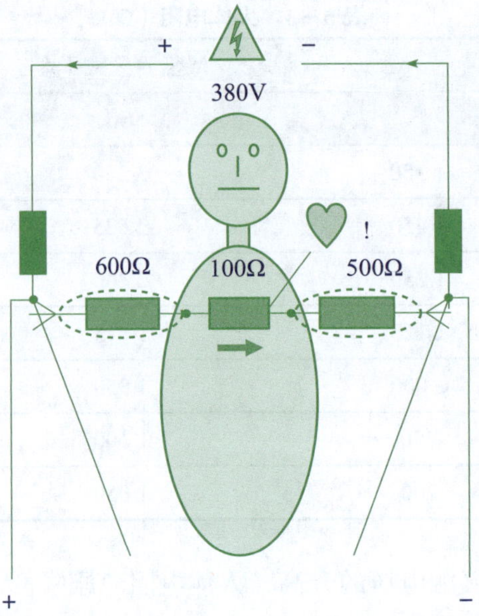


图 5-2　380V 直流电压造成的电气事故

**1. 绝缘手套**

绝缘手套（见图 5-3），又称高压绝缘手套，具备如下功能：

（1）防止高压电的伤害。

（2）防止电磁与电离辐射的伤害。

（3）防止化学物质的伤害。

（4）防止撞击、切割、擦伤、微生物侵害以及感染。

使用绝缘手套时应注意以下几点：

（1）绝缘手套等级有很多，根据要防护的电压等级来选用。

（2）绝缘手套使用前应仔细检查，观察表面是否破损及手套是否漏气，破损和漏气的手套切勿使用，以免发生意外。

（3）绝缘手套要定期检查其绝缘性，不符合规定的不能使用。

（4）保存绝缘手套时避免高温，并在制品上撒上滑石粉以防止粘连。

**2. 绝缘靴**

绝缘靴的内底和外底之间有绝缘层，可耐规定电压，绝缘性能可靠（见图 5-4），可防止触电伤害和静电伤害。绝缘靴按照帮面材料可以分为：电绝缘皮鞋类、电绝缘布面胶鞋类、电绝缘胶面胶鞋类和电绝缘塑料鞋类。

穿戴绝缘靴时应注意：

（1）电工绝缘靴不能保证 100% 防护电击。

（2）应定期检查。

（3）禁止在污染鞋底材料的场所穿用。

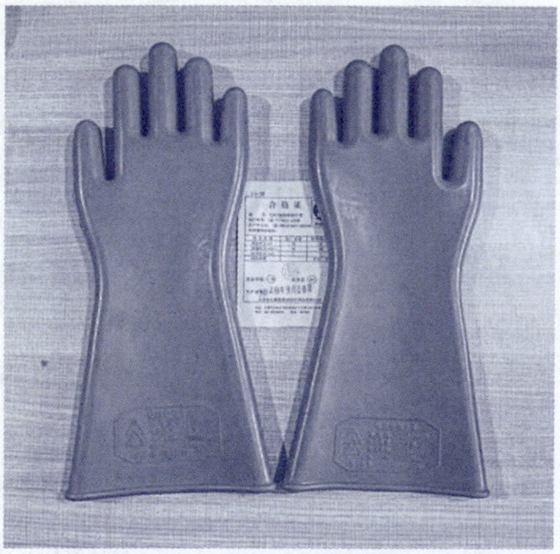

图 5-3 高压绝缘手套

图 5-4 绝缘靴

（4）工作环境要保持鞋面干燥。

（5）应时常留意绝缘靴的使用时间、鞋面、鞋底的磨损状况。

### 3. 高压防护服

维修高电压系统时，必须穿非化纤类的高压防护服（见图 5-5）。高压静电防护服，简称高压防护服，是为了防止衣服的静电积累、油水渗透、硬物刺入，用防静电织物为面料而制成的工作服。高压防护服应符合《防护服装—防静电服》（GB 12014—2019）的规定。高压防护服的作用：高压防护服能有效屏蔽高压电场，在穿用高压防护服后，使处于高压电场中的人体外表面各部位形成一个等电位屏蔽面，从而防护人体免受高压电场及电磁波的危害。

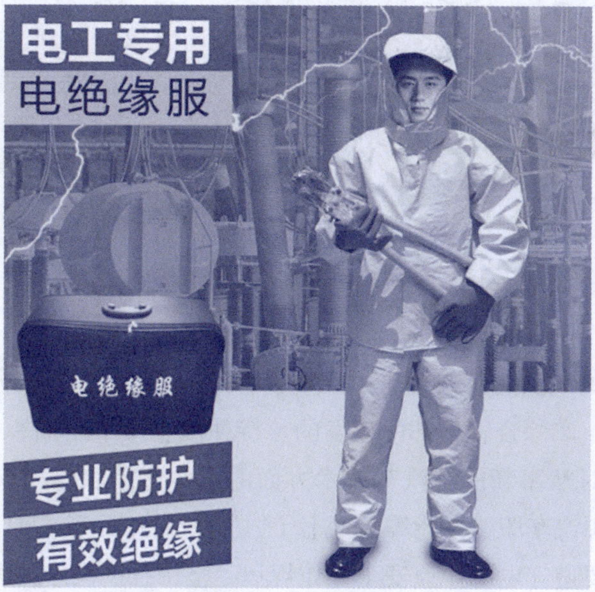


图 5-5 高压防护服

穿戴高压防护服时应注意：

（1）禁止在易燃、易爆场所穿脱高压静电防护服。

（2）禁止在高压防护服上附加或佩戴任何金属物件。

（3）穿高压防护服时，还需要与防护鞋配套使用，同时地面也应是导电地板。

（4）高压防护服应保持清洁，保持防静电性能，使用后用软毛刷、软布蘸中性洗涤剂刷洗，不可损伤布料纤维。

（5）穿用一段时间后，应对高压防护服进行检验或更换，若防静电性能不符合标准要求，则不能再以高压防护服使用。

### （二）一般防护安全用具

一般防护安全用具主要有：携带型接地线、隔离板和临时遮栏、安全腰带、安全带、安全帽、人体防护用品、防毒防尘面具、护目镜等。以下主要介绍安全帽和护目镜。

#### 1. 安全帽

安全帽（见图 5－6）是工作人员在进行底盘检查时防止物体打击、坠落时头部碰撞、防止掉落的高压线漏电击中头部的防护装置。

#### 2. 护目镜

高压电车辆维修用的护目镜（见图 5－7）应该具有侧面防护功能，防止电弧和弧光伤害。

图 5－6　安全帽

图 5－7　护目镜

## 三、监护、维护人员的基本要求

从事电气工作的人员为特种作业人员，必须经过专门的安全技术培训和考核，经考试合格取得安全生产综合管理部门核发的《特种作业操作证（高、低压电工证）》后，才能独立作业，同时从事新能源汽车技术方面的工作还需取得汽车维修工中、高级证书，以及智能新能源汽车职业技能等级证书（“1+X”证书）等（见图 5－8）。

电工作业人员要遵守电工作业安全操作规程，坚持维护检修制度，特别是高压检修工作的安全人员，必须严格遵守工作票、工作监护等工作制度。

图片来源：澳林控股集团复工复产十项安全风险提醒 . 见财报网，2023-01-12.

**图 5－8　持证上岗**

## 四、接触电击

按照发生电击时电气设备的状态，电击可分为直接接触电击和间接接触电击。直接接触电击是指直接触及带电体时发生的电击。间接接触电击是指触及正常状态下不带电，而当设备或线路故障时意外带电的导体发生的电击，如触及漏电设备的外壳发生的电击。

按照人体触及带电体的方式和电流流过人体的途径，电击可分为单相触电、两相触电和跨步电压触电（见图 5－9）。

图片来源：暴雨中如何防止触电？见泗县发布，2021-07-27.

**图 5－9　单腿跳跃避免跨步电压**

造成触电事故的原因主要有两方面：

（1）设备、线路的问题。如接线错误，特别是插头、插座接线错误而造成很多触电事故；由于电气设备运行管理不当，使绝缘损坏而漏电，又没有采取切实有效的安全措施，也会造成触电事故。

（2）人员违规操作。大量触电事故的统计资料表明，有 90% 以上的事故是违规操作造成的。安全教育不够、安全制度不严和安全措施不完善、操作者素质不高等都可能造成事故。触电对人身安全危害极大，操作人员在对新能源汽车维护保养时，要按照行业规定的制度严格执行，一定要穿戴安全防护套装，使用安全绝缘性高的工具，从而保护好自身安全。

## 五、脱离电源的方法

### （一）脱离低压电源的方法

脱离低压电源的四字口诀：拉，切，移，拖。也就是：拉开关和插头；用绝缘工具切断电源；用干木棍移开电源；用干衣包着手去拉伤者干衣，拖伤者离开电源。

触电快速脱离电源的具体方法如下：

（1）触电者触及低压设备时，救护人员应设法迅速切断电源，如拉开电源断路器或隔离开关、拔除电源插头等。

（2）如果电源开关、瓷插式熔断器或者电源插座距离较远，可用有绝缘手柄的电工钳或者干燥木柄的斧头、铁锹等利器切断电源（见图 5－10）。切断点应选择导线在电源侧有支持物处，防止带点导线断落触及其他人体。剪断电线要分组，一根一根地切断，并尽可能站在绝缘物体或木板上。

图片来源：北京市房山区计生协公众号．

图 5－10　触电急救

（3）如果导线跌落在触电者身上或者压在身下，可用干燥的木棒、竹竿等绝缘物品使触电者脱离电源。如果触电者衣服是干燥的，又没有紧缠在身上，不至于救护人员直接触及触电者的身体，那么救护人员可直接用一只手抓住触电者不贴身的衣服，使触电者脱离电源；也可站在干燥的木板、木桌椅或橡胶垫等绝缘物品上，用一只手把触电者拉脱电源。

（4）如果电流通过触电者入地，并且触电者紧握导线，可设法用干燥的木板塞进其身下使其与地绝缘而切断电流，然后采取其他方法切断电源。

### （二）脱离高压电源的方法

当有人高压触电时，帮助高压触电者脱离电源与低压触电者脱离电源的方法是不一样的。主要有如下原因：电压等级高，一般绝缘物无法保证抢救人员安全，电压开关距离远，不易切断电源，电源保护装置低压灵敏度高等。

为使高压触电者尽快脱离电源，可以采用以下方法：

（1）尽快与有关部门联系，停电。

（2）戴上绝缘手套，穿上绝缘靴，拉开高压断路器或用相应电压等级的绝缘工具拉开高压跌落式熔断器，切断电源。

（3）如果触电者触及高压带电线路，又不可能迅速切断电源开关，则可采用抛挂足够截面、适当长度的金属短路线的方法，迫使电源开关跳闸。抛挂前，将短路线的一端固定在铁塔或接地引下线上，另一端系重物。但是在抛掷短路线时，应注意防止电弧伤人或断线危及人员安全。

（4）如果触电者触及断落在地上的带电高压导线，救护人员应穿绝缘靴或临时双脚并紧跳跃接近触电者，否则不能接近断线点 8m 之内，以防跨步电压伤人。

（5）触电者脱离高压电源后，救护人员应将其带离 8m 外场所进行急救；只有确定线路无电，才可以就地急救。

## 六、触电伤员急救

触电急救的第一步是要脱离电源，保证安全。触电急救的基本原则是在现场采取积极措施保护伤员生命，减轻伤情，减少痛苦，并根据伤情需要，迅速联系医疗部门救治。急救的成功条件是动作快、操作正确，任何拖延和操作错误都会导致伤员伤情加重甚至死亡。

假如发生了电动汽车高压部分触电事故，救护人员首先应迅速切断电源，或使用适合该电压等级的绝缘工具（戴绝缘手套、穿绝缘靴并用绝缘棒）使触电者脱离电源。同时救护人员在抢救过程中应注意保持自身与周围带电部分必要的安全距离。其次，救护人员要认真观察伤员全身情况，防止伤情恶化。若发现触电者呼吸、心跳停止，应立即在现场就地抢救，采用心肺复苏法（见图 5－11）支持呼吸和血液循环，对脑、心等重要脏器供氧。

**图 5－11　心肺复苏流程**

运用心肺复苏法的注意事项如下：

## （一）判断触电者意识

现场急救的第一原则是：保护自己的安全。因此，在发现触电者后应首先检查现场是否安全。若安全，可当场进行急救；若不安全，须将触电者转移后进行急救。

意识判定：轻拍重呼，即轻拍触电者肩膀，并用 5s 时间大声呼喊触电者名字，禁止摇动触电者头部呼叫；如未获得回应，则表明其意识已丧失，此时应将触电者就地仰面躺平，确保其气道通畅。如果触电者神志清醒，应使其就地躺平，严密观察，暂时不要站立或走动。

## （二）判定呼吸、心跳情况

如果触电者丧失呼吸、心跳，应在 10s 内用看、听、试的方法，判定其呼吸、心跳情况。

看：触电者的胸部、腹部有无起伏动作。

听：用耳贴近触电者的口鼻处，听有无呼气声音。

试：试测口鼻有无呼气的气流。再用两手指轻试一侧（左或右）喉结旁凹陷处的颈动脉有无搏动。

若看、听、试的结果为既无呼吸又无颈动脉搏动，则可判定呼吸、心跳停止。

触电者如果没有意识，此时应立刻高声呼救，寻求其他人的帮助，拨打120。

### （三）准备复苏

首先要将触电者摆放在正确的体位，立即使触电者仰卧在坚固的平面上，头部不得高于胸部；双下肢抬高15度，利于下肢静脉回流，以增加心脏排血量；若要在床上进行抢救，应撤除触电者身下的软垫或在触电者背部垫以硬板。解开触电者的衣物暴露前胸。救护人员位于触电者一侧，两腿与肩同宽，跪贴或站立于其肩、胸部旁。

### （四）胸外按压

按压体位：靠近触电者胸部一侧，保证按压力量垂直于胸骨，可采取跪式、立式等。

按压部位：两乳头连线中点（胸骨中下1/3处）。

按压方法：双掌叠加，手指不触及胸部，肩膀与手臂连线垂直于触电者胸骨。

按压频率：至少100次/min，不论单人还是双人均为30：2按压比例，即每按压30次人工呼吸2次（见图5－12）。

按压深度：成人5～6cm，幼儿2.5～3.5cm。

注意：持续的胸外按压能确保有效的血流灌注，要尽可能避免中断按压。

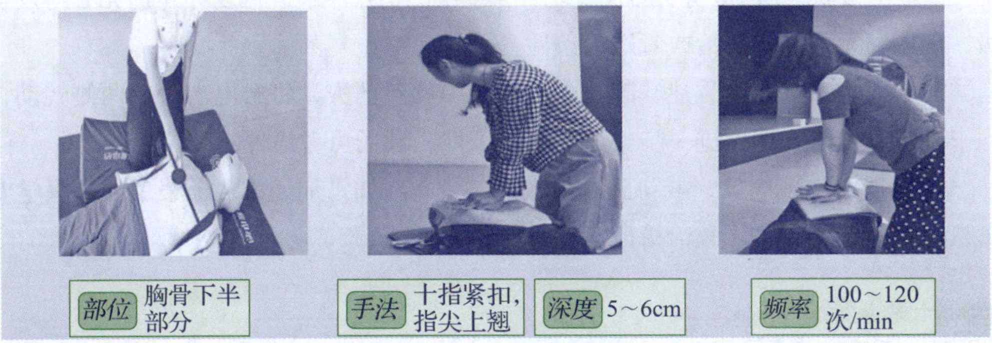


图5－12 胸外按压

### （五）开放气道

清理呼吸道：头侧位，清除口异物，开放气道。

压额抬颏法：如无颈椎损伤可首选此法。站立或跪在触电者身体一侧，用一手小鱼际放在触电者前额向下压迫，另一手食、中指并拢，放在颏部的骨性部分向上提起，使颏部及下颌向上抬起、头部后仰，气道即可开放。

抬举下颌法：可避免加重颈椎损伤。站立或跪在触电者头顶端，肘关节支撑在触电者仰卧的平面上，两手分别放在触电者头部两侧，分别用两手食、中指固定住触电者两侧下颌角，小鱼际固定住两侧颞部，拉起两侧下颌角使头部后仰，气道即可开放。

压额托颌法：站立或跪在触电者一侧，用一手小鱼际放在触电者前额向下压迫，另一手拇指与食、中指分别放在两侧下颌角处向上托起，使头部后仰，气道即可开放。

注意：无论采用何种开放气道的方法，均应使耳垂与下颌角的连线和触电者仰卧的平面垂直，气道方可开放。

### （六）人工呼吸

判断有无呼吸，若无呼吸即进行口对口 / 鼻呼吸。

连续吹 2 口气；缓慢吹气，每次持续多于 1 秒；有效指征为胸廓有起伏即可；通气频率：一般为 10 ～ 12 次 /min；小于 8 岁为 12 ～ 20 次 /min。

### （七）终止急救情况

出现以下情况时，可终止急救：

（1）触电者自主呼吸及心跳获得良好恢复，甚至恢复了意识，此时可结束心肺复苏。

（2）由其他急救人员接替抢救，或者专业急救人员到场，承担了复苏工作。

（3）心肺复苏持续 30 分钟以上，心搏骤停前 10 分钟未进行复苏，仍无心搏及自主呼吸，现场又无进一步救治或者送治条件，可考虑终止复苏。

（4）脑死亡，如深度昏迷，瞳孔固定、角膜反射消失，将触电者头向两侧转动，眼球原来位置不变等，如无进一步救治或送治条件，现场可考虑停止复苏。

（5）当现场出现危险，威胁到抢救人员的安全（如雪崩、山洪暴发）以及医学专业人员认为触电者死亡，无救治指征。

## 任务实施

### 一、任务准备

1. 操作防护装备：触电急救模拟人、验电器、高压绝缘靴、高压绝缘手套、担架、氧气袋、塑料袋、小药箱。

2. 实训场地：新能源汽车智能制造实训中心。

3. 辅助材料：围栏。

4. 请根据任务要求，确定所需要的检测仪器、工具，并对小组成员进行合理分工，制定急救计划。

## 二、操作步骤

1. 切断电源，将触电者脱离电源。

2. 观察触电者情况，进行触电者意识判断。

3. 向周围进行呼救，拨打 120。

4. 准备心肺复苏，将触电者立即仰卧在坚固的平面上，解开触电者衣物暴露前胸。

5. 进行胸外按压。

按压位置：右手的食指和中指沿触电者的右侧肋弓下缘向上，找到肋骨和胸骨接合处的中点。两手指并齐，中指放在切迹中点（剑突底部），食指平放在胸骨下部。另一只手的掌根紧挨食指上缘，置上胸骨上，即为正确按压位置。

按压姿势：

（1）使触电者仰面躺在平硬的地方，救护人员或立或跪在触电者一侧肩旁，救护人员的两肩位于触电者胸骨正上方，两臂伸直，肘关节固定不屈，两手掌根相叠，手指翘起，不接触触电者胸壁。

（2）以髋关节为支点，利用上身的重力，垂直将正常成人胸骨压陷 5 ～ 6cm（儿童和瘦弱者酌减）。

（3）压至要求程度后，立即全部放松，但放松时救护人员的掌根不得离开胸壁。

（4）按压必须有效，有效的标志是按压过程中可以触及颈动脉搏动。

操作频率：

（1）胸外按压要以均匀度进行，每分钟 80 次左右，每次按压和放松的时间相等。

（2）胸外按压与口对口（鼻）人工呼吸同时进行，其节奏为：单人抢救时，每按压 30 次后吹气 2 次（30：2），反复进行；双人抢救时，每按压 15 次后另一人吹气 1 次（15：1），反复进行。

6. 通畅气道：发现触电者口腔内有异物，要将触电者身体和头侧转，迅速从口中取出异物。

7. 口对口（鼻）人工呼吸。

（1）在保持触电者气道通畅的同时，救护人员用放在触电者额上的手的手指捏住触电者鼻翼，救护人员深吸气后，与触电者口对口紧合，在不漏气的情况下，先连续大口吹气两次，每次 1 ～ 1.5s，如两次吹气后试测颈动脉仍无搏动，可断定心跳已经停止，要立即同时进行胸外按压。

（2）除开始时大口吹气 2 次外，正常口对口（鼻）呼吸的吹气量不需过大，以免引起胃膨胀。吹气和放松时要注意触电者胸部应有起伏的呼吸动作。吹气时如有较大阻力，可能是头部后仰不够，应及时纠正。触电者如牙紧闭，可口对鼻人工呼吸。口对鼻人工呼吸吹气时，要将触电者嘴唇紧闭，防止漏气。

8. 直至观察到触电者恢复自主心跳和呼吸，方可结束急救。

### 三、操作结束

1. 处置结束后，应全面、细致地检查清理现场，并向指导教师移交。撤离现场时应当清点人员，整理器材装备。

2. 向指导教师报告如何妥善转运触电者，防止二次伤害。

## 任务评价

本任务权重分配表

| 项目 | 分数 | 评分标准 | 过程分析 | 实得分数 | 备注 |
|---|---|---|---|---|---|
| 能够描述电压等级划分 | 25 | 1. 能够正确描述；<br>2. 急救操作正确无误。 | | | |
| 能说出电流对人体的影响 | 25 | | | | |
| 能够描述触电后的急救基本理论与方法 | 25 | | | | |
| 能模拟触电急救处理 | 25 | | | | |
| 总　分 | | | | | |

## 学习测试

### 一、填空题

1. 人触电时，电对人体的伤害有________、________和________三种表现形式。

2. 如果人体皮肤干燥又未破损，人体的电阻一般为________欧。

3. 从________手到脚的途径，电流对人的伤害最严重。

### 二、判断题

1. 漏电保护器的使用是防止触电事故。（　）

2. 两相触电是指人体两处同时触及两相带电体而发生的触电事故。（　）

3. 触电者已失去知觉，还有呼吸，但心脏停止跳动，应使用口对口呼吸法急救。（　）

## 三、选择题

1. 施工现场照明设施的接电应采取的防触电措施为（　　）。

A. 切断电源　　B. 戴绝缘手套　　C. 站在绝缘板上　　D. 佩戴护目镜

2. 做好（　　）就是落实安全第一的最主要工作。

A. 临时工作　　B. 预防工作　　C. 应急工作　　D. 急救工作

3.（　　）触电是指人体两处同时触及两相带电体而发生的触电事故。

A. 单相　　B. 跨步电压　　C. 两相　　D. 间接

**工匠精神**

### 创新是第一生产力

唐昌远，吉利集团汽车研究院装调工，也是软件工程师。20年间他培养了数千名装调人才，曾主导国际车展展品设计制作，开发DoIP智能检测装置，并成功创建样车软件验证内置化平台。他是以持续创新为己任的“新型技能人才”标杆，正是秉持“创新是第一生产力”的理念，他才能在数十年里为吉利集团开发出各种各样的软件产品，从而提升了公司的效益。

榜样力量

创新是第一生产力

# 任务2 新能源汽车碰撞、起火、涉水后的救援

## 任务描述

随着新能源汽车销量的逐年提高，我国电动汽车安全事故也呈上升趋势。碰撞、浸水、老化，都有可能引发电池短路进而引起电池热失控，进一步引发新能源汽车突发起火，造成人员伤亡和财产损失。新能源汽车的起火事故具有三大特征：（1）事故突发性强，火势蔓延迅速，持续时间长；（2）事故潜在危险性大，伴随有毒气体释放和爆炸危险；（3）火灾扑救技术要求高，存在复燃风险，易引发次生灾害。同时夏日暴雨季来袭，路面积水严重，新能源汽车在经历过涉水甚至是泡水情况后，还会影响车辆的安全

性和绝缘性。假如很不幸，你的新能源汽车突发起火，你该怎么办呢？

## 相关知识

### 一、新能源汽车起火

近年来，新能源汽车起火事故呈持续增加态势，不同车辆类型、不同使用场景的火灾事故不断增加，俨然已经成为新能源汽车大规模普及应用的“拦路虎”。2020 年 8 月，国家市场监督管理总局对新能源汽车火灾事故进行调查，结果显示动力电池故障是火灾事故的主要原因，占比达 77%。具体来看，电动车自燃的场景主要包括充电时（见图 5－13）、行驶或放置过程中、碰撞翻车引发和涉水浸泡后引起，多起事故的矛头都指向了电池问题。

图 5－13　充电时起火

整体上，与电池相关的、导致新能源汽车起火的成因主要可以概括为充电问题、碰撞、泡水和动力电池自燃等因素。新能源汽车安全事故的常用调查分析方法按照正向或逆向逻辑顺序，可以归纳为“溯源分析＋事故复现法”和“诱因梳理＋过程推演法”两类。其中，前者主要通过收集现场数据（包括对起火后的对象进行无损表征和有损拆解、同批次样品进行对比分析、分析事故车辆的电池充放电监控数据等）定位可能的事故源，并进一步在试验室内模拟该缺陷，复现事故过程。后者则针对没有明显线索的事故，通过对可能导致电池发生失效的原因进行梳理，并从事故孕育、演化直至发生的规律进行推演，进而给出合理预测。

通过对电动汽车不同状态下的事故进行深度分析，可以将电动汽车事故的失效模式归纳为电芯失效、电池管理系统（BMS）失效、绝缘失效、机械及密封失效、连接失效等；按照发生事故时车辆所处的状态可以归纳为碰撞、泡水、充电、静置自燃、行驶中自燃等。车辆发生碰撞引起车辆局部发生类似针刺或者挤压效应，进而引起车辆动力系统发生电芯失效、绝缘失效或者机械失效等；车辆泡水会引起动力系统中电池发生内短路或者外短路，进而引发电芯失效或者绝缘失效；车辆充电时出现的过充或者飞线充电导致的连接失效都会导致电芯失效；车辆静置时出现的内部损耗和过放电会引起电芯失效和机械及密封失效；非法改装或者电气故障会导致车辆正常行驶过程中出现 BMS 失效及连接失效，进而引发事故。

图 5－14 展示了新能源汽车事故诱发原因之间的逻辑关系。图中可以看出：新能源汽车事故出现的失效模式都可以归纳为机械滥用导致隔膜破损，电滥用触发的内部或者外部短路，局部过热引起充电装置、电池单体或者附件着火等。首先失效的单体发生热失控会瞬间释放大量的能量，表现为喷出高温烟气、火星、电解液等，失效电池对周围电池剧烈传热的同时，喷出的电解液又会加速热失控蔓延的发生。当周围电池达到热失控触发温度时，热失控蔓延就会发生，进而蔓延至整个动力电池系统，最后表现为整车的燃烧或者爆炸。

### （一）新能源汽车起火事故的成因

从新能源汽车发生起火时所处状态可归纳为充电时起火、碰撞起火、浸水起火和停驶状态起火四种，其中碰撞起火是当前新能源汽车事故较多出现的情况之一。新能源汽车起火事故的详细成因如下：

#### 1. 充电问题

有相当比例的事故均是发生在车辆处于充电或者充完电以后的静置、行驶期间。其深层次原因则多种多样，与电池有关的原因包括以下几点：由于电芯一致性差，导致某些单体发生过充；电池充电控制策略与电池安全使用边界不匹配，如低温充电时导致电池内部析锂等；功能安全故障导致充电系统与电池系统无法正常协同工作，导致电池发生过充等。

典型案例：某地电动大巴的着火事故。通过调取运行监测数据发现，车辆在着火之前，已经多次出现过充电现象，但电池管理系统未及时切断，整车控制器也未报警，监测平台无反馈和提示，最终导致正在充电的大巴车着火。

#### 2. 碰撞

汽车在高速行驶时动量相当大，尤其在高速公路上行驶时。高速撞击导致汽车变形，从而导致电池组也相互挤压变形，最终损伤破裂与短路，造成电池的局部热集聚，燃烧起火。同时，剧烈碰撞本身也可能产生火花，在电解液等可燃物质与氧气接触下极易燃烧。特别是对于三元锂离子电池而言，碰撞起火更容易，因为其热失控温度不足 200℃，而且三元材料在达到一定温度时还会分解释放出极活泼的初生态氧，即使在没有外界氧气供应的情况下，这种电池内部就“完整地具备”燃烧三要素。

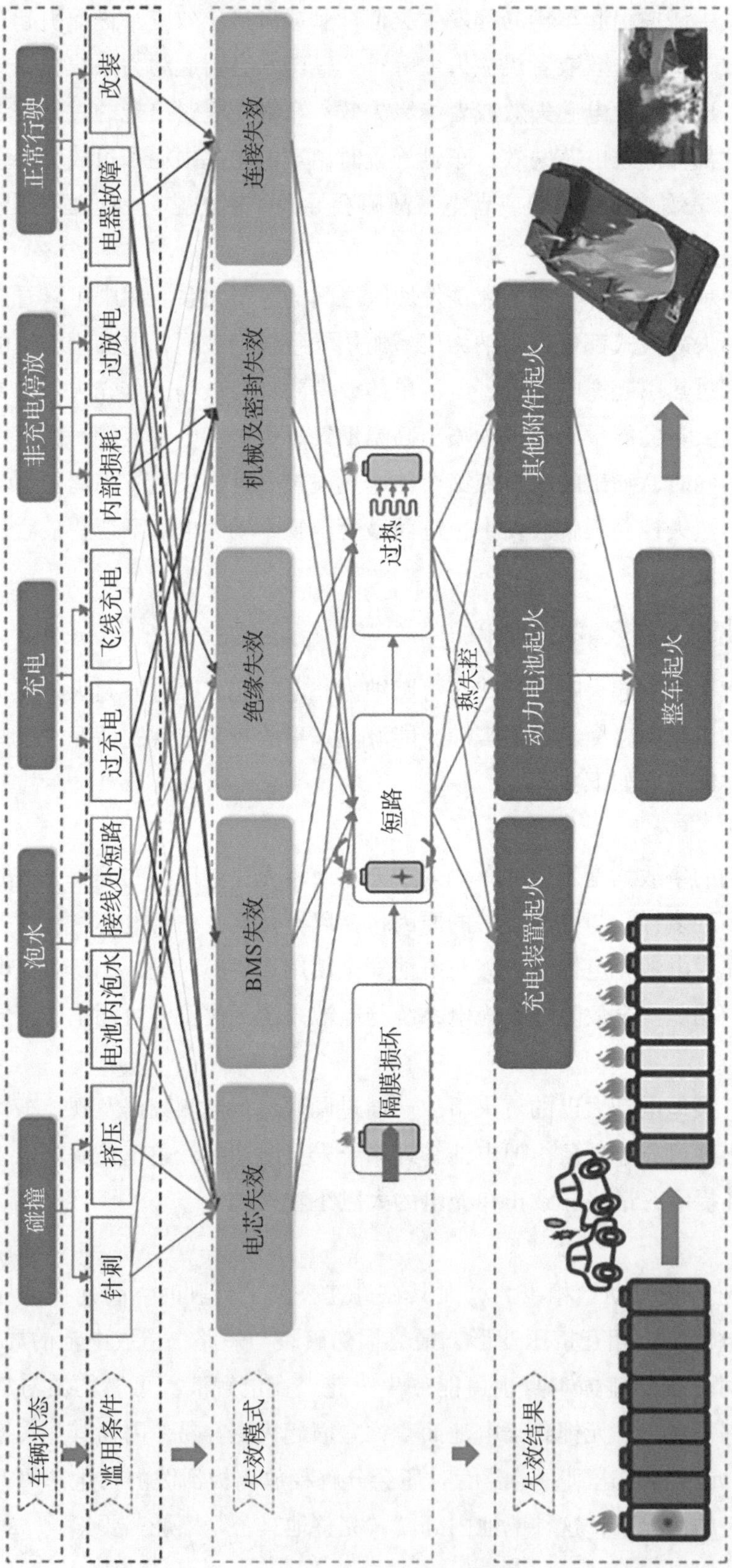


图 5-14 新能源汽车事故诱发原因的逻辑关系梳理

碰撞引发的动力电池系统变形包括3个典型情形，分别是正面或者追尾碰撞引发电池包在X方向发生变形、侧面碰撞引发电池包在Y方向发生变形以及车辆托底引发电池包在Z方向上发生底部变形或被穿刺。在这种外力作用下，电池包内部可能发生的情况有：电池系统外壳发生变形，导致电池系统内部高压带电部件与导电外壳之间距离过小或部件接触，造成直接搭接短路或者电气间隙/爬电距离击穿，引发火灾；电池单体受到挤压或直接切割，导致外壳破损、电解质泄漏，或在外力作用下内部隔膜发生破损、极片发生变形等导致内部短路的发生；电池包内热管理系统冷却管路破损导致冷却液泄漏。

典型案例：某地电动乘用车被其他车辆从后侧高速碰撞，进一步引发电池包在X方向发生变形，导致车辆着火的事故。

对于车辆托底引发系统底部变形，相关的事故案例相对较多。典型事故包括：2018年某品牌纯电动乘用车的电池包被路面硬物撞击导致着火；2019年某品牌纯电动乘用车在行驶中压到三角铁，导致电池系统壳体破裂并直接划伤电芯；2021年某品牌纯电动乘用车在拐弯时底盘磕碰到路牙后起火。

需要注意的是，现在随着车企越来越多地采用滑板式电池包底盘布置方案（见图5－15），虽然能够在调整整车重心位置、简化电池包结构、尽量挖掘可用空间、提升续驶里程等方面获得较多益处，但是不可避免地提高了电池包遭受底部冲击的概率。因此，对于采用这种结构形式的电池包，一是要求电池单体本身对于挤压、针刺具备足够强的耐受能力；二是电池包在产品全生命周期范围内需要具备有效抵抗托底暗伤持续累积的能力，这种暗伤导致的电芯微损伤可能是导致电池自燃的诱因之一；三是电池包内设计合理的防护策略以及报警方法，能够有效防止冷却液泄漏导致的起火事故。

图5－15　滑板式电池包底盘布置方案

### 3. IP防护失效

IP防护等级由两个数字所组成：第1个数字表示电器防尘、防止外物侵入的等级；第2个数字表示电器防湿气、防水浸入的密闭程度。数字越大，表示其防护等级越高。例如，IP67级防水是指设备具有6级防尘和7级防水能力，可以防护灰尘进入，在深达 1 米的水中可有最长 30 分钟的防浸泡能力。IP 防护设计不佳或失效导致的事故原因主要包括两类。一是整车泡水时液体进入电池包，导致电池发生外短路。典型案例是某车辆行驶了 2.3 万公里后，车辆经历过泡水，在静置过程中尾部有烟冒出。二是车辆在高温高湿环境中长时间运行时，水雾通过防爆阀或者结构件连接处进入电池包内，造成电池包内部部件腐蚀、电气短路、绝缘阻值降低等。

需要注意的是，新产品能够满足要求，但是在长年累月的颠簸振动以及环境温湿度循环冲击下，电池包壳体发生变形以及密封件老化以后，防水、防尘性能就会下降。这时候水或水汽就有可能会进入电池包内，尤其是当车辆长时间运行在高温、高湿或环境温湿度变化较大的环境中时，电池系统容易发生绝缘问题甚至冒烟、起火。

**4. 动力电池自燃**

车辆处于正常行驶或者停放状态，无明显外部诱因的动力电池自燃事故在事故中占比较大。此类事故通常具有突发性，且真实的原因往往会伴随着电池的燃烧而消失殆尽，因此这类事故目前较难进行精准诱因定位和过程复现。可能原因有电芯制造缺陷、电池系统设计或装配不良以及实际使用过程中的损伤累计等。

## （二）动力电池起火

基于对动力电池起火事故的分析和理解，总结提炼的动力电池自燃诱因见图 5－16。动力电池的工程化应用是材料、电化学、机械、传热传质、电子、计算机等多学科融合的复杂问题，可以从关键材料、电芯设计、生产制造、系统集成和实际使用等关键环节对可能的诱因进行分析。

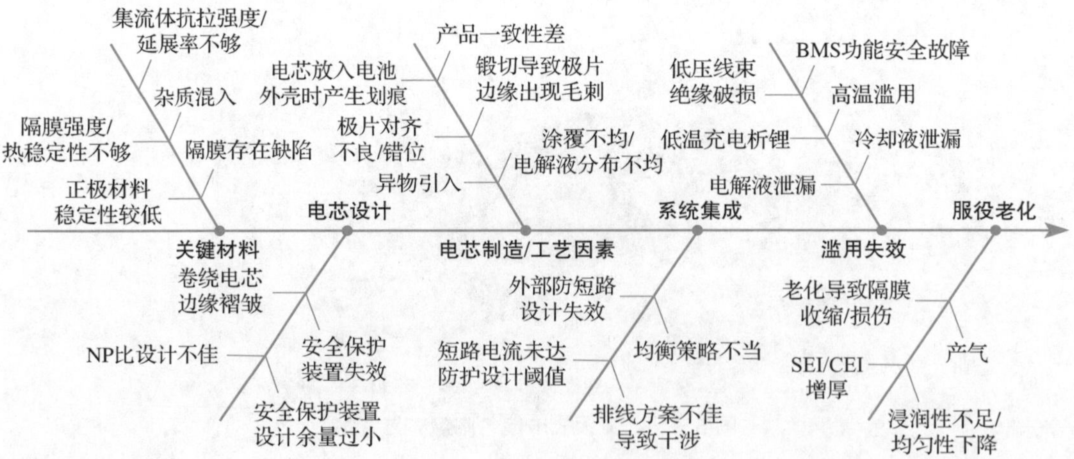


图 5－16　动力电池自燃诱因

**1. 关键材料**

在电池的生产制造过程中，如果有金属颗粒等杂质混入正负极材料中，就有可能在长期循环充放电过程中导致电池内短路的发生。此外，隔膜含有针孔等缺陷，或者有折痕也会有诱发内短路的风险。在目前新能源汽车高续行驶里程等需求的推动下，锂离子电池的能量密度越来越高。为了提升电池的能量密度，其中一种有效措施便是尽可能提高正负极活性物质所占的比重，例如减薄隔膜、铜箔和铝箔等功能性部件。然而，随着所采用的隔膜、正负极集流体等厚度变薄，如果极片抗拉强度和延伸率不够，或隔膜强度和热稳定性不够，无法承受在成百上千次充放电中因为充放电和热等原因导致的应力变化，就有可能会导致隔膜、极片破损而引发短路。此外，提升锂离子电池能量密度的另一个有效措施是通过高镍化提升三元正极材料的比容量。例如，近些年来从NCM111体系演变为NCM523和NCM622体系，并逐步向NCM712和NCM811体系转变。镍含量的提升，随之带来的亚稳态 $Ni^{4+}$ 的增加会导致电极/电解质界面处副反应的增加以及锂镍混排现象的出现，进而导致材料热稳定性和结构稳定性的大幅降低（见图5-17）。在实际使用过程中，热失控安全余量会随之减少，热失控潜在风险和灾害等级亦会随之升高。为了提升其安全性，工作人员需要在材料层面采用阴阳离子体相掺杂、材料表面包覆等措施进行改善。

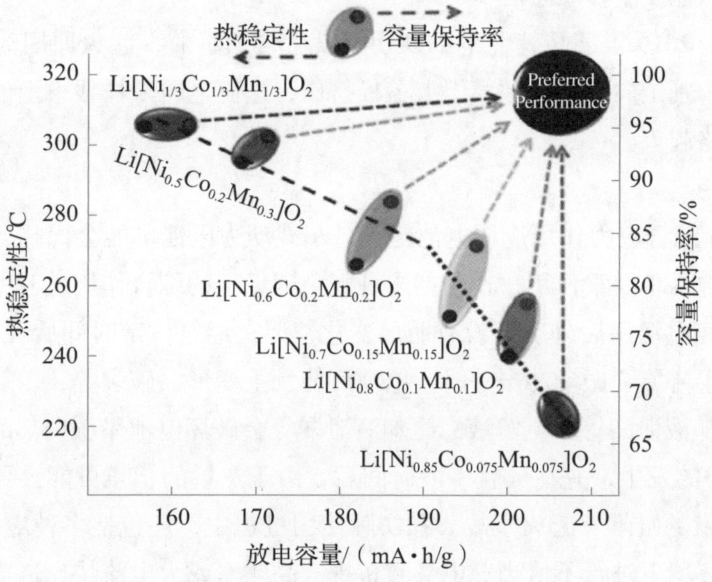


图5-17 三元正极材料的容量保持率与热稳定性随放电容量的变化关系

**2. 电芯设计**

在电芯的容量设计环节，合适的锂离子电池正负极容量配比（即NP比）能够有效减少负极表面锂沉积的风险。如果负极容量设计余量过小，则在充电过程中可能会导致锂在负极表面沉积产生枝晶，进而容易诱发安全问题。对于不同的电芯组装方式，其发生结构变形的可能性同样存在差异。例如，方形电芯的卷绕方案受制成工艺和老化状态的影响，容易形成褶皱或在极耳弯折处发生断裂，褶皱会导致电流分布不均，增加内短路的风险，采用叠片电池则可以有效降低这种风险。此外，通常为了防止电池热失控，会设计有阻止电芯在各种滥用情况下发生热失控的措施，如防过充安全措施等。如果上述安全装置发生故障或者安全设计余量过小，也会导致电池热失控的发生。

**3. 生产制造**

锂离子电池的生产工艺较为复杂，主要工艺流程包括前段的搅拌制浆、电极涂布、碾压和分切，中段的电芯卷绕、装配、注液，以及后段的化成阶段。在各个关键环节，如果环境和工艺控制不佳就会导致诱发电芯内短路的各种因素的存在。

**4. 系统集成**

实现电池的高安全应用，一方面是尽量提升电池自身的安全性，另一方面是在实际应用环节提升其集成和全生命周期内的管理水平。对于车用动力电池系统而言，为了满足电压和能量的需求，通常需要将成百上千只单体电芯通过一定的串并联形式集成为电池系统。在这个过程中，如果有些环节设计不当，就有可能会导致某些电池发生热失控。例如，均衡策略设计不当，存在导致某些电芯容易发生过充或过放热失控的风险；排线方案不佳导致干涉，有可能导致在长期振动颠簸过程中的线路破损等，并在某些极端情况会导致电池发生外短路。

典型案例：2019 年某品牌纯电动乘用车发生自燃事故，起火原因为电池模组内的电压采样线束个别走向不当，被模组上盖板挤压，进而电压采样线束上的绝缘材料发生磨损，电池短路起火。

**5. 实际使用**

（1）滥用 / 综合应力作用造成电池起火。车载动力电池可能会面临各种外力的综合作用，其中既包括单因素作用，也包括多种复杂因素下的综合作用。其中，对于机械滥用，主要是指经过滥用后外观上没有明显变化，但在经过一定时间后发生自燃的情况，包括在整车发生碰撞、振动冲击等时，电池可能发生变形、破裂等，以及电池包内热管理系统发生冷却液泄漏等。电解液、冷却液泄漏等会破坏电池系统内部的电气绝缘，导致（局部）短路的发生，并在放置一段时间后，由于热量的积累可能会导致可燃塑料件燃烧或电池自发的冒烟、起火事故。在实际使用过程中，还包括多种应力的综合作用。例如，在低温环境下进行不恰当充电导致析锂、高频率或大电流快充造成电池内部不可逆损伤，以及振动导致电池内部生产缺陷放大、连接件间接触不良导致局部容易过热等。

（2）BMS 失效造成电池起火。BMS 作为电池包的大脑，如果因为各种外因或者可靠性问题发生功能安全故障，有可能会导致各种不良情况的发生。例如，因电压检测失效导致过充或过放，电流检测失效导致过热、析锂，温度检测失效导致过热等。此外，如果低压线束发生绝缘皮破损等问题，也可能会造成短路并引发线路起火等，BMS 硬件电路板发生故障如 MOS 管烧毁、均衡电阻失效、虚焊等也会导致起火的发生。

（3）电池老化造成电池起火。在实际使用过程中，由于正负极在反复充放电过程中产生的膨胀、塌陷以及产气等导致的结构损伤，以及电池内部温度过高导致 SEI 分解或隔膜收缩，以及各种原因导致的隔膜破孔都有可能诱发电池起火。

## （三）电池热失控

目前，动力电池中应用最广的电解液体系是六氟磷酸锂（$LiPF_6$）的混合碳酸酯溶液，此类溶剂挥发性高、闪点低、易燃。如果电池碰撞或者变形引起电池内部短路，就会产生大量的热量导致电池温度上升，最终导致电池的燃烧，严重时甚至发生爆炸。电池发生安全事故的本质可以总结为：电池在过充、过热、撞击、短路等异常使用条件下温度异常升高，引发内部一系列化学反应，引起电池胀气、冒烟、安全阀打开，同时这些反应会大量释放热量，使整个电池温度进一步升高，最终各个化学反应剧烈发生，电池温度不可控地迅速上升，引起燃烧或爆炸，导致严重的安全事故。这一过程也被称为电池的“热失控”(见图 5－18)。

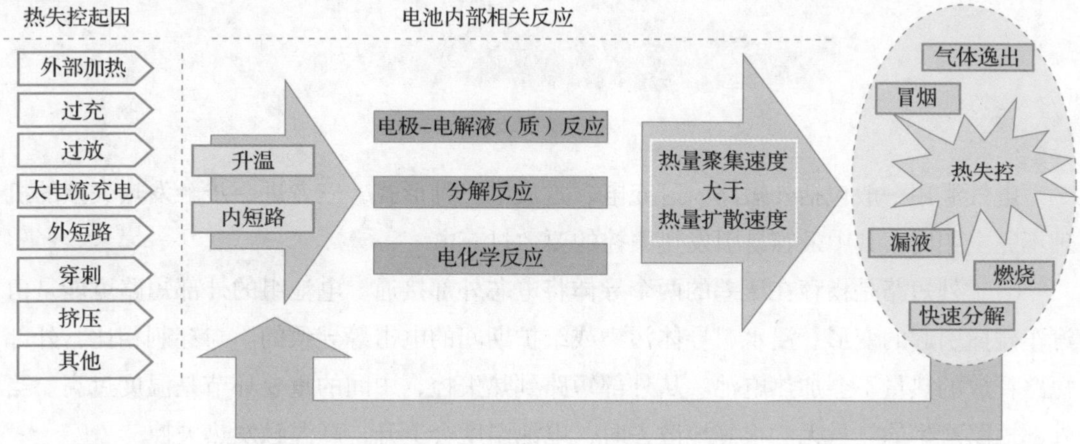


图 5－18 锂离子电池热失控过程

### 1. 热失控

电池热失控的诱因见图 5－19。

在外力作用下，锂电池单体、电池组发生变形，自身不同部位发生相对位移，是机械滥用的主要外在特点。针对电芯的主要形式包括碰撞、挤压和穿刺。考虑到电池包级别，还需要考虑振动问题。汽车碰撞时，电池组变形很可能发生。电池包在车上的布置影响电池组在碰撞过程中的响应方式。电池组的变形可能导致危险后果：

（1）电池内部隔膜撕裂、破损，造成电池内部材料正负极接触，进而发生内短路。

（2）电池单体外壳变形破损，从而引起易燃电解液泄漏，泄漏的电解液又会加大电池系统发生外短路的风险，可能引发起火。

需要注意的是机械滥用中，最为严重的当属穿刺，导体插入电池本体，造成正负极直接短路，相比碰撞、挤压等，只是概率性地发生内短路，穿刺过程热量的生成更加剧烈，引发热失控的概率更高。

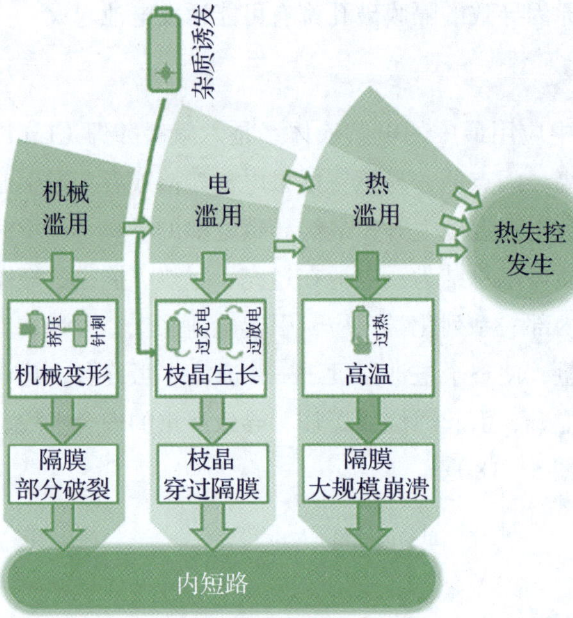


图 5-19　电池热失控的诱因

电气滥用一般包括外短路、过充电、过放电三种形式，三者进一步触发热失控的机理不完全相同，其中最容易引发热失控的要数过充电。

（1）外短路是指存在压差的两个导体将电芯外部接通。电池组的外部短路可能是由汽车碰撞引起的变形、浸水、导体污染或维护期间的电击等导致的。与穿刺相比，外部短路释放的热量不会加热电池。从外部短路到热失控，中间的重要环节是温度过高。当外部短路产生的热量无法很好地散去时，电池温度会上升，高温触发热失控。

（2）过充电是指在充电过程中向电池内部注入了多余的电量，使得电池电压高于充电截止电压。当电池发生过充时，持续流过的充电电流就会通过电化学反应产生大量的热量。由于其饱含能量，因此过充电是电气滥用中危害最高的一种。热量和气体的产生是过充电过程中的两个共同特征。发热来自欧姆热和副反应。首先，由于过量的锂嵌入，锂枝晶在阳极表面生长。其次，锂的过度脱嵌导致阴极结构因发热和氧释放而崩溃。氧气的释放加速了电解质的分解，产生大量气体。由于内部压力的增加，排气阀打开，电池开始排气。电芯中的活性物质与空气接触以后，发生剧烈反应，释放出大量的热量。

（3）过放电触发电池热失控机理与过充电不同，过放电有可能引发内短路。电池过放电会导致锂离子不断从负极脱离并嵌入正极，负极电位不断升高，导致铜集流体不断溶解和沉淀的电化学反应不断进行，铜枝晶刺穿隔膜引发电池内短路。当内短路达到一定程度时，电池热失控就会发生。

热滥用很少独立存在，往往是从机械滥用和电气滥用发展而来，并且是最终直接触发热失控的一环。除了由于机械/电气滥用导致的过热之外，单体与单体连接、模组与模组连接元件之间存在接触电阻，当连接元件出现松动时，可能造成局部接触电阻增大，当大电流通过时，电芯的局部区域会产生大量热量，有温度过高的危险。

内短路是热失控诱因的一个共性环节，因为无论是机械滥用、电滥用还是热滥用，在热失控过程中都会经历内短路过程。锂离子电池内短路是指电池隔膜失效时，正负极活性物质接触，在电势差驱动下产生剧烈放电和产热的现象。内短路以及三种热失控诱因之间互相耦合、协同发展。

**拓展知识**

早期电池大多由于隔膜崩溃引发大规模内短路而导致热失控，但目前使用的耐高温隔膜配 NCM811 正极动力电池，其热失控的机理已经发生变化，正极材料释氧变成了引发热失控的主因。隔膜材料发生了很多变化，从 PE、PP、PE+Ceramic 到 PET 材料，隔膜的耐热温度不断升高，可以达到 300℃；与此同时，正极材料从早期的 LFP，到 NCM111、NCM523、NCM622，再到现在的 NCM811，正极材料的释氧温度在逐步降低。

### 2. 热失控机理

电池从异常升温到热失控过程中存在多个重要的化学反应，动力电池热失控的反应机理见图 5－21。

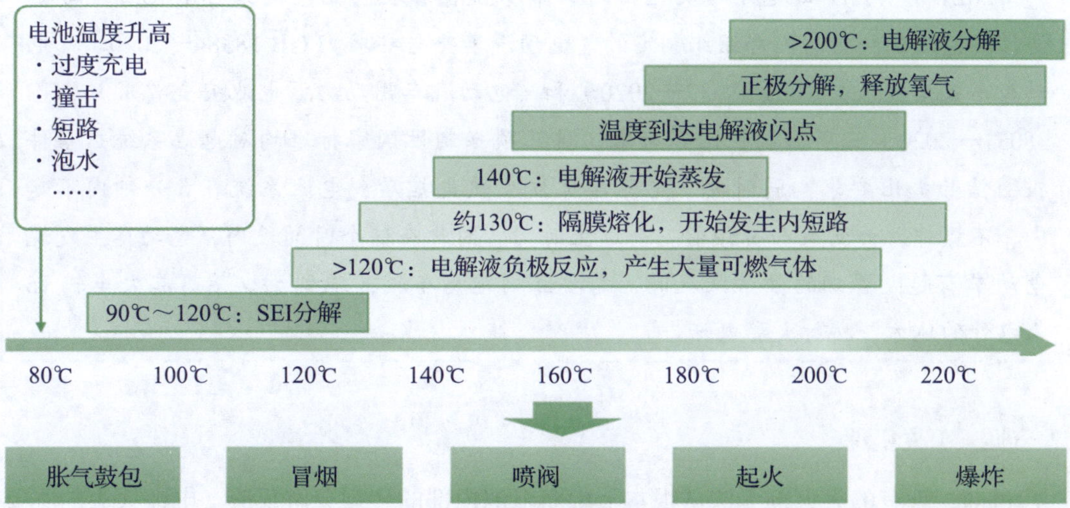


图 5－20 动力电池热失控的反应机理

（1）第 1 阶段：电池内部热失控阶段。电池在 80℃～90℃时是安全的，温度升高到 90℃～120℃之间时热失控开始，SEI 膜开始分解，负极暴露在电解液中，促使电解液与负极中的锂反应并生成气体。释放热量，温度升高。但是当温度达到120℃～130℃时保护层SEI膜遭到破坏，负极与溶剂、黏结剂反应，温度升高，隔膜熔化导致微孔结构关闭。温度继续升高至150℃之上后，内部电解质开始进行分解，继续释放热量，进一步加热电池。

（2）第2阶段：电池鼓包阶段。电池温度达到200℃之上时，正极材料分解，释放出大量热和气体，持续升温，如$LiCoO_2$分解产生$O_2$。锂盐也会分解，如$LiPF_6$分解生成LiF和路易斯酸（$PF_5$）。而路易斯酸会在高温下与电解液反应产生大量的气体。250℃～350℃嵌锂态负极开始与电解液发生反应。

（3）第3阶段：电池热失控阶段。在反应发生过程中，电解液与正极反应产生的氧气剧烈反应，并进一步使电池发生热失控。该阶段正/负电极材料与电解液之间的放热反应和电解液分解反应速率急剧增大，电池内部温度也相应地急剧升高，泄压阀打开或引发自燃。

热失控是一个能量正反馈循环过程：升高的温度会导致系统变热，系统变热后温度升高，又反过来让系统变得更热。当一个电池单体发生热失控之后，相邻单体受影响后也相继发生热失控，导致热失控蔓延，最终引发起火爆炸等安全事故。电池起火的表现阶段主要为“温升—鼓胀—破裂—烟气—着火”，消费者从发现电动车有异状到发生自燃还有一定的间隔时间。

**拓展知识**

2021年1月1日起开始实施由国家市场监督管理总局、国家标准化管理委员会批准，工业和信息化部组织制定的《电动汽车安全要求》（GB 18384—2020）、《电动客车安全要求》（GB 38032—2020）和《电动汽车用动力蓄电池安全要求》（GB 38031—2020）三项强制性国家标准。这三项强制性国家标准均对电池系统热事件报警信号提出要求，同时要求电池单体发生热失控后，电池系统在5分钟内不起火、不爆炸，为驾乘人员预留安全逃生时间。因此在这个时间段内，电动车主发现电动车有起火冒烟的异常状况时，需要立刻跑离车辆，跑到至少距离起火车辆15米以外的地方，拨打火警电话。

### （四）灭火机理

目前，现有的灭火剂无法从根本上中断电池内部的连锁分解反应。电池灭火的主要任务是通过灭火介质的释放熄灭明火，降低失控电池表面温度，减少失控电池对临近未失控电池的热辐射和热传导，从而减少电池包内发生大规模热失控的可能性，为救援过程提供更多的反应时间。总体而言，防范电动汽车起火及爆炸，应以预防为主、灭火为辅，提升监测预警技术并介入必要的自动灭火措施。2019 年 3 月 1 日正式实施的交通运输行业标准《城市公共汽电车车辆专用安全设施技术要求》中，对电池舱和电池箱灭火装置等一系列安全设施做出了明确规定：新能源公交车应配置具有热失控预警、火灾报警及火灾抑制功能的电池箱灭火装置，装置应在检测到储能装置热失控和火情时发出警报，并明确要求“确保热事故信号发生后 5 分钟内没有发生电池箱外部起火或爆炸”。

从灭火机理而言，主要包括冷却灭火、窒息灭火、隔离灭火、抑制燃烧连锁反应灭火。针对电池包而言，主要是通过冷却降温、抑制燃烧连锁反应和通过一些灭火器把氧气隔绝开灭火。目前，遇到电动车自燃，消防队员灭火的主要办法是用大量的水冲，从而将大量热量带走，使其完全降温（降温不彻底容易复燃）。但是此时必须注意现场可能引发的漏电情况。

对于不同的灭火剂，抑制电池温度上升的效果有较大差距（见图 5－21）。HFC、$CO_2$、ABC 干粉、水和全氟己酮（Novec 1230）对应的电池升温速率分别为 2.57℃ /s、6.14 ℃ /s、4.40 ℃ /s、2.11 ℃ /s 和 2.53 ℃ /s。抑制电池温度上升的结果为水 > 全氟己酮 >HFC>ABC 干粉 >$CO_2$。当电池升温速率较慢时，热量向临近电池传递的速度慢，这将会为储能电池模块内的预警系统提供更多的响应时间，为操作人员留下更多的反应时间。同时以窒息、隔离作用为主的灭火剂如 $CO_2$ 对电池火灾的抑制作用较差，且 $CO_2$ 灭火时电池还会发生严重的复燃现象。而以隔离、化学抑制作用为主的 ABC 干粉和 HFC 灭火剂可在一定程度上抑制电池内部的链式反应，对电池内部反应起到一定的抑制作用，因此其效果较 $CO_2$ 稍好，但由于其无降温作用又无法完全阻断电池内部反应，因此灭火剂释放后电池温度仍会快速上升。在所有的灭火剂中，水的灭火效果最明显，其主要原因是水的比热容较大，其能快速吸收大量热量，使电池内部未反应的活性物质降温，从而抑制电池进一步的温升。

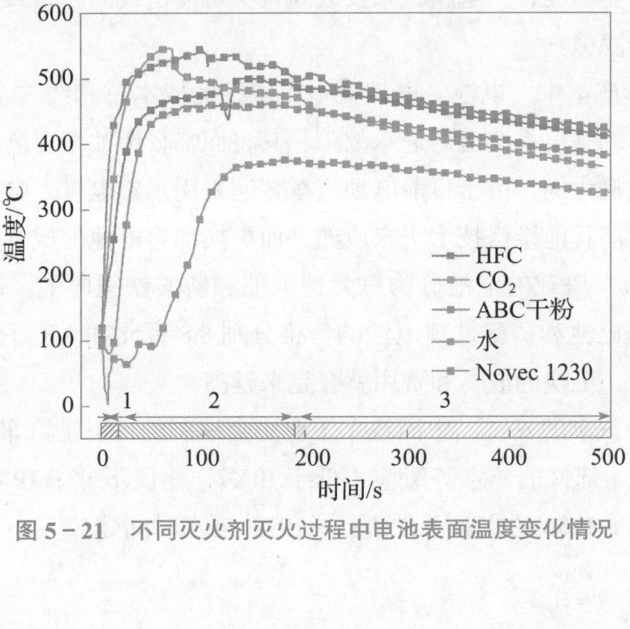


**图 5－21 不同灭火剂灭火过程中电池表面温度变化情况**

电池中的电解液的主要成分是六氟磷酸锂，这个物质是对人体有危害的，并且其在燃烧过程中，还会生成大量可燃、有毒气体，如 CO、HF 等，并且这些可燃、有毒气体的蔓延速度很快，一旦进入人体，轻则中毒，严重的甚至会威胁生命。所以，在电池火灾的扑救过程中，工作人员必须穿戴好各类防护装具来保障人身安全。

## 二、新能源汽车进水危害

进水是电动汽车在日常使用中最为常见的动力电池损坏方式，特别是在暴雨频繁的夏季，路面积水在一些城市成为常态，一旦雨水进入电池组的内部会对电池组造成不可逆的损坏。

（1）通常路面的积水成分复杂，因此具有一定的导电性，在进入电池内部后会在电压的作用下与电池外部结构发生反应，腐蚀电池的外部结构，而在电池封装结构遭到破坏后，雨水会进入电池内部与电极材料和电解液发生反应，最终导致动力电池彻底失效。动力电池组内部还具有复杂的功率线路、采样线路和 BMS 系统，一旦雨水进入内部，也会对电池组内部的线路和 BMS 系统的电路板造成破坏，即便是未导致电池失效也会产生巨大的安全隐患。

典型案例：2020 年夏天在深圳发生的一起电动汽车自燃事故，在电池包内部看到明显的涉水痕迹，电池包的密封条严重变形，未起到应有的密封作用，因此雨水进入电池包内部，在电池包底部引起了三处电弧击穿，引发了车辆的自燃。

（2）由于水下路面环境并不可控，电动汽车在未知路面涉水行驶时，可能会对装置在底部的电池造成剐蹭从而引发危险。如果电池底部发生破损，水中的杂质可能会在电池内部导电，导致电池的电芯间隙过短从而造成发热，甚至引起燃烧爆炸。相比车辆三电系统，电动汽车的电路线束及线缆接头的防水级别相对较低。这也意味着，即使三电系统具备防水、防尘功能，但电路线束及线缆接头可能出现问题，致使电动汽车涉水行驶面临较大的安全隐患。

（3）电动汽车成本中，电池、电控及电机电控的成本总和约占全车成本的 60% 以上。一旦电动汽车的三电系统遭遇进水故障，其将面临较燃油车更高的维修成本及二手车残值折损。以电机为例，由于目前电动汽车普遍采用永磁电机，电机涉水后只能对其进行整体更换，目前其他维修技术仍未成熟。而更换动力电池的成本则更为昂贵，目前市场主流新能源汽车搭载的电池分为三元锂电池和磷酸铁锂电池。以 80kW·h 的电池为例，三元 523 锂电池和磷酸铁锂电池的价格分别 8.8 万元和 6.8 万元的更换费用。电池的容量密度越大，更换的成本和费用就会越来越高。

为了保证电动汽车的安全，中国汽车工业协会编制的《电动汽车安全指南》（2021 版）要求，B 级电压部件的防水等级应不低于 IPX7，建议不低于 IPX8，零部件及系统的防护等级按 GB/T 4208 的实验条件进行，IPX8 浸水时间建议不小于 24 小时。目前，电动汽车高压部件如电池组、电机等 IP 等级都可以达到 IP67，对应的防尘等级就是灰尘禁锢，尘埃完全无法进入外壳空隙。而对应的防水等级则是防止短时间（至少 30 分钟）1m 水深的浸泡。而 IP67 防护等级并不意味着完全防水，在水中长时间浸泡后仍然会进水。

## 三、新能源汽车救援指南

### （一）新能源汽车交通事故救援指南

新能源汽车交通事故是指纯电动汽车、油（气）电混合动力汽车、插电式混合动力汽车及其他新能源汽车，在道路行驶中发生的车辆相撞、倾翻、涉水等，造成人员伤亡和财产损失的事故。

#### 1. 事故特点

受车辆超载、超员、爆胎、刹车失灵、驾驶人员道路不熟悉，违章超车、饮酒驾车等违章行为影响，致灾因素多，突发性强，不可控性大；车辆类型多样，电池动力系统差异大，受事故车辆数量、发生地点、燃料、携行货物等因素影响，事故处置难度大；事故潜在危险性大，燃油、电解液泄漏易引发火灾，现场警戒不严，易出现新的车辆事故。

#### 2. 接警调度

119 调度指挥中心接到报警后，按照常规流程进行接警询情并立即将警情报告值班领导。询问知情人事故车辆品牌型号，并调阅新能源汽车资料库、汽车服务手册及随车《救援指南》等资料，迅速了解该车的动力电池种类和容量，以及车辆最高电压、高压线路走向等信息。参照《火警和应急救援分级规定（试行）》进行力量调派，按灾害事故等级调派抢险救援车、水罐泡沫车等车辆，携带电绝缘装具、绝缘剪断钳、漏电探测仪、测温仪、可燃气体探测仪、无火花工具组以及固定、支撑、破拆、起重、牵引、警戒、救生等装备器材，并调集联动力量到场协助处置。

#### 3. 处置程序和措施

（1）风险评估。查明事故车辆、现场及周边区域，被困人员数量及伤势等情况。查明起火车辆类型、型号，动力电池种类、容量，车辆最高电压、高压线路走向等情况，必要时应联系生产厂家或当地经销商以获得详细的车辆信息。查明电池系统、高压线路、动力电机等重要部件受损情况，对于混合动力汽车，还应查明燃料箱部位及受损情况。评估事故车辆是否存在漏电、燃烧、电解液喷溅或爆炸燃烧的可能性，查明现场及周边的消防水源情况，做好灭火准备。根据事故严重程度划分警戒范围。若车辆涉水，查明车辆牵引部位、牵引途径，明确车辆停放的安全区域。

（2）现场管控。根据事故现场情况，合理划定警戒范围。原则上在事故车辆周边 5 米范围设置作业区。只允许直接负责治疗或解救被困人员的救援人员进入，并保持此区域干净，便于救援行动展开。在事故车辆周边10米范围设置工作区。参与救援工作的人员可进入，包括准备液压工具动力装置、提供应急照明以及持水枪戒备的人员，并明确器材摆放、垃圾堆放区域。

（3）稳固及断电。根据事故车辆状态、位置等情况，合理采取短足、长足等稳固技术，运用支撑杆等器材装备，对车体实施有效稳固，创建安全作业条件，有效防止车辆移动。同时，做好灭火救援准备，防止燃料、汽油和其他液体外漏，防止触碰到热排气系统部件或电气元件等热源。

（4）车辆电路系统处理。关闭车辆启动开关，将车辆钥匙装入信号屏蔽袋或拿到距离事故车辆10米开外，切断并取走12V电瓶连接线。处置客车交通事故，救援人员应佩戴全套电绝缘装具，灵活采用远程控制开关断电、手动应急断路器断电或断开串联电池箱体的正极或负极、切断并取走连接线等方式断开高压供电源。

（5）生命支持。根据被困人员受困状态、受伤部位等情况，会同医疗急救人员采取相应救治措施，维护生命体征，并及时消除触电、漏电等风险。

（6）创建救援通道。按照清除车辆玻璃、清除挡风玻璃、处理安全气囊、创造内部空间、明确解救路线、创造破拆点、拆除车门、拆除侧边、推离仪表板、破拆车顶的顺序，创建救援通道。

（7）伤员转运。根据伤员伤情位置，选用不同工具和搬运方法。如伤员头、背部损伤或出现大小腿、手臂、骨盆骨折的伤员，不得采用坐姿搬运。

（8）现场移交。灾害事故处置结束后，应全面、细致地检查清理现场，并向车主和有关部门移交现场。撤离现场时应当清点人员，整理器材装备。归队后，迅速检查保养器材、补充易消耗品，恢复战备状态，并向指挥中心报告。提醒车主和有关部门妥善处理受损电池，合理采取转运方式，防止事故车辆在转运及后期静置过程中起火。

**4. 注意事项**

使用灭火毯从电池箱外部实施覆盖，保证被困人员和救援人员免受电池电解液喷溅伤害。

视情使用消防过滤式综合防毒面具或空气呼吸器对被困人员和救援人员实施呼吸保护；若现场通风条件差，可采取人工鼓风、利用排烟机送风等方式驱散现场有毒气体。

破拆过程中严禁接触损坏的电池系统，切勿使用工具切割高压供电线路或穿透高压供电系统组件，防止可能存在的电击危险。

对切断电源的车辆，应利用无齿锯、扩张器、牵引器、气动切割器、双轮异动切割器、液压剪切器、液压顶杆等工具，破拆牵引变形的车厢外壳，救出被困人员。

对相撞或倾翻的客车，可视情从外侧手动开启车门一侧的手动应急开关，打开逃生通道。车门无法打开时，应迅速破拆车门窗，救出被困人员。

当驾驶人员发觉新能源车辆因浸水导致绝缘故障或抛锚时，应立即减速停车，关闭车辆点火钥匙，拉手刹，打开所有乘客门，必要时击碎安全窗，安全有序疏导乘客下车。并在适当位置放置警示标识。

根据现场事故程度拨打“110”报警，有人员伤亡的打“120”急救，同时汇报单位领导，寻求援助。

新能源车辆动力电池浸泡在水中时没有触电风险，作为预防措施，处理任何淹没的车辆时，都应穿戴适当的个人防护装备，将车辆从水里拉出。

联系相关专业人员，断开高压维修开关，断开电池组所有高压、低压串联线，然后将车辆拖回维修场所。

当电池组受潮浸水时，严禁对电池组充放电。

必须由专业人员对电池拆解、检测、维修后，重新将电池组恢复，再检测电池组绝缘性，电池组绝缘性正常才可使用。

**（二）新能源汽车火灾救援指南**

新能源汽车火灾是指纯电动汽车、油（气）电混合动力汽车、插电式混合动力汽车及其他新能源汽车，由于发生交通事故、自身设备故障或引燃等原因，导致车辆起火，造成人员伤亡和财产损失的灾害。

**1. 事故特点**

事故突发性强，火势蔓延迅速，持续时间长。事故潜在危险性大，伴随有毒气体释放和爆炸危险。火灾扑救技术要求高，存在复燃风险，易引发次生灾害。

**2. 接警调度**

119调度指挥中心接到报警后，按照常规流程进行接警询情并立即将警情报告值班领导。询问知情人事故车辆品牌型号，并调阅新能源汽车资料库、汽车服务手册及随车《救援指南》等资料。

**3. 力量调集**

参照《火警和应急救援分级规定（试行）》进行力量调派，按灾害事故等级调派水罐消防车、泡沫消防车、抢险救援车等车辆，携带电绝缘装具、绝缘剪断钳、漏电探测仪、测温仪、可燃气体探测仪以及固定、支撑、破拆、起重、牵引、警戒、救生等装备器材，并调集联动力量到场协助处置。

**4. 处置程序和措施**

（1）风险评估。查明起火车辆基本情况和被困人员数量及伤势等情况。查明起火车辆对周围车辆、建筑和人员威胁情况。查明起火车辆类型、型号，动力电池种类、容量，车辆最高电压、高压线路走向等情况，必要时应联系生产者或当地经销商以获得详细车辆信息。查明车辆主开关或应急开关的位置及状态。判断事故车辆动力电池和高压电系统的受损情况，评估动力电池可能引发爆炸燃烧的危险因素及后果。车辆为混合动力新能源汽车时，查明油箱或气罐部位及受损情况。

（2）现场管控。根据事故严重程度划分警戒范围，疏散围观群众，协调交警部门疏导附近交通，并将事故区域划分为火灾扑救区、伤员转运及人员待命区。对事故警戒范围进行严格封控，安排专人对进入人员的安全防护情况进行检查。使用可燃气体检测仪对现场进行不间断侦测，适时调整警戒范围。使用测温仪实时监测事故车辆动力电池部位温度，适时调整警戒范围。

（3）安全防护。救援人员应根据事故现场情况做好安全防护，穿着全套消防员灭火防护服装。靠近起火车辆时，所有人员应佩戴空气呼吸器，并根据车辆电压特性穿戴好绝缘手套等个人防护装备。

（4）现场救援。对有人员被困的起火车辆，应坚持“救人第一、科学施救”原则，同步开展破拆、灭火、救人行动。对火势处于初起阶段，现场满足断电条件的车辆，立即实施断电操作，并将车辆钥匙装入信号屏蔽袋或放置到距离车辆 10 米外的区域。对无法实施断电操作车辆，且火势对被困人员和救援人员造成威胁时，应视情使用喷雾水或干粉灭火器对火势进行压制。根据现场环境和火势发展情况，判断是否对起火车辆实施稳固操作。视情使用消防过滤式综合防毒面具或空气呼吸器对被困人员实施呼吸保护。火势无法得到有效控制时，可视情使用灭火毯等器材对被困人员实施保护，最大程度避免其受到伤害，并迅速利用破拆、起重等救生器材展开救人行动。对无人员被困的起火车辆，消防员应在距离起火车辆 10 ～ 15 米之外出水灭火。高压供电源的电池组四周通常存在保护性构件，难以直接喷射到着火点时，应采用大量的水充分冷却高压供电源电池组外部，以防止火势蔓延至相邻电池单元。

（5）现场移交。灾害事故处置结束后，应全面、细致地检查清理现场，并向车主和有关部门移交。撤离现场时应当清点人员，整理器材装备。归队后，迅速检查保养器材、补充易消耗品，恢复战备状态，并向指挥中心报告。提醒车主和有关部门妥善处理受损电池，合理采取转运方式，防止事故车辆在转运及后期静置过程中起火。

**5. 注意事项**

严禁使用破拆工具盲目穿透护罩或者穿刺、切割、撬开、拆卸车辆的任何结构，防止造成高压系统与外界隔绝失效，产生电击危险。

处置过程中，所有人员必须严格落实个人安全防护措施，严防触电、电池电解液喷溅、爆炸等伤害。

当发现起火车辆电池部位温度急剧上升、释放大量烟气时，应立即组织人员撤离至安全区域。

锂离子电池具备持续放电特性，明火熄灭后，应继续出水对电池组进行持续冷却，并使用测温仪进行监测，直至电池温度降至 160℃以下，且经评估无燃烧、爆炸等风险。

对电池受损车辆，安全员应对受损电池进行全程观察，并利用热成像仪、测温仪等器材对电池温度进行实时监测，一旦发现内部温度急剧升高，立即向指挥员报告，防止突发事故威胁被困人员和救援人员安全。

## 任务实施

### 一、任务准备

1. 操作防护装备：灭火防护装备和呼吸防护装备、绝缘手套、高压喷水枪。

2. 实训场地（新能源汽车智能制造实训中心）：吉利帝豪 EV450 新能源汽车或其他新能源汽车、单体电池。

3. 操作工具：漏电测试仪、热成像仪、有毒气体探测仪。

4. 辅助材料：警戒标志。

5. 请根据任务要求，确定所需要的检测仪器、工具，并对小组成员进行合理分工，制定急救计划。

### 二、操作步骤

1. 当发觉汽车高温报警、有焦味，车内外冒烟或者起明火时，立即减速停车，关闭车辆点火钥匙，拉手刹，打开所有乘客门，必要时击碎安全窗，安全有序疏导乘客下车。

2. 查明起火车辆类型、型号，动力电池种类、容量，车辆最高电压、高压线路走向等信息。

3. 查明车辆主开关或应急开关的位置及状态。

4. 按顺序关掉低压蓄电池电源开关、拔掉高压维修开关，并在适当位置放置警示标识，疏散人群，避免围观。

5. 根据现场火情或事故程度拨打“119”或“110”报警，有人员伤亡的打“120”急救，寻求援助。

6. 如火势不大，可以观察如果是动力电池箱外部零件着火，可用干粉或二氧化碳灭火器灭火。如果是动力电池箱内部着火，可对动力电池箱不断大量喷水进行冷却，直至动力电池箱无复燃可能性时停止喷水，并继续保持喷水设备待用，喷水时建议人员距离火源点 2 米以上。

> 警告！
>
> 未经老师同意，不得随意启动车辆！
>
> 注意事项：
>
> 1. 起火后立即采取断电措施。如果火势刚起，在能够断电的情况下，一定要立马断电。

2. 断电后还要将车钥匙装入信号屏蔽袋，并将袋子放置到距离车辆 10 米以外的地方。

3. 起火后注意防高温、毒气。电动汽车起火除了高电压防护，还得注意起火后的高温。因为动力电池起火，温度可以达到 1 000℃，并且动力电池燃烧后，会产生大量有毒气体，如氟化氢、氰化氢等。

4. 对于充电情况下火灾事故的救援，应首先确定充电站电源位置并切断。

5. 在确保人身安全的情况下，应首先采用拔出电动汽车的充电枪或剪断充电线等手段，断开充电设备与车辆的连接，再按照以上程序进行火灾事故救援。

6. 残破的电池建议装入防爆箱，防止二次爆炸。

## 三、操作结束

1. 事故处置结束后，应全面、细致地检查清理现场，并向指导教师移交。撤离现场时应当清点人员，整理器材装备。

2. 向指导教师报告如何妥善处理受损电池，合理采取转运方式，防止事故车辆在转运及后期静置过程中二次起火。

## 任务评价

本任务权重分配表

| 项目 | 分数 | 评分标准 | 过程分析 | 实得分数 | 备注 |
|---|---|---|---|---|---|
| 能够描述新能源汽车碰撞产生的危害 | 25 | 1. 能够正确描述；<br>2. 能够正确进行灭火救援。 | | | |
| 能够说出新能源汽车着火的原因 | 25 | | | | |
| 能够正确进行灭火救援 | 25 | | | | |
| 相关工具 6S 管理 | 25 | | | | |
| 总　分 | | | | | |

## 学习测试

### 一、填空题

1. 新能源汽车起火的成因主要可以概括为________、________、________和动力电池自燃四个因素。

2. 新能源汽车安全事故的常用调查分析方法按照正向或逆向逻辑顺序可以归纳为____________________和____________________两类。

3. IP67 级防水指设备具有________和________能力。

## 二、判断题

1. 国家标准要求电池单体发生热失控后，电池系统在 5 分钟内不起火、不爆炸。（　　）

2. 在电池燃烧过程中，不会生成大量可燃、有毒气体。（　　）

3. 电气滥用中最容易引发热失控的要数过充。（　　）

## 三、选择题

1. 新能源汽车的起火原因主要有（　　）。

A. 碰撞　B. 浸水　C. 充电　D. 动力电池自燃

2. IP67 级防水是指在深达 1 米的水中可有最长（　　）分钟的防浸泡能力。

A. 30　B. 60　C. 90　D. 200

3. 下面属于三元正极材料的是（　　）。

A. NCM111　B. LCO　C. LFP　D. NCM523

## 项目小结

电流对人体的伤害与电流大小、持续时间、通过途径、电流种类、人体电阻有关。

电气安全用具常见的有：绝缘棒、绝缘手套、绝缘靴、高压防护服等。

触电急救的第一步是要脱离电源，保证安全，然后使用心肺复苏法对伤员进行急救。

新能源汽车起火的主要成因可以概括为电池的充电、碰撞、IP 防护失效和动力电池自燃等。

新能源汽车碰撞、起火、涉水后的救援流程可参考中国汽车工程学会和中国消防协会联合发布的《电动汽车事故应急救援规程》（T/CSAE 85—2018）和《电动汽车火灾事故救援规程》（T/CSAE 84—2018）。

# 参考文献


［1］李治国，梁洪波．新能源汽车高压安全与防护［M］．2版．北京：人民交通出版社，2022.

［2］吴荣辉，金朝昆．新能源汽车高压安全与防护［M］．北京：机械工业出版社，2021.

［3］代世勋，唐琳琳．新能源汽车高压安全与防护［M］．北京：北京邮电大学出版社，2020.

［4］孙建俊，谭逸萍．新能源汽车高压安全防护与应急处理［M］．北京：机械工业出版社，2022.

［5］韩炯刚，石光成．新能源汽车高压安全与防护［M］．北京：机械工业出版社，2021.

［6］官海兵．新能源汽车高压安全及防护［M］．北京：人民交通出版社，2018.

［7］郑振，侯长剑，蒋志杰．新能源汽车高压安全与防护［M］．上海：上海交通大学出版社，2018.

［8］吴海东，周广春，樊永强．新能源汽车安全作业规范与维护保养［M］．北京：机械工业出版社，2022.

# 附　录

**附录 1：中国汽车工程学会和中国消防协会联合发布的《电动汽车事故应急救援规程》(T/CSAE 85—2018)**

1　范围

本标准规定了电动汽车碰撞、涉水等事故的应急救援规程。

本标准适用于纯电动汽车和混合动力电动汽车，不适用于燃料电池电动汽车。

2　规范性引用文件

下列文件对于本文件的应用是必不可少的。凡是注日期的引用文件，仅所注日期的版本适用于本文件。凡是不注日期的引用文件，其最新版本（包括所有的修改单）适用于本文件。

GB/T 5907 消防基本术语 第一部分

GB/T 19596 电动汽车基本术语

GB/T 29176 消防应急救援 通则

GB/T 29179 消防应急救援 作业规程

GA/T 1276 道路交通事故被困人员解决行动指南

3　术语和定义

GB/T 5907、GB/T 19596 中界定的以及下列术语和定义适用于本标准。

3.1　作业规程 code of practice for operation

针对特定消防灭火和应急救援技术确立的规范性程序。

4　一般规定

4.1　救援人员

4.1.1　技术要求

救援人员应接受相关培训，充分熟悉当地主流品牌及型号的电动汽车的高压系统结构。

4.1.2　防护要求

处置碰撞时，救援人员应做好电绝缘防护，涉水救援时应穿戴水域防护装备，对拖拽上岸后的车辆进行处置时应做好电绝缘防护，严防触电。

4.2　现场警戒

4.2.1　应根据侦查监测情况确定警戒范围，设置警戒标志。

4.2.2　应在事故车辆周边 15m 范围设置工作区，禁止无关车辆、人员、船只进入；在 5m 范围设置作业区，只允许直接负责治疗或解救被困者的救援人员进入。

4.2.3　应持续监测易燃、有毒气体，实时监测事故车辆动力电池部位温度，适时调整警戒范围。

4.3　车辆识别

4.3.1　外部标识识别

4.3.1.1　车辆号牌识别

救援人员应根据国家车辆号牌的政策确定事故车辆是否为电动汽车。

4.3.1.2　电动汽车标识识别

救援人员应仔细观察车身，应根据车身尤其是车身尾部是否有电动汽车标识，如“EV”“Hybrid”“E”“电动汽车”“混合动力”等字样确定事故车辆是否为电动汽车。

4.3.2　内部标识识别

4.3.2.1　救援人员宜根据车辆信息，通过随车指南或网络查询提前了解高压部件及断电开关的位置。

4.3.2.2　救援人员在对车辆进行操作时前，应首先确认橙色部件及带有橙色标识部件的位置，并查看相关标识的内容要求。

4.4　车辆侦查

应通过外部观察和仪器监测，判断事故车辆动力电池和高压电系统的受损情况，评估动力电池可能引发的爆炸燃烧的危险因素及后果，做好事故救援准备。

4.5　车辆固定

4.5.1　车轮固定

应根据事故车辆状态、位置等情况，合理采取短足、长足等稳固技术，运用支撑杆等器材装备，对车体实施有效稳固，创建安全作业条件，有效防止车辆移动。

4.5.2　汽车制动装置固定

应确保车辆启动手刹或脚刹，且档位置于驻车挡。

4.6　电源切断

4.6.1　自动断电

关闭车辆启动开关，将具有自动启动功能的车辆钥匙装入信号屏蔽袋或置于距离事故车辆 10m 之外。

4.6.2　手动断电

事故车辆在确保自动断电之后，仍应对其进行手动断电，确保动力线路处于断电状态。

找到切断低压电源的位置，切断低压线路；按照厂家提供的应急救援说明书，切断动力线路。

5 碰撞事故救援

5.1 处置程序

a）识别车辆，评估后确定救援方案；

b）做好救援人员的安全防护；

c）操作之前固定车辆、切断电源；

d）确定高压电池及部件位置；

e）人员搜救及车辆处置；

f）现场清理。

5.2 人员搜救

5.2.1 应根据现场情况，充分考虑救助过程中可能存在的危险因素，确定救援方案。

5.2.2 宜按照行业标准《道路交通事故被困人员解救行动指南》（GA/T 1276）的有关规定创建救援通道。

5.2.3 视情况使用消防过滤式综合防毒面具或空气呼吸器对被困人员和救援人员实施呼吸保护；如电池有电解液泄漏、打火、冒烟或冒泡声等现象时，应打开车窗和后备厢通风，防止烟气大量积聚；若现场通风条件差，可采取人工鼓风、利用排烟机送风等方式驱散现场有毒有害气体。

5.2.4 避开高压电线缆和动力电池，利用破拆、起重、撑顶、牵引等器材装备，采用合理的施救方法，救助遇险人员脱离困境。

5.2.5 对相撞或倾翻的客车，可视情况从外侧手动开启车门一侧的手动应急开关，打开逃生通道。车门无法打开时，应迅速破拆车门窗，救出被困人员。

5.2.6 根据被困人员受困状态、受伤部位等情况，会同医疗急救人员采取相应救治措施，维护生命体征，并及时消除触电、漏电等风险，遇险人员救出后交由医疗急救人员进行救护。

5.3 车辆处置

5.3.1 应使用灭火毯等适当措施保护被困人员。

5.3.2 破拆过程中严禁接触损坏的电池系统，严禁使用工具切割高压供电线路或穿透高压供电系统组件，防止可能存在的电击危险。

5.3.3 对切断电源的车辆，应利用破拆工具破拆牵引变形的车厢外壳，救出被困人员。

5.3.4 在对事故车辆进行破拆等操作时应动态观察动力电池状态，对电池受损车辆，安全员应对受损电池进行全程观察，并利用热成像仪、测温仪等器材对电池温度进行实时监测，一旦发现内部温度急剧升高或有烟雾释放时，应立即停止作业，采用水枪喷雾实施掩护，防止突发事故威胁被困人员和救援人员安全。

5.3.5　对事故造成燃油泄漏的，在破拆时应喷射泡沫覆盖泄漏区域，防止因金属碰撞或破拆时产生的火花引发油蒸气爆炸燃烧。

5.3.6　电解液泄漏时，则应佩戴全套呼吸防护装备，并控制外部火源，避免电解液被引燃。

5.3.7　如有可能，应尽量使用吸附材料等收集电解液，防止其污染环境。

5.4　充电情况下事故救援

5.4.1　应首先确定充电站电源位置并切断。

5.4.2　在确保人身安全的情况下，应首先采用拔出电动汽车的充电枪或剪断充电线等手段，断开充电设备与车辆的连接，再按照以上程序进行灭火和应急救援。

5.5　现场清理

5.5.1　应全面、细致地检查和清理现场，并向车主和有关部门移交现场。撤离现场时应当清点人员，整理器材装备。

5.5.2　提醒车主和有关部门妥善处理受损电池，合理采取转运方式，防止事故车辆在转运及后期静置过程中起火。

5.5.3　在高压电池电量全部放出之前，应将车辆置于距离建筑物或其他车辆 15m 之外的地方。

5.5.4　在转移车辆时，不能直接进行拖挂，应根据相关技术要求进行转移。

6　涉水事故救援

6.1　处置程序

a）识别车辆，侦查环境情况，评估后确定救援方案；

b）做好救援人员的安全防护；

c）确定高压电池及部件位置；

d）解救被困人员；

e）如果无人员被困，直接进行车辆处置；

f）现场清理。

6.2　现场侦查

侦查应包括以下内容：

a）水域温度、深度、水面宽度、水流方向、岸边地形等情况，了解事故现场及周边的道路、交通、水源等情况；

b）遇险人员的位置、数量和伤亡情况；

c）通过外部观察，判断事故车辆动力电池和高压电系统的受损情况；

d）评估现场救援处置所需的人力、器材装备及其他资源；

e）做好救援人员的安全防护，进行人员搜救；

f）查明车辆牵引部位、牵引途径，明确车辆停放的安全区域；

g）调大型吊车到场，确定起吊方案，将落水车辆吊上路面。

6.3 人员搜救

6.3.1 分析现场情况，充分考虑救助过程中可能存在的危险因素，确定救援方案。

6.3.2 击破车窗或打开车门，救助车内人员；遇险人员救出后交由医疗急救人员进行救护。

6.4 车辆处理

6.4.1 应避免接触高压部件、电缆或断电开关等。

6.4.2 应根据车辆水域救援要求，由有资质的机构进行车辆打捞。车辆打捞至路面后，按照 5.3 的要求进行车辆处置。

6.5 充电情况下事故救援

按照 5.4 的要求进行充电情况下事故救援。

6.6 现场清理

按照 5.5 的要求进行现场清理。

**附录 2：中国汽车工程学会和中国消防协会联合发布的《电动汽车火灾事故救援规程》（T/CSAE 84—2018）**

1 范围

本标准规定了电动汽车火灾事故的救援规程。

本标准适用于纯电动汽车和混合动力电动汽车，不适用于燃料电池电动汽车。

2 规范性引用文件

下列文件对于本文件的应用是必不可少的。凡是注日期的引用文件，仅所注日期的版本适用于本文件。凡是不注日期的引用文件，其最新版本（包括所有的修改单）适用于本文件。

GB/T 5907 消防基本术语 第一部分

GB/T 19596 电动汽车 术语

GB/T 29176 消防应急救援 通则

GB/T 29179 消防应急救援 作业规程

3 术语和定义

GB/T 5907、GB/T 19596 中界定的以及下列术语和定义适用于本标准。

3.1 作业规程 code of practice for operation

针对特定消防灭火和应急救援技术确立的规范性程序。

3.2 主动式灭火 offensive attack

在有人员被困或高压电池未起火时，在做好个人防护的情况下，采用的一种主动的灭火战术。

3.3　控制式灭火 defensive attack

当高压电池发生燃烧且没有人员被困时，在灭火条件不充分的情况下，采取的一种控制现场、稳定燃烧的处置战术。

4　一般规定

4.1　救援人员

4.1.1　技术要求

救援人员应接受相关培训，充分熟悉当地主流品牌及型号的电动汽车的高压系统结构。

4.1.2　防护要求

处置火灾事故时，救援人员应穿戴全套的个人防护装备和呼吸防护装备。

4.2　现场警戒

4.2.1　应根据侦查监测情况确定警戒范围，设置警戒标志。

4.2.2　应在事故车辆周边 15m 范围设置工作区，禁止无关车辆、人员、船只进入；在 5m 范围设置作业区，只允许直接负责治疗或解救被困者的救援人员进入，灭火救援人员不宜在 5m 范围内进行作业。

4.2.3　应持续监测易燃、有毒气体，宜实时监测事故车辆动力电池部位温度，适时调整警戒范围。

4.3　车辆识别

4.3.1　外部标识识别

4.3.1.1　车辆号牌识别

救援人员应根据国家车辆号牌的政策确定事故车辆是否为电动汽车。

4.3.1.2　电动汽车标识识别

救援人员应仔细观察车身，应根据车身尤其是车身尾部是否有电动汽车标识，如“EV”“Hybrid”“E**”“电动汽车”“混合动力”等字样确定事故车辆是否为电动汽车。

4.3.2　内部标识识别

4.3.2.1　救援人员宜根据车辆信息，通过随车指南或网络查询提前了解高压部件及断电开关的位置。

4.3.2.2　救援人员在对车辆进行操作前，应首先确认橙色部件及带有橙色标识部件的位置，以及相关标识的内容要求。

4.4　车辆侦查

应通过外部观察和仪器监测，判断事故车辆动力电池和高压电系统的受损情况，评估动力电池可能引发的爆炸燃烧的危险因素及后果，做好事故救援准备。

4.5 车辆固定

4.5.1 车轮固定

应根据事故车辆状态、位置等情况，合理采取短足、长足等稳固技术，运用支撑杆等器材装备，对车体实施有效稳固，创建安全作业条件，有效防止车辆移动。

4.5.2 汽车制动装置固定

应确保车辆启动手刹或脚刹，且档位置于驻车挡。

4.6 电源切断

4.6.1 自动断电

关闭车辆启动开关，将具有自动启动功能的车辆钥匙装入信号屏蔽袋或置于距离事故车辆 10m 之外。

4.6.2 手动断电

事故车辆在确保自动断电之后，仍应对其进行手动断电，确保动力线路处于断电状态。

找到切断低压电源的位置，切断低压线路；按照厂家提供的应急救援说明书，切断动力线路。

5 火灾事故扑救

5.1 处置程序

a）识别车辆；

b）侦查环境情况，确定采取的灭火方案；

c）做好救援人员防护；

d）火灾扑救；

e）火灾扑灭后固定车辆；

f）如有需要，进行断电；

g）现场清理。

5.2 灭火药剂

5.2.1 高压电池未着火时，可按照传统车辆火灾处置方法进行灭火。

5.2.2 当高压电池着火时，应使用大量的、持续的消防水。

5.3 灭火方法

5.3.1 主动式灭火

5.3.1.1 当有人员被困或高压电池未起火时，应选择进行主动式灭火。

5.3.1.2 严禁对车辆的结构进行刺穿、切割、撬、拆除等操作，为使灭火剂能够顺利喷射到电池内部。

5.3.1.3 严禁使用工具刺穿引擎盖，避免穿透发动机区域的高压部件而造成严重的电击。

5.3.1.4　如果高压电池着火，应实时监控动力电池温度，防止热扩散或复燃。

5.3.2　控制式灭火

5.3.2.1　当高压电池发生燃烧，没有人员被困以及没有足够水源的情况下，可采用控制式灭火。

5.3.2.2　当灭火剂很难到达电池的燃烧单元时，可控制现场、稳定燃烧。

5.3.2.3　任何未佩戴呼吸防护装备的人员应处于火灾上风向，避免吸入烟气中的有毒物质。

5.3.3　无明火情况的作业

当电池发生事故未见明火，有大量烟雾冒出时，在确保其他完好电池从车上卸载之后，应采用大量、持续的水对冒烟部位进行连续喷射，以降低温度和减少有毒有害气体对周围环境造成影响。

5.4　充电情况下火灾事故救援

5.4.1　应首先确定充电站电源位置并切断。

5.4.2　在确保人身安全的情况下，应首先采用拔出电动汽车的充电枪或剪断充电线等手段，断开充电设备与车辆的连接，再按照以上程序进行火灾事故救援。

5.5　现场清理

5.5.1　火灾扑灭后，固定车辆并断电。

5.5.2　应全面、细致地检查和清理现场，并向车主和有关部门移交现场。撤离现场时应当清点人员，整理器材装备。

5.5.3　提醒车主和有关部门妥善处理受损电池，合理采取转运方式，防止事故车辆在转运及后期静置过程中起火。

5.5.4　在高压电池电量全部放出之前，应将车辆置于距离建筑物或其他车辆 15m 之外的地方。

5.5.5　在转移车辆时，不能直接进行拖挂，应根据厂商技术人员提供的要求进行转移。